JN060827

ひと時の黙想

心の
貧しい人
とは

ブレナン・マニング

Reflections for Ragamuffins

Daily Devotions from the Writings of Brennan Manning

日本聖書協会

初めに

　神は、弱く身をかがめた心の貧しい人に、特別に愛情を注いできました。モーセがシナイ山で十戒を受けたその時から、神がご自身の民に分からせようとしてきたことがあります。それは、「主はご自身の選びの民に、傍観者として律法をただ眺めるのではなく、それを自分のものとして生きることを求めておられる」ということです。

　神が特別の慈しみと憐れみを注ぐ対象は、貧しい人（ヘブライ語のアナウィム。「小さなかわいそうな者」の意）です。アナウィムは、家や土地を持たず路上で暮らす宿なし、貧しい人のことです。神はいつの日かアナウィムを回復させ、繁栄へと導きます。

　人にとって、神は「絶対他者」です。人の感情は神に触れることはできず、人の思いは神を包含することはできません。シャルル・ド・フーコー神父がその回心の

際に学んだように、「神はあまりに大きく、神と神以外のすべてのものの間には果てしない距離がある」のです。

神秘思想は、多くの近現代人にとっていまだに不可解なものです。しかしいつの時代においても、神秘は預言者や聖人たちの中心で脈打つものでした。「自分は神を必要としている」ということを人がへりくだって認めるならば、神はどのようなこともできるし、実際にしてくださるということを、神の神秘に魅せられた者たちは知っています。

アナウィムという語を、初めて深い霊的な意味で用いたのは、預言者イザヤでした。もっと後の時代の預言者たちは、イザヤに倣って、謙遜な、自分の心の貧しさを知る人たちをアナウィムと呼びました。こうして、乏しさを表すこの語は、経済的な貧しさから霊的な貧しさを表す語へと変化しました。なぜこのような変化が起こったのでしょうか。イザヤは、「人が自身の不完全性を認めるときのみ、神はその力をもって及んでくださる」という

原則を発見しました。不完全性は、人間の「無力さ」とも呼ぶことができます。

　神と真の友になる人とは、主の前にある自らの貧しさを思い知った人のことです。心の貧しい人は知っています。最も根本的な宗教的行為とは、「自分の人生と存在を絶対的な他者に委ねる」ということだと。主を頼ること、愛をもって主に従うことは、心の貧しい人の人生の息遣いそのものです。心の貧しい人とは、自分が小さい者だと自覚している人のことです。そのような人は、神の前に自分が裸で貧しい者だと知るがゆえに、神の前にためらうことなく身を投げ出して憐れみを乞います。

　神は、ご自身の民がこのような精神を持つことを求めます。人間は造られた存在なのですから、このような態度だけが本物なのです。心の貧しい人は、神の愛を揺るがずに信じ、力のない者として神の導きに完全に身を委ねます。メシアの約束は、イスラエルの残りの者、真のイスラエルに対する約束です。心の貧しい人とは、その残りの者のことです。

　神の御子がベツレヘムで生まれたとき、御子に会うために
その前に現れたのは、真に心の貧しい人たち——
ヨセフ、ザカリアとエリサベト、シメオンとアンナ、羊飼
い、そして東方の博士でした。王に謁見することを許さ
れたのは、心の貧しい人たちだったのです。

　そのずっと前から、神はナザレに住むユダヤ人のおと
めマリアを、特別な愛を込めて見ていました。マリアほ
どに心貧しく、神が必要であることを痛感し、完全に神
の御心に委ねることができる人はほかにいませんでした。
ゆえに神は、マリアをメシアの母として選びました。マリ
アは、居並ぶ心の貧しい人の中で最も小さく、最も卑し

い者だったからです。

　主イエスが宣教の働きを始めたとき、主はすぐに、ご自身を心の貧しい者と呼びました。「私は柔和で心のへりくだった者だから、私の軛を負い、私に学びなさい。」最初に神の国へと招かれるのは、心の貧しい人です。「心の貧しい人々は、幸いである。天の国はその人たちのものである。」

　この本の黙想は、二十二年間で書いたものです。その年月は、喜びと苦しみ、信仰と不信仰、情熱的な献身と深刻な後退、主イエスに対して忠実であろうとする、困惑と葛藤の日々でした。私がこれらの黙想をあなたと分か

ち合うのは、感動的な思想を伝えるためではありません。主イエスの信仰と同じ、徹底した妥協のない神への信頼を、あなたの中に呼び覚まし、よみがえらせ、再び燃え立たせることです。

　立派な大聖堂や大きな音で響き渡るオルガンよりも、神の無条件の愛を信じる人間の心のほうが神に喜びと感動を与えると、私は固く信じています。神を激しく信じるには、大きな勇気が必要です。徹底的な、無謀なまでの信仰は、今日のキリスト者の中にはめったに見ることのできない、貴重なものです。

　人生の中で、私たちは、失敗、悲しみ、拒絶、拒否、失業、孤独、鬱、愛する人を失うといったことを経験します。自分の悲鳴しか聞こえないとき、周りの世界が急に敵意と脅威に満ちた場所に見えるとき、私たちは叫び声を上げるでしょう。「愛の神が、なぜこのようなことを許すのだろうか」と。疑いが頭をもたげ、「神に背を向けるか、それとも、御顔が闇に隠れて見えなくても神の方を向くか」という選択を迫られます。絶望の中でも、

勇気を持って神の光を選びましょう。

　人生で最も暗く、最も孤独で、最も荒涼とした瞬間に、私は今でも、この選択に向き合い続けています。この心の貧しい者の旅にあなたを招待することで、私があなたに求めるのは、私自身に求めるのと同じことです。何があろうとも、神の愛に信頼することです。

　ニューオーリンズ　1997年9月24日

　　　　　　　　　　　ブレナン・マニング

1

January

私はとこしえの愛をもってあなたを愛し
慈しみを注いだ。
おとめイスラエルよ
私は再びあなたを建て直し
あなたは建て直される。　　　　　　　エレミヤ書 31:3-4

　神の愛は、何かに基づくものではありません。この事実のお陰で、私たちは安心していることができます。もし神の愛が、私たちのすることに基づいたものであるならば、私たちの行いが基準に達していないと、神の愛も受けることができなくなります。しかし主イエスを遣わされた神の愛には、そのようなことはありえません。このことを分かる人は、自由に、命そのものを存分に生きることができます。

　天空を肩に担いだギリシア神話の巨人アトラースを思い浮かべてみましょう。全世界を背負っています。キリスト者にも、アトラースのような人がいます。神の愛を得るために多くの荷を負っている、見るからにつらそうな生き方をしている人です。だがそのような生き方は間違っています。

　重荷を負っているアトラースたちに言います。地球を負って立つのをやめて、その上で踊りましょう。疲れきったアトラースたちにも言います。背負っている荷を置いて、神の愛の上に自分の人生を築きましょう。

　神の愛は、私たちが努力して得たり、養い育てたりする必要のあるものではありません。無償の贈り物です。主イエスはあなたに呼びかけています。「私のところに来なさい。疲れ、生きる重荷を抱えたアトラースたちよ。私があなたを生き返らせてあげよう。」

1月2日　憐れみは肉となって　‥‥‥‥‥‥‥‥‥‥‥‥‥‥

イエスは弟子たちを呼び寄せて言われた。「群衆がかわいそうだ。もう三日も私と一緒にいるのに、何も食べる物がない。空腹のまま解散させたくはない。途中で動けなくなってしまうから。」

マタイによる福音書 15:32

　主イエスは人の苦しみを和らげようと、数多くの癒やしの奇跡を起こしました。主の奇跡を見ると、主が傷ついた人間を憐れみ、共に苦しんでいることが分かります。憐れみは御子の根底から湧き出てくるものであり、人間には到底まねのできないほど深いものです。

　主イエスは人の悲しみの深いところに寄り添い、失われた者と共に失われ、飢える者と共に飢え、渇く者と共に渇きました。十字架の上で、主は孤独を知り尽くしました。主はご自身も私たちと同じように孤独を味わうことで、人の心を傷つけ殺す孤独の力をなきものにしようとしたのです。

　福音書の時代と同様、主イエスは今も私たちと共におられます。私たちの心が希望に躍るとき、恐れるとき、喜ぶとき、寂しいとき、主の心も一緒に震えます。主は、私たちに対する父なる神の憐れみが肉となった姿なのです。

　中世ドイツの神秘主義者、マイスター・エックハルトはこう書いています。「神を愛と呼ぶことも、優しさと呼ぶこともできよう。しかし、神を呼ぶのに最もふさわしい名は、憐れみである。」

　私たちは、イエス・キリストをインマヌエル（神が共におられる）と呼びます。誰よりも人を愛する方である主は、私たちの痛みを知っておられる方です。主イエスは神のご性質そのものです。神は、人の苦しみに親身に関わり、人の置かれている状況を完全に知り、人の苦しみの深いところまで入って来てくださる方です。

あなたがたの神、主の契約の箱と、それを担いだレビ人である祭司たちがあなたがたの目に入ったら、おのおのの場所から出発し、その後に続きなさい。

ヨシュア記 3:3

神は時に、私たちの人生に緊張をもたらします。天幕をたたみ、現状にぬくぬくと安住することを捨て、新しい土地への危険ではあるが自由な旅に乗り出すようにと、主は私たちを召されます。

このようなとき、私たちの中に不安やためらいがあると、挑戦に尻込みしてしまいます。主が明確に成長へと私たちを導かれているにもかかわらず、頑迷に動こうとしないのは、かたくなで、不信仰な、神への信頼に欠ける態度です。

しかし、雲の柱と火の柱の導きのないままに衝動的に荒れ野の旅を始めることも、無謀で愚かな行為です。神の召しが明確になっておらず、内なる声がまだ不明瞭なときにも、心に落ち着かない感じがあるならば、それは新しい地へと出て行けということを示すしるしなのかもしれません。その向かうところは、もっと開かれた、弱さを差し出すことのできる態度、他者に対する憐れみ、より深い意味での心の清さ、変えられた心と魂です。

教会には、神の意志に従うことを拒む、不健全な罪の意識そして恐れがあります。そして、その中から未熟なままに生まれてしまった働きが満ちています。

私たちを罪から解放し、偏見や規範、完璧主義や道徳主義といった、私たちを縛るものから自由にしてくれるのは、誰でしょうか。私たちの人生の物語を書き直してくださるのは、誰でしょうか。私たちの主、イエス・キリストです。主イエスのゆえに、神に感謝します。

1月4日　私はあなたを忘れない

あなたの命の続くかぎり、誰一人あなたの前に立ちはだかる
者はいない。私がモーセと共にいたように、私はあなたと共に
いる。あなたを見放すことはなく、あなたを見捨てることもない。

ヨシュア記 1:5

　数年前、デトロイトの司祭エドワード・ファレルは、二週間の休暇を取っ
てアイルランドの親戚を訪ねました。エドワードのおじが八十歳の誕生
日を迎えようとしていました。その日、エドワードとおじさんは夜明け前に
起き出し、キラーニー湖のほとりを散歩して、立ち止まって日が昇るのを
見ました。並んで二十分も日の出を眺めた後、また歩き始めました。
　エドワードがおじさんの顔を見やると、大きな笑みが広がっていました。
エドワードが「おじさん、うれしそうだね」と言うと、「うれしいよ」とおじさん
が言いました。「どうして？」と尋ねると、おじさんは、「神様が私のことを大
好きだからだよ」と答えました。
　もしあなたが、「本当に神はあなたのことを好きだと思いますか」と尋ね
られたら、何と答えますか。神学上は自明な命題とされている「神は私を
愛しておられる」ではなく、「神は私を好きです」と答えられるでしょうか。
　神が私たちを愛するのは、神の性質が愛だからです。神の愛は、永続
的に、神の内側から発生します。愛なくして、神が神であることはなくなる
でしょう。しかし、もしあなたが「神様は私を大好き」と答えることができる
なら、自分を慈しむような、くつろいだ平安な気持ちが湧いてくるでしょう。
それは、神の優しさが反映された感情です。神はこのように言われます。
　女が自分の乳飲み子を忘れるだろうか。
　自分の胎内の子を憐れまずにいられようか。
　たとえ、女たちが忘れても
　私はあなたを忘れない。(イザヤ書49:15)

主の慈しみは絶えることがない。
その憐れみは尽きることがない。

哀歌 3:22

　主イエスの隠れ場は父なる神の愛でした。そこは神が近くにいてくださる場、堅固な、守られる場でした。神との親しい関係が回復される場所、信頼と愛の火が絶えることなくともされる場所でした。神の子としての主の自己認識は、そこで回復されました。

　敵の妨害に遭い、人に拒まれ、憎まれたとき、危険に直面しているとき、主はその場所へと逃れました。弱いとき、恐れに襲われるときにも、耐え抜く強い力がその場所から生まれました。他人の無理解と不信感が立ちはだかっても、天の父だけは主イエスを理解してくださいました。父のほかに、子が誰であるかを知る者はなかったのです。

　ファリサイ派の人々はひそかに、主を陥れる策略を練っていました。順境のとき忠実であった友は、状況が悪くなると態度を変えました。一人の弟子は主を否み、もう一人は裏切りました。しかし何ものも、神の愛から主イエスを引き離すことはできませんでした。

　主イエスは、全能の神と会うために人から離れたところに行きました。こうした時が主にとってどれほど大切であったか、推し量ることはできません。しかしこれだけは言えます。主イエスの内に育っていた、根本的で決定的なアイデンティティは、神と独り過ごすことで大いに強められました。主の自己意識とは、自分が父なる神の子であり、僕であり、愛されている者であるという認識でした。

　永遠の命という福音を宣べ伝え、新しい生き方ができるよう人を助けましょう。永遠に向かって成長していく生き方をしましょう。それは、正義と平和の道です。そこでは人の尊厳が保たれ、愛が花開きます。

1月6日　福音の中心 ....

> 私たちは霊によって生きているのですから、霊によってまた進もうではありませんか。　　　　　　　ガラテヤの信徒への手紙 5:25

　イエス・キリストは、福音の中心であるだけでなく、福音の全体です。主イエス以外の誰にも、主役を務めることは許されません。

　多くの人物が、ただ主に問いかける役、応答する役、もしくは反応する役として登場します。ニコデモ、サマリアの女、ペトロ、トマス、カイアファ、ピラト、その他大勢は、主イエスという人の後景に押しやられます。主はほかの誰をも小さく見せてしまいます。そうでなければならないのです。

　最後の幕が下りると、主イエスは、歴史の中に生きた有名な人、すばらしい人、力ある人を舞台に上げます。どの人も、主イエスに応答した人たちです。

イエスは言われた。「なぜ、取り乱しているのか。どうして、心に疑いを抱くのか。」

ルカによる福音書 24:38

アッシジのフランチェスコいわく、「悪魔が何より喜ぶのは、神の僕から心の平安を盗み取るときだ。」

キリスト者の心が神の愛と憐れみのしるしを血眼になって求め続けるならば、かえって平安と喜びを失うことになります。神への信頼が落ち着くべきところに落ち着いていない、不安に支配された信仰者のまなざしには悩みの色があり、眉間にはしわが寄っています。

主は激しい怒りを覚えたり、涙したり、楽しく笑ったりしました。主は私たちと同じように、あらゆる心の機微をご自身で経験してくださいました。この事実が目に入らないならば、私たちには主への信頼もキリスト・イエスの心もないということです。

1月8日　本当の姿で主の前に立つ……………

私たちは、主の前だけではなく、人の前でも公明正大に振る舞うように心がけています。　　　コリントの信徒への手紙二 8:21

主は心の貧しい者の叫びを聞いてくださいます。自己嫌悪することをやめ、本当の自分自身を抱きしめるなら、解放のプロセスが始まります。けれども、神に拒まれることを恐れて、そうできないことが私たちにはよくあります。

自分を醜いと思っていたカジモド（ユーゴーの小説の登場人物）のように、私たちは自分の顔に化粧を塗りたくり、自分の惨めさや醜さにも霊的な化粧を施して、なんとか神の前に出られる姿になろうとします。しかしこれは、私たちの本当の姿ではありません。

本物の祈りとは、正直であることを私たちに厳しく要求するものです。私たちは、隠れているところから出て、自分を立派に見せることをやめなければなりません。「神に完全に依り頼む以外の道がない」という自分の罪の現実を認めるように、私たちは召されています。私たちがおのずからへりくだり、防御壁が崩れて仮面が落ちるとき。その時こそ、真実の時です。

あなたがたが私を呼び、来て私に祈るならば、私は聞く。私を
捜し求めるならば見いだし、心を尽くして私を尋ね求めるな
らば、私は見いだされる――主の仰せ。私はあなたがたの繁
栄を回復する。

エレミヤ書 29:12-14

　私たちは人として生きることが実に下手で、自己嫌悪と失望の上をよ
ろよろと渡っています。その主な理由は、祈ることをしないからでしょう。
私たちは実に祈ることが少なく、祈りの内容も貧しいものです。

　祈り以外のことをする時間は十分にあります。行楽、集まり、映画、
サッカー、コンサート、友人との夕食、断れない誘い。こうしたことは、
悪いことではありません。私たちが社会と関わることは、自然かつ健全な
ことだからです。

　しかし、神が私たちの時間を要求するとき、私たちは嫌な顔をします。
神はご自分の子どもたちと話すことを大いに喜ばれると、私たちは本当
に信じているでしょうか。神に顔があるとしたら、今あなたに対して神は
どのような顔をしているでしょう。

　主の表情は、「お前はいつ態度を改めるのか。私と話すのを拒んでば
かりのお前にはうんざりだ。もう堪忍袋の緒が切れた。そろそろ年貢の
納め時だぞ」と語っているでしょうか。もし主が一言だけあなたに言うと
したら、その言葉は「悔い改めよ」でしょうか。または、「ありがとう。あな
たの心の中に住まうことができて、私がどれほどうれしいか、分かるかい。
私はずっとあなたのことを見ていて、愛してきたのだよ」でしょうか。

　主は何とおっしゃっていますか。あなたの創造主から返ってくるのは、
どのような答えですか。

1月10日　創造の御業 ························

あなたがたの目を高く上げ
誰がこれらを創造したかを見よ。
万象を数えて導き出される方は
すべてを名前で呼ばれる。
その大いなる強さと力から
逃れうる者は誰一人ない。

イザヤ書 40:26

························

　最近、とても美しいものをいくつか見ました。イタリアアルプスをヒッチ
ハイクで旅する途上、フィレンツェで暁の雪山を見ました。守衛に閉館
時刻だと告げられるまで、ミケランジェロのダビデ像の前に、時間を忘
れて二時間も口を開けたまま立ち尽くしました。ジャージー島の海岸では、
灼熱の太陽が深まりつつある闇に沈んでいくのを眺めました。

　私たちは通常、自分の周りにあるものの中に美を経験します。美は、
知覚できるものの中に見いだされることもあれば、ちらりと目に入ったも
のから光に満ちた魂が透けて見えることもあります。

　美しいものに出会うとき、私たちの心は目を覚まし、動かされ、活気づき、
躍ります。ごく小さなものの中にも、驚くほど特別な、魔法のような力が秘
められているからです。春に芽吹く小さな植物、ある日ある瞬間の空の
色合い、星の瞬く静かな冷たい夜 —— そうしたものすべてに心は魅せ
られます。美は、傷ついたこの地上で味わうことのできる失われた楽園
の味です。この世の広大な荒れ野の中に点在する、小さなオアシスです。

私は、闘いを立派に闘い抜き、走るべき道のりを走り終え、信仰を守り通しました。　　　　　　　　テモテへの手紙二 4:7

　あなたの信仰と献身の質はどのようなものでしょうか。そこには動きや発展がありますか。その信仰は生きていて、成長していますか。信仰とは、主イエスとのリアルで個人的な関係です。人間どうしの恋愛と同じく、主イエスとの関係も、活気なく、固定したものではありえません。

　聖書を読むことも礼拝も奉仕も、それが型にはまった機械的なものになると、命を失います。神の愛が受けて当然のものとなると、私たちは主を隅に追いやってしまいます。そして、新しい、驚くような愛し方で主が私たちを愛してくださる機会を、主から奪ってしまいます。そうなると、信仰は干からび、枯れ始めます。

　私たちが「霊的に洗練」され、神への単純な信頼を陳腐で時代遅れと見なすなら、神も主イエスも、聖霊もペットや家畜のように飼い馴らされ、聖霊の炎は消えてしまいます。

　福音信仰というものは、ぬくぬくとした安楽な「敬虔」の対極に位置するものです。信仰とは、「イエス・キリストとの親密な関係が育つことを、あなたが欲する」ということを意味します。どのような犠牲を払っても、それ以外の一切を求めないことを求める、ということです。

　「神の愛に自分は対処できる」と高をくくった時点で、私たちは死んだも同然です。神の愛は、野性的なまでに激しく、抑制不可能な愛です。

　私たちの信仰が批判されるなら、正当な理由で批判されるようにしましょう。私たちが感情的すぎるからではなく、感情移入が足りないから。情熱が強すぎるからではなく、弱すぎるから。イエス・キリストという方への愛が強すぎるからではなく、主に対する深く、情熱的で、二心のない愛に欠けているから。このような批判なら、甘んじて受けましょう。

1月12日　行動への召し

今こそ、恵みの時、今こそ、救いの日です。

コリントの信徒への手紙二 6:2

　　自分の置かれている状況が重大であることに気付いているキリスト者は、決断には一刻の猶予も許されないことを知っています。

　　私たちの人生の物語は、神の書いておられる物語の一部です。物語の語り手である神は、恐れるのではなく行動するように私たちを招いています。ぐずぐずと引き延ばすことは自己嫌悪を長引かせるだけ、高価な真珠が差し出されているのに、いつまでも安っぽい色付きガラスのかけらにしがみついているようなものです。

　　私たちの存在そのものが脅かされているとき、道徳的破滅の危機にあるとき、あらゆることが危うい状態にあるとき。それは、大胆に、固い決意をもって決断する時機が来たということです。神なる主イエスが、すばらしい機会、一生に一度のチャンスを与えようとしているということなのです。

　　私を信じる者が、誰も闇の中にとどまることのないように、私は光として世に来た。(ヨハネによる福音書 12:46)

その後、イエスは神の国を宣べ伝え、福音を告げ知らせながら、町や村を巡られた。十二人も一緒だった。

ルカによる福音書 8:1

主イエスが神と持っておられた親密な関係が深まり、神の聖性に関する知識も増すにつれ、主は神に対する激しい求めで満たされていきました。主イエスの内面の生活は、神への信頼と愛ゆえの服従の生活でした。それは、単なる個人的な祈りや私的な宗教的体験を超えたものでした。

神と親しく交わる喜びに溢れながらも、主は、現実の世を忘れていたわけではありません。イエス・キリストの生き方は、周囲の状況や世界に能動的に力強く関わる生き方でした。

貧しい人、捕らわれ人、ものが見えなくなっている人、助けを必要としている人に仕え、天の父の愛を伝えたいという願いが、主イエスの中でどんどん大きくなっていました。主は自分の使命に懸命に向き合いました。主は神の聖性を体験することを通して、「神の国の義と平和と赦しと愛を宣べ伝えよ」という神の命令を聞きました。

主イエスには、決まった住まいはありませんでした。「狐には穴があり、空の鳥には巣がある。だが、人の子には枕する所もない。」主は決して、一つ所に長々と居座ることをしませんでした。弟子たちが主を探していると、主は答えました。「近くのほかの町や村へ行こう。そこでも、私は宣教する。私はそのために出て来たのである。」

主イエス以外の人であれば、安楽や感覚や権力に心を奪われ、前に進むのをやめたかもしれません。しかし主は、主を駆り立ててやまない使命を胸に、常に立ち止まることなく先へと歩みを進めました。

1月14日　楽しそうに笑う主 ·····················

あなたがたのうちに、百匹の羊を持っている人がいて、その一匹を見失ったとすれば、九十九匹を荒れ野に残して、見失った一匹を見つけ出すまで捜し歩かないだろうか。そして、見つけたら、喜んでその羊を担いで、家に帰り、友達や近所の人々を呼び集めて、「見失った羊を見つけましたから、一緒に喜んでください」と言うであろう。

ルカによる福音書 15:4-6

主イエスは、ほほ笑んだり、声を上げて笑ったりすることがあったのでしょうか。福音書には書いてありません。一方、主が泣いたときのことは二度明確に書いてあります。主の都エルサレム、そして主の友人ラザロのことで、主は涙を流しました。この聖なる人が、悲しくて泣くことがあってもうれしくて笑うことがなかったということがあるでしょうか。主はすべてにおいて、私たち人に似ている方です。似ていない点があるとすれば、人には感謝が足りないということでしょう。

抱いてもらおうと子どもが主の膝に乗ってきたとき、カナの婚礼の世話役が二千リットルものビンテージワインに気絶せんばかりになったとき、木の上に登ったザアカイを目に留めたとき、ペトロがまたも失言したとき。主イエスが笑顔でなかったはずがあるでしょうか。主が面白いことを目にしたとき笑わなかったとは、あるいは神の愛を体験してにっこりされなかったとは、私にはどうしても思えないのです。

主に魅力を感じたのは、ファリサイ派の人々やローマの百人隊長だけではありませんでした。子どもや、マグダラのマリアのような身分の低い人たちも、主のことが好きでした。私たちは経験的に知っています。主がいつも、喪に服しているような真面目くさった顔や裁判官のような厳しい表情をしていたら、あるいは笑顔になったり全身で大笑いしたりしなかったなら、人は主に惹かれることはなかったでしょう。

すべての人と共に平和を、また聖なる生活を追い求めなさい。
聖なる生活を抜きにして、誰も主を見ることはできません。

ヘブライ人への手紙 12:14

　自らを振り返って、主イエスの憐れみについてじっくりと考えましょう。「これは自分のことだ」と思うことができるなら、私たちは主の憐れみを受け、祝福された者となる資格を得ます。

　主は私たちに、憐れみをもって他者を心にかけることを強く勧めると同時に、自分自身をも大切にすることを求めています。私たちがありのままの自分を受け入れて肯定する力があればあるほど、他者に対する思いやりも大きくなります。主の憐れみを自分のものとして受け止めるとき、大きく道が開かれ、私たちは他者のために存在する者となることができます。

　憐れみをもって他者を思いやるなら、私たちは自分も癒やされます。同様に、思いやりを持って自分をいたわることで、人も癒やすことができます。人の苦しみに自分を重ねましょう。思いやりの受け手は苦しみから自由にされ、与え手も解放されます。他者は自分自身と同じだからです。

1月16日　決して支払えない代価 ·····························

> あなたはどこに風の道があるかを知らず
> 妊婦の胎内で骨がどのようにできるかも
> 知らないのだから
> すべてをなす神の業(わざ)は知りえない。　　　コヘレトの言葉 11:5

　　主イエスの救い主としての使命は、罪人の中でも本物の罪人に向けられたものでした。罪人たちには、救いに値するような功績は一つとしてありませんでしたが、心を開いて自分に差し出された贈り物を受け取りました。一方、自分を正しいと思う者たちは、自分の努力で得たものを信頼し、救いの知らせに対して心を閉ざしました。

　　けれども、主イエスが約束した救いは、努力して獲得することのできるものではありません。ポーカーのように、神と「私がこれをしたのだから、これをくださらなければ」と取り引きするようなものではないのです。主は、「仕事に対して報酬を得る」という法的には当然の概念を完全に覆します。

主はご自分に忠実な者の足を守られます。

悪人は闇の中に滅びうせます。

人は力によって勝つのではありません。　　　　　サムエル記上 2:9

私たちの多くにとって、人類全体の罪を告白することは簡単です。「人間は皆罪人。私は人間。よって私も罪人」というわけです。慌ただしく良心を吟味するだけでは、さほど重要でない違反（カトリックで「小罪」と呼ばれる罪）しか明らかにならないでしょう。自分の過ちをあいまいに認めるこのような行為は、救われた者の共同体の一員となるためには必要なものでしょう。しかし、このような救いは何からの救いなのでしょうか。

例えばマザー・テレサのような人の内にもある罪に目をつぶるなら、いかなる人の中にも潜んでいる悪という闇を、表面的にしか理解していないということになります。彼女のすばらしい慈善活動によって、彼女の内面にある貧しさは覆い隠されます。私たちは、彼女の犠牲的な愛の生き方を卑小なレベルでまねることで、自分のやましい気持ちをなだめ、「自分は今日、悔い改める必要がない」という誤った安心感を得ることになります。

マザー・テレサが、「自分は不完全な者であり、絶望的に神を必要としている」ということを謙遜に告白したとき、私たちはその告白を理解できませんでした。あるいは、その謙遜は偽物ではないかと、ひそかに疑っていました。

言い換えれば、私たちは自分のことを、基本的に優しくて良い人、人間共通の宿命であるごく小さな悩みを抱えた、博愛的な人間だと思っています。私たちは、時に悪と結託する恐ろしい自分を正当化したり、その力を矮小化したりします。そして、自分の良くないところを自分の一部ではないと見るのです。しかし私たちの闇も、私たちの一部です。自分の闇をしっかりと見つめることなくして、私たちの真の救いはありません。

1月18日　主に安定を求める ⋯⋯⋯⋯⋯⋯⋯⋯

> 私は魂をなだめ、静めました
> 母親の傍らにいる乳離れした幼子のように。
> 私の魂は母の傍らの乳離れした幼子のようです。　　詩編131:2

　　主は、光と真実の方として世に来られました。時に優しく、時に激しく、常に公正に、人を愛し人に影響を与えました。しかし主は、決して不安定になることはありませんでした。

　　レバノンの詩人ハリール・ジブラーンはこう書いています。「自由というものが、思考や言葉や行動の中に表れるものであるとするなら、イエスはあらゆる人の中で最も自由な人物だった。」

　　主の言葉、しぐさ、地面に書いた言葉、「私に付いて来なさい」といった命令の数々によって、人々の運命は変わり、魂は生き返り、心は喜びで満たされました。主イエスは無謀とも言えるほど自由に水の上を歩き、サマリア人や娼婦や子どもたちと話をしました。主はそうした人たちに、みじんの曇りもない表情で、慈しみとまことと赦しについて語りました。

　　安定などという惨めな感覚にしがみついてはなりません。それは、内なる人が透けて見えるキリスト者になる可能性を完全に閉ざすものです。過去の不信仰、間違った考えや過ち、しょせんは限界のある信念といったものは、闇へと葬りましょう。信仰の夜明けは、私たちが物質的・精神的な安定を求めることをやめなければ始まりません。

　　安定を主イエスに求めましょう。その意味するところは、自分がそのために払う犠牲について、もはや考えないということです。

あなたがたに新しい戒めを与える。互いに愛し合いなさい。
私があなたがたを愛したように、あなたがたも互いに愛し合
いなさい。　　　　　　　　　　　ヨハネによる福音書 13:34

　キリスト者にとって、何をすべきで何をすべきでないかの判断の軸は
愛です。主イエスの弟子に認められているのはただ一つ、主が定めた
愛という基準です。私たちは、主の愛の基準を勝手に加減します。そして、
そのことを過小評価し、合理化し、正当化しようとひそかに試みます。
ここに危険が潜んでいます。

　右の頬を打つ者に左の頬も向ける、一ミリオン行けと命じられたら二
ミリオン行く、傷を負わされることをいとわない、きょうだいと仲直りをする、
七の七十倍まで赦す。主にとって、これらは恣意的な基準ではありませ
んでした。従うか従わないかを自由に選ぶことのできるものではなかっ
たのです。

　主は、山上の説教を「もし〜できたらよいでしょう」と仮定法で語りは
しませんでした。新約聖書の新しい律法とは、主が自らの血によって打
ち立てた新しい契約そのものです。「互いに愛し合いなさい」という教え
は、それほどまでに中心的な主の教えです。パウロが愛を「律法を全う
するもの」と呼んだのは、このためでした。

私のもとに集めよ
私に忠実な者を
いけにえを供えて私と契約を結んだ人たちを。　　　　詩編 50:5

その時、ヨハネの弟子たちがイエスのところに来て、「私たちとファリサイ派の人々はよく断食するのに、なぜ、あなたの弟子たちは断食しないのですか」と言った。すると、イエスは言われた。花婿が一緒にいる間、婚礼の客はどうして悲しんだりできるだろうか。しかし、花婿が取り去られる日が来る。その時、彼らは断食することになる。(マタイによる福音書9:14-15)

　イタリアの心理学者プシキアーリは「祈る前には、なつめやしを一つかみと水を一杯用意するとよい」と言っています。食べる物を断つということは、神に飢え渇く魂に自分の体を合わせるということです。一日断食しただけでも、次の一節に表されたような燃えるように神を求める気持ちに、すんなりと入ることができると私は感じます。

神よ、あなたこそわが神。
私はあなたを探し求めます。
魂はあなたに渇き
体はあなたを慕います
水のない乾ききった荒れ果てた地で。(詩編63:2)

私たちは、神が私たちに抱いておられる愛を知り、信じています。神は愛です。愛の内にとどまる人は、神の内にとどまり、神もその人の内にとどまってくださいます。　　　ヨハネの手紙一 4:16

神との新しい契約の心髄、そしてその新しさはどこにあるのでしょうか。私たちがそのことをいかに嫌がり、抵抗しようと、「神という存在の法則は愛」ということにあります。

プラトンやアリストテレスのような古代ギリシアの哲学者たちは、人間の理性を通して神の存在にたどりつきました。そして神のことを、「究極原因」「不動の動者」といったあいまいかつ非人格的な用語で説明しました。

イスラエルの預言者たちはもっと情熱的に、より近しい存在としてアブラハムの神、イサクの神、ヤコブの神のことを語りました。しかし、比類のない憐れみを示してくださる父として神のことを語ったのは、ただ主イエスのみです。

私たちの罪を贖ってくださる神の御心にある愛と慈しみに比べれば、人の親の善と知恵と慈しみなど、ぼんやりとした影にすぎません。

1月22日　本物の人間に……………………………

主は、ご自分に希望を置く者に
ご自分を探し求める魂に恵み深い。
主の救いを黙して待ち望む者に恵み深く
若い時に軛を負う者に恵み深い。

哀歌 3:25-27

　私の兄弟であり、主なるイエスよ、あなたの恵みを求めて書くこれらの言葉が、あなたの前に真に貧しいものでありますようにと祈ります。

　私の弱さと、人間であるゆえの限界を受け入れることができますように。自己嫌悪という見苦しい驕りを放棄することができますように。私がいちばん弱いときにもあなたの慈しみをほめたたえ、あなたの力に信頼することができますように。私が何をしようとも、あなたの愛に信頼することができますように。私が生まれながらに持っている貧しさから、目をそらすことがないようにしてください。孤独が訪れるときにも、寂しさを埋めるものを探す代わりに、孤独を受け入れることができますように。物事の見通しがはっきりしないとき、確信や保障が得られない状況にあっても、平安に生きることができますように。

　目立つ場所に立って人の歓心を買おうとすることをやめさせてください。見せびらかすことなく静かに、真実で正しいことを行うことができますように。私の人生の中にある不誠実で不正直なことを取り除いてください。自分自身ではなく、あなたのものとなることができますように。持ち場をしっかり守っている振りをしながら実際には怠けるような、卑怯なことをしないように私を見張ってください。

　自分が人間であることを、しっかりと自覚することができますように。どうぞ私を、私たちの主キリストにあって真に貧しい者、本物の人間にしてください。人であることの限界を受け入れつつ、そのことに完全に責任を持つことができる者としてください。

身を慎み、目を覚ましていなさい。　　　　ペトロの手紙一 5:8

私は頭の中で、次のような筋書きを思い描いています。ある一人のクリスチャンの女性が、全人類への慈しみを自分の内に育みたいと望んでいました。しかし、彼女がスーパーに買い物に行くと、いつも感じの悪い店員がいるので、彼女はついいらだってしまいます。慈しみ倍増計画の危機です。

ある暗い雨の降る日に、彼女はもう耐えきれなくなり、店員に向かって怒りを爆発させました。すると、棚の上のピーナッツバターの瓶に手を伸ばしながら静かに彼女のしていることを見つめる、主イエスの姿が目に入りました。彼女は自分が怒ったことを責められると覚悟して、恥じ入って主の前に行きました。

主は優しく彼女を導き、こう言いました。「相手に、できる限りの慈しみを示すことは大切なことです。でもそれは、怒ってはならないということとは違います。」愛を示すとは、玄関マットのように踏みつけにされるということと同じだとは、主は聖書のどこでも言っていません。

主は歯に衣着せずに叫びます。「あなたがたは、悪魔である父から出た者であって、その父の欲望を満たしたいと思っている。」「いつまで、あなたがたに我慢しなければならないのか」という主の言葉にはいらだちが、「サタン、引き下がれ」には容赦のない怒り、「私の父の家を商売の家としてはならない」には激しい憤りが込められています。

偉大なる師の鼓動に耳を澄まして、反対側の頬を相手に向けるべき場合と、怒るべき場合を見分ける知恵を求めましょう。

1月24日　心の貧しい人とは……………………………

> 心の貧しい人々は、幸いである
> 天の国はその人たちのものである。 　　　　マタイによる福音書 5:3

　　山上の説教を読むと、主が何を好み、何を嫌っているか、そして主の人格全体について、深く理解することができます。イエズス会のジョン・パウエルは、山上の説教を「人の生き方のあるべき姿」と呼んでいます。主は私たちに、主のようになるためにはどのように生きたらよいのかを教えています。

　　純粋な心で生きることについて、また慈しみ深くあることについて主は語りました。主は「あなたが本当に私のようになりたいのなら、このように考えなさい」と言っています。リストの一番目に来るのが、「心の貧しい人々は、幸いである」です。

　　心貧しいとは、人間であることの貧しさをしっかりと認め、主の前に何一つ誇るものを持たないということです。パウロはこう書いています。「あなたの持っているもので、受けなかったものがあるでしょうか。受けたのなら、どうして、受けなかったかのように誇るのですか。」

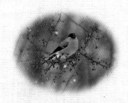

ほら、冬は去り、雨季は過ぎ行きました。

花々が地に現れ

さえずりの季節がやって来ました。

山鳩の声が私たちの地に聞こえます。

雅歌 2:11-12

ユダヤ教の指導者たちは、安息日を形式的な日にしてしまいました。小事に拘泥するファリサイ派的な安息日の解釈は、十七世紀の米国ニューイングランドにも、同じように蔓延していました。

当時のコネティカット州の法律にはこのように書いてありました。「安息日には何者も走ってはならない。礼拝への往復のために静かに歩くほかは、庭などを歩き回ってはならない。安息日には、旅行、調理、寝床の整頓、掃除、散髪、ひげそりをしてはならない。安息日に妻に口づけした夫、また夫に口づけした妻がいるならば、過ちを犯した当事者は、行政長官の法廷で裁かれる。」

逆説的なようですが、私たちの潔癖ぶった道徳心と偽物の敬虔は、神と人との間を阻みます。悔い改めることが最も難しい人は、徴税人や娼婦ではありません。安息日の規則を守っているからと安心して、自分には何一つ悔い改めることなどないと考える信心深い人たちです。

1月26日　安息日の本来の意味 ....

主はこう言われる。

あなたがたはただで売られた。

それゆえ、金を払わずに贖われる。

イザヤ書 52:3

バビロン捕囚からの解放後、残念なことに、安息日が持っていた本来の霊的な意味はあいまいなものになっていました。霊的に堕落した指導者の下、物事が巧妙に変えられていったのです。ファリサイ派は、自己正当化のための盾、人を裁くための剣として宗教を利用し、規則を完璧に守ることを人々に強要していました。こうした方法で、自分の地位と支配を確立することができたからです。

一方、信者たちは、規則に従えば救いへの道を足並みそろえて進んでいるのだと信じ込まされていました。ファリサイ派の人々は、神についての誤ったイメージを広めていました。神は狭量で、人のすることに絶え間なく点をつけては記録しており、律法と規則を厳格に守らなければ神の愛を受けることはできない、というのです。

宗教は、人を解放し力づけるものではなく、人を恐怖に陥れるものになっていました。信者たちは、安息日の二次的な側面、つまり労働しないことにのみ焦点を合わせるように指導されていました。預言者たちが大切にした、創造と契約を喜び賛美する態度は失われ、安息日は形式的な日になりました。手段が目的になってしまったのです。最も大切なことを副次的なことへと変え、副次的なことを第一義的なことへと変える、これこそ形式的宗教の特質です。

時を同じくして登場したのは、安息日を重荷へと変えた、禁止と規定の寄せ集めでした。緊張し、ぴりぴりしながら守る安息日。ナザレの主イエスは、そのような安息日を激しく、痛烈に批判しました。

あなたに対して造られる武器は
どのようなものであれ役に立つことはない。
裁きの時
あなたと対立する舌がどのようなものであれ
あなたはこれを罪に定めることができる。
これが主の僕（しもべ）たちの受け継ぐもの
私から受ける彼らの正義である——主の仰せ。　イザヤ書 54:17

••

　主イエスの言葉には、隠されたテーマがあります。それは、「この世界は良い所だ」ということです。立ち止まってこのことに思いを巡らせてみましょう。すばらしいことではありませんか。

　人生を振り返ると、世間に傷つけられた、さほど良い目には遭ってこなかったと思っている人が多いのではないでしょうか。しかし、神は私たちを愛し、御子の命を与えるほどに激しく、私たちと一緒にいることを求めています。そうであるならば当然、主が造られた世界は、私たちにとって良いものをもたらす場所なのだと考えられます。

　世界に出て、他者と関わるということは、他人に傷つけられるリスクがあるということです。しかしその危険を冒してでも、私たちに対して良いことをする機会を人に与えましょう。他者も、自分と同じく主の作品です。自分が馬鹿にされたり、だまされたり、ショックを受けたりすることはないと固く信じて、人と関わろうではありませんか。

> シオンに住む者よ、叫び声を上げて、喜び歌え。
> イスラエルの聖なる方は
> あなたのただ中にいます偉大な方。
>
> イザヤ書 12:6

　主イエスは、古い時代が過ぎ去り、新しい時代の夜明けが来たことを告げ知らせました。そして、そのことに対するしかるべき応答は、ただその時代を喜び、その驚きと不思議に魅せられることだと言ったのでした。

　主イエスの言葉を聞いた人々の答えは、「はい、先生、あなたを信じます」ではなく、「信じません。先生、あなたは愚か者です」でもありませんでした。人々はこう応じました。「間抜けなローマ人も救われるのか」「終末のしるしはどのようなものか」「先生と弟子たちがユダヤ教の律法を守らないのはなぜか」「律法の解釈に関する論争ではどちらの側に立つのか」などなど。

　主イエスの登場以降、私たちはありとあらゆる神学体系や世界規模の教会を組織し、そうそうたるキリスト教学の学術書で図書館の棚を埋め、地球を揺るがすような神学論争をしてきました。十字軍や大衆伝道に乗り出し、宗教改革や教会改革、制度の刷新にも果敢に取り組みました。

　それでも、キリストのためならすべてをなげうつ無謀さと愚かさを持った人はいまだに希少です。恵みの福音によって立ち、一切を犠牲にしてもかまわないという確信を持っている人は僅かです。埋もれていた宝を発見した人のように、喜びに我を忘れて歩く人は、ほとんどいないのです。

彼らのために、私は自らを聖なる者とします。彼らも、真理によって聖なる者とされるためです。　ヨハネによる福音書 17:19

　正直に言いましょう。私は矛盾の塊です。私は信じることもすれば、疑うこともします。希望に満ちている時もあれば、がっかりしている時もあります。私は愛し、また憎みます。自分が得をすると罪悪感を覚え、罪悪感を覚えないと、そのことにも罪の意識を持ちます。神を信じて疑わないときも、疑い深くなる時もあります。正直なこともあれば、策を弄することもあります。アリストテレスによれば、私は理性的動物だそうです。私に言わせるなら、浴びるほどビールを飲む天使です。

　恵みによって生きるとは、明るい面も暗い面も、私の人生の物語の全体を認める、ということです。自分の陰の部分を認めることで、自分がどのような者であり、神の恵みがどのような意味を持つのかを私は学びます。このことを、シトー会修道士のトマス・マートンはこのように言い表しています。「聖人とは、善人のことではない。善なる神を経験する者のことだ。」

1月30日　神の愛の証拠

> 私は絶えず待ち望み
> 繰り返し、あなたを賛美します。
> 日夜、私の口はあなたの正義を
> あなたの救いを語り継ぎます。
> しかし決して語り尽くすことができません。　　詩編 71:14-15

　神の応答があるかないかによって左右される信仰は、偽物の信仰です。神への信頼がそのようなものであるかぎり、人は万事につけ確信がもてず、心配が尽きず、不安定です。そのような信仰者は、不安に震えながら、主を愛したら同じように愛し返されることを求めています。愛の証明が得られなければ、落胆し不満を溜め、もう愛されていないとか、そもそも愛されていなかったなどと思い込むのです。

　愛の証拠が手に入れば神の愛を再確認できるものの、すぐにまた不安になります。そしてさらに多くの愛の証拠を切望しますが、新たな証拠は前のよりも物足りなく感じ、ついには鬱積した不満によって神を信頼することに渇き心は死に絶えてしまいます。

　まことのキリスト者が学ばなければならないことがあります。目に見える神の愛の証拠などというものは、いかにそれが価値あるものだとしても、信仰を形づくることも保つこともできず、信仰の確信にもつながりません。

　自分で自分を治めようとすることをやめ、主を完全に信じて自分を主の手に渡すようにと、イエス・キリストは私たちを招いています。私たちがそうすると決心するなら、その時、神の愛の証明を必死になって求める心は静まり、確信と平安と未来への展望を得ることができるのです。

世の富を持ちながら、きょうだいが貧しく困っているのを見て憐れみの心を閉ざす者があれば、どうして神の愛がその人の内にとどまるでしょう。子たちよ、言葉や口先だけではなく、行いと真実をもって愛そうではありませんか。

ヨハネの手紙一 3:17-18

　福音書には、主イエスが感情を深く動かされ、人々を憐れんだ場面が出てきます。主はいつも、その憐れみを行動に移しました。主は人の体や心を癒やし、解放し、悪霊を追い出し、空腹を満たし、人のために祈りました。

　主が善いサマリア人をたたえたのは、憐れみを行動に移したためです。「徳が高い、ユダヤ人の模範だ」と人々に思われていた祭司やレビ人は、何もしなかったがゆえに良しとされませんでした。

　「この三人の中で、誰が追い剝ぎに襲われた人の隣人になったと思うか。」「その人に憐れみをかけた人です」という答えに対して、主イエスは言いました。「行って、あなたも同じようにしなさい。」

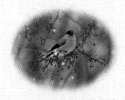

2

February

キリストは

神の形でありながら

神と等しくあることに固執しようとは思わず

かえって自分を無にして

僕(しもべ)の形をとり

人間と同じ者になられました。　　フィリピの信徒への手紙 2:6-7

　主イエスは、自分を良く見せたい、善人であると見せかけたいという思いを手放すように私たちを招いておられます。そうすることで、私たちは自分の内側にある言葉を聞き、自分自身であることの神秘の中を自由に動き回ることができます。

　自らの徳によってほかの人を教え導く、模範的なクリスチャンを必死に装うなら、私たちはどのようになるでしょうか。自意識過剰で、高慢で、人の歓心を買うことに執心する者になります。

　私の霊的同伴者、ラリー・ハインが老子の教えを言い換えていわく、「聖人の振りをすることを諦めよ。そのほうがずっと人のためになる。」

2月2日　主の中に住む

私を愛する人は、私の言葉を守る。私の父はその人を愛され、
父と私とはその人のところに行き、一緒に住む。

ヨハネによる福音書 14:23

「私につながっていなさい。私もあなたがたにつながっている。」この
御言葉は、「あなたの家を私の中に作りなさい。私もあなたの中に私の
家を作るから」という意味です。家とは、私たちが死んだ後に天で住む
豪邸ではありません。不安に満ちたこの世界のただ中にある、安全な場
所のことです。

家とは、恐れがなく、愛をもって温かく迎えられることが約束された、
聖なる場所です。私たちの社会には、路上で寝る人だけではなく、逃げ
続けて「自分自身」という家に帰って来ることがない人が多くいます。

このような放浪者たちは、酒や麻薬に逃げ込みます。成功や能力、友人
や快楽、評判や知識、あるいは僅かばかりの宗教に、安定や安心を求め
ます。こうした人々にとって、自分という存在は赤の他人です。住所は
あるものの家にいることがなく、愛の声に耳を澄ませることもなければ、
神の子どもとしての自由を体で味わうこともありません。

自分自身に出会ってしまうことを恐れて、向きを変えることなく逃げ続
けている私たちに、主イエスは言われます。「あなたには家があります。
私がその家です。あなたの家を私の中に求めなさい。そうすればあなた
の家に私は自分の家を作ります。私たちはそこで、親しく交わります。そ
れは、今あなたがいる場所です。あなたという存在の最も深い部分、あ
なたの心です。」

あなたがたは、このために召されたのです。キリストもあなたがたのために苦しみを受け、その足跡に続くようにと、模範を残されたからです。　　　　　　　　　　　　ペトロの手紙一 2:21

··

　人生の嵐に遭い、信仰が弱まり、勇気も挫けてしまったとき、私はマタイによる福音書14章22-33節に立ち返ります。

　主は、弟子たちが逆風のために波に悩まされているのを御覧になります。時間は夜が明ける頃。主は湖の上を歩いて弟子たちの方にやって来ます。弟子たちは恐怖のあまり「幽霊だ」と叫び声を上げます。主は「安心しなさい。私だ。恐れることはない」と言われました。

　慌て者のペトロは、主の声に従ってみることにしました。「主よ、あなたでしたら、私に命令して、水の上を歩いて御もとに行かせてください。」あやふやな信仰に基づく恐れに満ちた「あなたでしたら」という言葉は、ペトロが主に向かって歩き始めてすぐに本物の恐怖になりました。

　後に主が教会の土台として置く岩となったペトロでさえ、湖に小石のように沈んだということに、私は慰めを覚えます。

2月4日　偏見について

神とキリスト・イエスと選ばれた天使たちとの前で厳しく命じます。これらのことを偏見なしに守り、何事につけても、えこひいきはなりません。　　　　　　　　　　テモテへの手紙一 5:21

受けた印象はイメージになり、イメージは固定観念になり、固定観念は偏見を生みます。イエズス会司祭・心理療法士のアントニー・デ・メロは次のように言っています。「心に偏見があると、相手を偏見の目で見ることになる。つまり、その人をその人として見ることをやめてしまう。」人の内にいるファリサイ派は、相手そのものではなく、自分と他人に貼ったレッテルだけを見ます。

ある人が司祭のところに行き、「神父様、私の犬のためにミサを挙げてください」と言うと、司祭は憤慨して「犬のためにミサだって？」と返しました。「うちの飼い犬です。かわいがっていたんです。犬のためにミサを挙げていただけませんか。」「ここでは犬のためのミサはしません。通りを下ったところの別の教会に行ってみてはどうですか」と司祭が答えました。出て行く間際、その人が司祭に向かって「あの犬をとても愛していました。ミサを挙げてくだされば、百万ドルの献金をしようと思ったのに」と言うと、司祭は「ちょっとお待ちください。あなたの犬がカトリックだとは、伺っていませんでした。」

エルサレムに近づき、都が見えたとき、イエスはその都のために泣い…た。

ルカによる福音書 19:41-42

　主イエスとはどのような人だったのでしょうか。主は、人間らしさを持った人でした。真実で、率直で、情にもろく、人を操ることがなく、繊細で、思いやりのある人。同時に、主は完全に自由です。泣くことが男らしくないなどとは、主は思いません。主は人々に正面から向き合いました。人に妥協して、自分自身であることを犠牲にすることはなかったのです。

　福音書には、父なる神の愛する子である主イエスは、自分の感情に実に正直で、それを表現することをためらわなかった人として描かれています。主は、感情というものを軽視したり否定したりすることはありませんでした。主にとって、感情は変わりやすく信頼できないものではなく、繊細な心のアンテナであり、主はそれに注意深く耳を傾けました。主はそのアンテナを通して父なる神の御旨を知り、父と同じことを話し、行いました。

互いに親切で憐れみ深い者となり、神がキリストにおいてあなたがたを赦してくださったように、互いに赦し合いなさい。

エフェソの信徒への手紙 4:32

私は人生で、数えきれないほどの背信と不信仰を犯してきました。私はいまだに、「自分は道徳的に完全無欠であるべき」とか、「人に罪があってはならない」とか、「自分の好きな人には人間的な弱さなどないに違いない」とかいう幻想にしがみついています。

しかし、人生で起こるもろもろのことに、慈しみと憐れみ以外をもって応答しようとするなら、私たちはどうなるでしょう。独善的な義憤、人を道徳的に教化しようとする行為、防衛的な態度、躍起になって他人を変えようする試み、あら探しや誹謗中傷、「分からないやつ」と誰かに対していらだつ気持ち、自分が霊的に優れていると思う高ぶり、自分が正しいことを証明したい思い。これらはすべて、私を真の自己から遠ざけ、神の子どもとしての私のアイデンティティは、あやふやで混沌としたものになります。

この世界において私たちが求められている態度は、親切で憐れみ深くあることです。それ以外の一切は、幻想、誤認、欺瞞なのです。

静まれ、私こそが神であると知れ。
国々に崇められ、全地において崇められる。　　　　詩編 46:11

　これは、悩みを持つある偉い人が隠者のところに行く話です。この人は隠者に向かい、自分の祈りに関する鬱憤やら、徳の欠如やら、人間関係の失敗やらを並べ立てます。「クリスチャンらしく生きようと努力していますが、失敗ばかりです」と嘆くこの人の話を、隠者は注意深く聞きます。隠者は洞窟の奥へ行って、たらいと水を入れた水差しを持って戻って来ます。

　「さあ、たらいに水を注ぐから、よく見ておくように」と隠者は言います。水は波立ち、かき乱されて、たらいの底と縁に跳ね返ります。初めのうち、水はたらいの中で渦巻いていますが、徐々に落ち着き始めます。ぴちゃぴちゃと跳ねていた小波は、最後には大波へと変わり、左右に動きます。波はだんだんと収まって、静まり返った水面に顔が映って見えるほどになります。

　「常に他人に振り回されて生きていると、人はこのようになる」と隠者は言います。「他人によって心乱され、邪魔されると、人は本当の自分を見失う。自分の生活の中に神がおられることが分からなくなり、自分が愛されているという意識が徐々に薄れていく。」

　水が落ち着くには、時間がかかります。内面の静けさに至るためには、待つことが必要なのです。この過程を速めようとするいかなる試みも、水をかき混ぜ返す行為にほかなりません。

2月8日　天の父の愛 ....

彼らが苦しむときはいつでも、主も苦しまれた。

御前に仕える御使いによって彼らを救い

その愛と憐れみによって彼らを贖い

昔からずっと彼らを負い、担ってくださった。　　　イザヤ書 63:9

....

　心の貧しい人が祈る祈りは、「父よ」の一言に尽きます。天の父と私たちとの間には、ダイナミックな関係があります。

　小さな男の子が、お父さんを手伝って家のことをしているところ、あるいはお母さんにあげる贈り物を作っているところを想像してみましょう。そのお手伝いはおそらく、父親の仕事の邪魔にしかならないでしょう。母親のために作るプレゼントも、役に立たない物かもしれません。けれどもそこには、素朴で純粋な愛があり、生き生きした父と子の愛の応答があります。これが、天の父と私たちの関係なのです。

　父なる神と私たちは、基本的に、互いが幸せであることを願い、互いを喜ばせたいと思っています。私たちが神のためにすることが、成功か失敗かは重要ではありません。私たちが心から望んですることのほうが、はるかに大切なことです。

　祈ろうとしても祈れないとき、人に対して深い慈しみを示そうと誠実に努力してもうまくいかないとき、神は私たちに優しく触れてくださいます。

私を見る者は、私をお遣わしになった方を見るのである。

ヨハネによる福音書 12:45

　　父なる神の愛は御子の愛の内に現されます。神が主イエスを私たちに与えたのは、恐れを捨てることができるようにするためでした。愛には恐れがありません。

　　天の父は、私たちが命を得るために御子を遣わされました。「私が来たのは、羊が命を得るため、しかも豊かに得るためである。」「命を得る」とは、「満ち満ちた命を生きる」ということです。

　　御子は、父なる神が私たちを愛し慈しんでいることの、紛れもないしるしです。主が来られたのは、神が私たちのことを思いやり、気にかけているということを示すためです。神が義、御子が愛なのではありません。神は義であり愛である方、御子は愛であり義である方なのです。

　　天の父は私たちの敵ではなく、私たちを惑わしたり、試練を与えて苦しませようとしたりしません。主イエスは、天の父についての悪い知らせではなく、良い知らせを告げに来られたのです。

2月10日 主と一緒にいる喜び

> 世にいる間に、これらのことを語るのは、私の喜びが彼らの内に満ち溢れるようになるためです。　　ヨハネによる福音書 17:13

福音書は、生きることを楽しんだ人として主イエスを描いています。主はとりわけ、天の父からの愛の贈り物として、他者の存在を喜びとしました。

主の人生は、人に仕えた人生でした。主がその働きの中で出会った、社会の中で脇に置かれた人たちは、主の人格や教えに触れ、さまざまに応答しました。しかし、暗く悲しい気持ちになった人はいませんでした。（主に従うことのできなかった金持ちの青年は、数少ない例外の一人でした。）

生きてそこにおられる主イエスの存在は、人々を自由にし、喜びに目覚めさせました。喜びは、心の貧しい人たちに主が与えた最も大きなものでした。

イエスは、ナタナエルがご自分の方へ来るのを見て、彼のことをこう言われた。「見なさい。まことのイスラエル人だ。この人には偽りがない。」

ヨハネによる福音書 1:47

　主イエスは子どもを膝に乗せます。子どもには、過剰な自意識も作為もないからです。このことを思うとき、三歳の小さなジョン・ダイヤーが、両親を横に従えて私の家に来たときのことが頭に浮かびます。

　玄関で、私はジョンを見下ろして言いました。「こんばんは、ジョン。よく来たね。」ジョンは右も左も見ることなく、今にも火を噴きそうな顔をして、銃の照準を合わせるかのように目を細めていました。そして、「クッキーは？」と要求してきたのです。

　天の国は、自分を良く見せようとか、他人に、いや自分自身に対してさえ、良い印象を与えようと思っていない、子どものような人のものです。そのような人は、「どうしたら自分に注目してもらえるだろう」とか、「自分がすることが誤解されたらどうしよう」と考えたりしません。自分の振る舞いの点数を気にすることもありません。

　主は二千年後の今日も、霊的に完璧であることを目指して高慢かつ禁欲的に苦行をすることに汲々とする私たちの問題をずばりと指摘しています。ぶどう畑の実りを自慢したり、自分の人間的な弱さや性格上の欠点にいらだったりする、「自己愛」という私たちの致命的な問題です。けれども子どもは、天の父との関係を持つために自分を良い位置につけようと頑張ったりしないものなのです。

2月12日　過去でも未来でもなく今 ....

> ヤコブの家よ、さあ、主の光の中を歩もう。　　　イザヤ書 2:5

パウロは、主イエスの「思い煩うな」という教えの意味を完全に把握していました。かつてパウロは、人々がステファノに石を投げつけている間、皆の上着を預かっていたキリスト教徒虐殺の首謀者でした。

もしパウロがキリストを信じる前の過去に今も生きていたならば、心を病んでもおかしくありません。しかしパウロは書いています。

なすべきことはただ一つ、後ろのものを忘れ、前のものに全身を向けつつ、キリスト・イエスにおいて上に召してくださる神の賞を得るために、目標を目指してひたすら走ることです。（フィリピの信徒への手紙3:13-14）

私たちの過去の業績がいかに名誉をもたらすもので、過去の不名誉がどれほどの恥を伴うものであろうと、すべてはキリストと共に十字架につけられました。そうしたものはもはや、存在しません。

しかし思い煩いは、過去だけに限られたものではありません。まだ見ぬ未来に目と心を向けると、恐ろしいシナリオが次々と湧いて出てきます。そして私たちは、慢性的な不安状態に陥ります。

未来への不安は、私たちが今ここにある現在に意識を向けることの妨げとなります。伝統的な宗教は、この問題を指摘し続けています。誰もが知っている主イエスの教えも、この現在と未来について語っています。「自分の命のことで何を食べようか何を飲もうかと、また体のことで何を着ようかと思い煩うな」は未来について、「空の鳥を見なさい」は現在についての教えです。

主はこの教えを、こう結んでいます。「明日のことは明日自らが思い煩う。その日の苦労は、その日だけで十分である。」これを聞いて、生きることを諦めようとしていた多くの人が立ち止まることができたことでしょう。

今という瞬間に心を向けること、その瞬間が立ち現われるのを見つめること。それは、霊的な生活における最も大切な技術です。

アブラハムは、…望みえないのに望みを抱いて信じ、その結果、多くの国民の父となりました。

ローマの信徒への手紙 4:16, 18

····································

　神は、私たちが生き、成長し、開かれ、生きることそのものを存分に味わうことを望んでいます。多くの危機と試練を通して、神に信頼する姿勢が私たちの内に一歩一歩形づくられていきます。

　アブラハムは、息子イサクに関わる苦しい試練に遭いました。そのことによって、「神の望みは、私たちが死ぬことではなく生きること、衰えることではなく成長することだ」と学びました。「主は、望みえないのに望みを抱くよう自分を召しておられる。主は信頼に値する」ということを、アブラハムは発見しました。神は信じるに値すると確信する。これこそが、信仰の真髄なのかもしれません。信仰は、試練の中で、純粋なものへと昇華します。純化された心の深いところから、「人生で起こることはすべて、私たちの内にキリストを形づくるために起こるのだ」と私たちは信じます。

　揺るぎなく神の愛を信じるならば、私たちの信仰は励まされます。霊的に光が見えないときも、神に感謝することへと招かれ、シャルル・ド・フーコー神父の祈りに自分の祈りを重ねて祈るよう、促されます。

　「天の父よ、私は自分自身を、あなたの御手に委ねます。御心のままに私を扱ってください。あなたが何をなさるにせよ、感謝します。私には、何をも受ける覚悟があります。すべてを受け入れます。ただあなたの御旨だけが、私に、そしてあなたを信じる者すべての内に成りますように。主よ、それ以上のものは何も望みません。あなたの御手に、私の霊を委ねます。私の胸にある愛のすべてと共に、私の霊を献げます。主よ、あなたを愛します。私自身をあなたに献げます。惜しみなく、限りない信頼をもって、あなたの御手に私自身を明け渡します。あなたは私の父です。」

2月14日　神の国の核は信仰 ....

> この人たちは皆、信仰を抱いて死にました。約束のものは手にしませんでしたが、はるかにそれを見て喜びの声を上げ、自分たちが地上ではよそ者であり、滞在者であることを告白したのです。

ヘブライ人への手紙 11:13

....

　主イエスは日々、助けを求める人々に取り囲まれていました。膿の出る腫れ物に苦しむ人、四肢の衰えに悩む人、ものを言えない人、耳の聞こえない人。こうした人間のあらゆる困難にも、主は心乱されることがありませんでした。主は、唯一、不信仰についてのみ、人を非難しましたが、その対象はいつも傍観者であり、犠牲者ではありませんでした。

　ユダヤ人にとって最大の問題は、イスラエルの神の王国をいかにして打ち立てるか、ということでした。主イエスは、このための唯一の道を示しました。信仰です。主は弟子たちに、神を信頼するよう頼んだのではありません。神を信ぜよと命じたのです。神への信仰は、主イエスの教えの周辺ではなく、その核であり中心です。そして信仰のみが、神の国の到来を早めるものです。

　しかしながら私たちは、信仰によって混乱はなくなり、痛みも和らぎ、時は贖われるのだと思いがちです。ヘブライ人への手紙11章に登場する多くの証人たちが、そうではないということを証明しています。信仰があっても、地上で約束のものを手にするとは限らず、すべてをはっきり知ることはありません。信仰によって私たちの混沌が秩序あるものに変化し、痛みが減り、松葉杖が与えられるわけではありません。けれども、ほかのすべてがおぼろであっても、信仰の中心からはこの言葉が溢れ出るでしょう。「私の霊を御手に委ねます。」

貧しい人々は、幸いである
神の国はあなたがたのものである。　　　　ルカによる福音書 6:20

　自らが霊的に貧しいということを知らず、豊かだと思っている人は、自分が持っていないものを欲しがって求めることに時間を使います。それに対して、心の貧しい人は、自分が持っているものを楽しみ喜ぶことに時間を使います。

　無神論者であった哲学者、フリードリヒ・ニーチェは、クリスチャンを非難して「あなたたちには吐き気がする」という趣旨のことを言ったそうです。その理由を尋ねると、ニーチェは答えました。「救われているはずのあなたたちなのに、そうは見えないではないか。」

　自分のことを霊的に豊かだと思っているクリスチャンが、神を信じていない人たちと同じように意気消沈し、罪の意識にさいなまれ、不安に駆られ、不満だらけのことはよくあります。自分の心の貧しさを知る人たちは叫びます。

いと高き方よ、なんと喜ばしいことか
主に感謝し
あなたの名をほめ歌うことは。（詩編 92:2）

　容姿や背丈に捕らわれてはならない。私は彼を退ける。私は人が見るようには見ないからだ。人は目に映るところを見るが、私は心を見る。

サムエル記上 16:7

　主イエスはなぜ、罪人たちに優しかったのでしょう。主は、人の心を読み、その中に善いものやその人の正直な思いを見いだすことができたからです。

　人々の不満だらけの態度や、困った防衛的な反応の背後に、主イエスは小さな子どもたちの姿を見ていました。ふてくされたり、人を嘲ったり、悪態をついたりする人たちは、十分に愛されてこなかった子ども、誰かがその人を信じるのをやめたために、成長が止まってしまった子どもです。

　主がご自分を信じる者たちを「子ども」と呼んだのは、主が強い感受性と共感力を持っていたからです。（後には、弟子たちも同じように、信徒を「子どもたち」と呼びました。）私たちの背がどれほど高く、裕福で、賢く、成功していようと、主は私たちを「子ども」と呼んでくださいます。

これは我らの神の憐れみの心による。

この憐れみによって

高い所から曙の光が我らを訪れ

暗闇と死の陰に座している者たちを照らし

我らの足を平和の道に導く。　　　　ルカによる福音書 1:78-79

　私たちは、他人を責めるのではなく、赦さなければなりません。その本質的な理由は、神ご自身が私たちを責めることなく赦す方だからです。主はご自身の自由な意思によって、律法よりも慈しみを優先しました。私たちにも、同じことをする権威が与えられています。

　聖書のたとえ話には、さまざまな神の姿が示されています。いなくなった息子に走り寄る父。丸一日働いた労働者と同じ賃金を最後に来た労働者にも与える、理屈に合わないほどに寛容なぶどう園の主人。ひっきりなしにやって来るしつこいやもめの訴えを聞く、裁判官としての神の姿です。

　私たちは、人の姿で来てくださった主イエスの内に神の姿を見、神の声を聞くことができます。イエス・キリストは、「神が私たちに与え、赦すのと同じように、キリスト者も与え、赦さねばならない」と、聖霊の力によって教えました。

　主の赦しは絶対的です。主は、私たちの過去を取り調べたり、特別な条件をつけたりすることはありません。それゆえ、自由にされた罪人は再び生き、自分自身を受け入れ、自分のことを赦し、自らを愛することができます。

> 主は恵みに満ち、憐れみ深く
> 怒る(いか)に遅く、慈しみに富む方。
>
> 詩編 145:8

　主イエスは新しい時代の夜明けを宣言しました。より高い次元の正義が人の世界に介入したのだと、主は語りました。それまでの、処世術と思慮分別の宗教的規範に反して、主は「正しい者ではなく、罪人を救いに来た」と言うのです。しかも罪人は、自分の問題を報告して初めて救われるのではありません。まず恵みがあり（憐れみが与えられ）、回心はその後です。

　罰に値する罪人は無償で赦され、罪人はただすでにそこにある憐れみを受け取ればよい。赦しは当然のもの、罪人はそれを受け取って向きを変える分別さえあればよい。こうした罪人こそ、主イエスが「幸いである」と言う心の貧しい人です。心の貧しい人は、主の贈り物を受け取ることを知っています。

　主は招いています。「来なさい。疲れ果て、惑い、迷い、失われ、打ちのめされ、傷つき、おびえ、脅かされ、地に落ちた人は皆、わたしのところに来なさい。あなたの心を知恵の光で照らし、私が天の父から受けた憐れみであなたの心を満たそう。」

　これこそが無条件の赦しです。罪人はただ、主が与えてくださる憐れみと知恵を受け取り、胸を張って生きればよいのです。

私は復活であり、命である。私を信じる者は、死んでも生きる。

ヨハネによる福音書 11:25

　主イエスの姿が変わった山から下りて来た後、主は弟子たちに、自分がエルサレムへ上って行くこと、殺されること、復活することを伝えました。主は、自分が苦難から逃れることができるとはみじんも考えていませんでした。しかし主は、自分が連れて行かれるとき、何をどう弁明すべきかを聖霊が教えてくださると確信していました。

　私たちに希望があるのは、痛みや苦しみから逃れることができるからではありません。むしろ、苦しみがあってもそれに勝つと確信しているからです。

　あなたは、自分が死んでも生きると信じますか。それこそが、キリスト者の希望の意味するところです。それは、楽観主義とも、絵に描いた餅とも違います。それは、失望にも敗北にも鬱積した感情にも、屈服することのない希望です。

　キリスト者の希望、それは、堅く、静かに澄み渡った希望です。深刻な病の床にあってさえ、確信に満ちていられるような、そのような希望です。主が十字架につけられた日がどれほど重苦しい一日であろうと、私たちの前には復活の日があります。

　私たちは死にます。主イエスも死なれました。主は死んで復活されたのだから、主は今生きておられ、私たちも死んでも生きます。このことを、私たちは信じます。

彼は虐げられ、苦しめられたが
口を開かなかった。
屠り場に引かれて行く小羊のように
毛を刈る者の前で黙っている雌羊のように
口を開かなかった。

イザヤ書 53:7

　主は十字架の上で、世の痛みや苦しみに触れようと、広げた腕を伸ばしています。憐れみの御子は、私たちの罪悪感や否定的な思いや恥や失敗を、取り去りたいと願っています。

　主は私たちのところに、その栄光をもって人を圧倒するような、破壊力を持って来たのではありません。ご自身の弱さ、もろさ、乏しさを持って来られました。主は神でありながら、恥にまみれた裸の姿を十字架で人目にさらしました。そのために今、私たちは神に近づくことができます。

　このような弱さを、世は理解することができません。人には、強い神を想像することはできても、弱い神を思い描くことは難しいからです。

断食するときには、偽善者のように暗い顔つきをしてはならない。彼らは、断食しているのが人に見えるようにと、顔を隠すしぐさをする。よく言っておく。彼らはその報いをすでに受けている。

マタイによる福音書 6:16

断食とは、人がそのすべてをもって、神の正義が表されることを切望する叫びです。ファリサイ派の人々やヨハネの弟子たちは、そのために断食しました。主イエスは「もう断食する必要はありません。あなたがたが飢え渇き、求めてきた救い主は、ここにいるからです」と言っています。

しかしなぜ、彼らには主が分からなかったのでしょうか。祈ることに勤勉な、規律正しい善人が、神の訪れの時を見逃したのはなぜだったのでしょう。

長い年月、人を主のもとへと導いたイエズス会のフランク・マイルズ神父は、祈りの生活における最大の障害は私たちの「期待」であると言っています。「主よ、私は断食し、欲を絶ち、三キロ痩せ、地獄の槌で打たれました。次はあなたの番です。優しくしてください。大変だった断食の埋め合わせをしてください。大いにねぎらってください。」このような報酬を期待する祈りは、主イエスのゲツセマネの園での祈りの対極にあります。

神は、私が生きているここ、私の失敗や孤独や貧しさの中に来て、そのままの私を愛してくださいます。揺れ動く中身を抱えたままで、私が今いる場所にい続けても、向こうから救いは来ます。同じことを、あなたも経験してきたのではないでしょうか。

主は言っています。「あなたの深淵な考えなど要りません。あなたが自慢気に吹聴する愛の行為も不要です。焼き尽くすいけにえも献げる必要はありません。ただあなたの心を、私は求めます。」

> 私たちは、死にゆくイエスをいつもこの身に負っています。イエス
> の命がこの身に現れるためです。　コリントの信徒への手紙二 4:10

　現時点での個人的な考えではありますが、殉教とは、宣教師として紛
争地や奥地に赴くとか、キリストのために猛獣に立ち向かうというような
ことではないように思います。私自身の深いところで、主の声がします。
私に負い目のある人を赦し、主の愛を示すことに、主は私を召しておら
れます。

　「御心が行われますように」と祈ることは、実に難しいことです。それ
はこの年老いた私の死を求めるということだからです。積年の恨みや憤
りを克服すること、苦い思い出を乗り越えること、それが正当な怒りであっ
ても相手に対する敵愾心に打ち勝つこと。自分を拒否したり、だましたり
した相手に、自分から和解の手を差し伸べること。相手の失敗を赦すこと。
こうしたことが、御心を行うということです。

　「御心が行われますように」「御心のままに」と主イエスが祈ったこと
は、新約聖書に四度出てきます。いずれも、主ご自身の「殉教」の文脈
です。

　「キリストのために死ぬことより、主のために生きることのほうが難し
い。」年を重ねるにつれ、この言葉の真の意味を私は理解しつつあ
ります。

過越祭の前に、イエスは、この世から父のもとへ移るご自分の時が来たことを悟り、世にいるご自分の者たちを愛して、最後まで愛し抜かれた。

ヨハネによる福音書 13:1

　主イエスの美しさは、主が耐えた苦しみによって損なわれたでしょうか。主の苦しみ、それは、イザヤ書の預言が語る苦難の僕の苦しみそのものでした。この僕は、人間ではなく虫けらのごとくに、私たちのために殺され、血だらけになり、軽蔑されました。誰も考えられなかったような極限の苦しみを、主は味わいました。

　十字架の刑は美しいものではありませんでした。主イエスが裸で釘打たれ、二人の犯罪人に挟まれて、体中から血を流している様子は、身の毛のよだつような光景です。コンスタンティヌスが十字架刑を廃止したのは、この刑があまりにも非人間的で残酷だったからです。

　しかし主イエスの死は、それ以上のものです。主の体は苦しめられ、傷つけられ、血にまみれていました。それでも、気高い威厳と輝かしい愛に満ちた主の魂は、主の苦しみと死を別のものへと昇華させました。十字架の死は、人となった神の魂から産まれた力強い愛の行為でした。

　十字架の刑は残虐そのものでしたが、主の魂の輝きと内面の美しさを反映した、美しいものでした。主イエスの魂は、天の父に従う揺るぎない信仰と、人に対する限りない愛に満ちていました。

2月24日　神の国と神の義を求める

> まず神の国と神の義とを求めなさい。そうすれば、これらのものはみな添えて与えられる。　　　マタイによる福音書 6:33

　不安や心の揺れの多くは、「安心と安定と快感を与えてくれるこの世のものを、満足に手に入れることができないのではないか」という恐怖から来るものです。

　ゲッセマネの園で苦悶した主は、祈りをもって不安と闘いました。主と共感し、主に重ね合わせて自分を見てみましょう。すると聖霊が、天の父への信仰を私たちに与え、恐れと不安を乗り越える力で満たしてくださいます。

　神学者でイエズス会神父のアレックス・ルフランクは書いています。「十字架のキリストは、祈りを武器に不安という重圧と闘う主の姿だ。」

　主イエスは、自分の使命に忠実に従うため、そして決心したことを固く守るために闘いました。主は、「自分が何者か」という事実から目を背ける誘惑とも闘いました。主の苦しみに自らを合わせるとき、キリスト者は主の復活の持つ力を知ります。その力は、安楽や世間体や権力にまさる、強い力です。

> 正義はその腰の帯となり
> 真実はその身の帯となる。

イザヤ書 11:5

・・・

　主イエスは、一度きりの決心で自分の使命を確信したわけではなく、一足飛びに悪魔の働きから解放されたわけでもありません。主の信仰は、終始変わらぬものでした。

　主の自己認識と内面のアイデンティティは、「御子であり、僕(しもべ)であり、愛されている子」でした。この自己認識は常に試練にさらされました。最初の試練は、四十日四十夜の断食によって、主が荒れ野で死に近づいたときのことでした。

　主は、神の御心に反する形で自分の使命を果たせという誘惑を、絶えず受けました。サタンはまず、「神の子なら、この石にパンになるよう命じたらどうだ」と誘惑しました。派手に、耳目を集めるように自分の力を誇示しろという誘惑です。誘惑は、主が死に至るまで、つまり人々が「今すぐ十字架から降りるがいい」と罵ったときまで続きました。

　霊的生活においても安楽と感覚と権力を求めてよいのだという魅惑的な誘いは、サタンの手口です。しかし主イエスは、それを完全に退けました。主は最後まで、愚かなまでの愛を貫き、自由な意思で十字架の死を受け入れました。十字架の死は、父なる神に対する主の絶対的な信頼を表す行為であり、神の愛のうちに生きた主の人生のクライマックスでした。

　主は自分が何者かを知っていました。主は、御子であり僕であり愛されている子としての自己認識を、主という存在の最も深いところに焼き付け、罪に打ち勝つ義の僕として、自分の使命を果たしました。その使命とは、主が洗礼(バプテスマ)を受けたその時から、主の心を捉えて離さなかった使命でした。

　十字架の死で、神への親密な愛に満ちた主イエスの信仰は、決定的な、永遠に続くものとなりました。主は最後まで、天の父に忠実でした。

2月26日　私心のない愛 ....

　友のために自分の命を捨てること、これ以上に大きな愛は
ない。

ヨハネによる福音書 15:13

....

　仮にペトロの師が私だったとしましょう。私ごときの忍耐と理解と思い
やりに頼らねばならなかったとしたら、ペトロの成長はありませんでした。
主は、自分を否んだペトロに絶望したり、軽蔑したり、非難したり、罵ったり
しませんでした。それどころか、主はペトロを信頼し、天の国の鍵を授け、
霊が語らせるままに福音を宣べ伝える権限を委ねたのです。主がペト
ロにしたことは、通常の人間の行動パターンとは正反対です。「されたこ
とをし返す」というどこにでもある報復の原則は、見事に覆されます。

　主イエスという人の内に、神の御心が見えます。主には自我なるもの
は存在せず、ただ神の無条件の愛だけが見えます。それは、あの大祭
司の中庭で主を否んだペトロに主が示した赦しと慈しみに見ることがで
きる、私心のない愛です。

あなたは死から私の魂を
つまずきから私の歩みを救い出してくださいました
神の前、命の光(ゆ)の中を進み行くために。

詩編 56:14

あるとき私は、インディアナポリスの大会議場で行われた大きな集会で説教をしました。四十分の話を終えたとき、集まっていた一万一千人の人々は一斉に立ち上がり、万雷の拍手を送って喝采してくれました。

その瞬間、影の自分の内側に、満足感が爆発的に湧き起こるのを感じました。影の自分とは、名誉、承認、力、栄光、人の尊敬を渇望する自己です。

その多幸感に満ちた束の間に、神はこの気の毒で高慢な息子をかわいそうに思い、少し変わった方法で恵みをもたらしてくださいました。講壇で立っている私に、棺に横たわっている自分の幻が与えられたのです。

命を失った自分の体を見ながら、私はある主教の話を思い出していました。主教は死の床にあって、国教会の祭服で全身を包んでいました！私はゆっくりと笑いはじめ、続いて、会議場で人からの栄誉に酔った自分のことを思って大声で笑いました。

四旬節(レント)には、次のことを覚えておきましょう。主イエスが言うように、あなたの断食や祈りは、天の父だけが御覧になればよいのです。人に愛を示すための親切な行いも、こっそりと隠れて行わなければなりません。

四旬節は、偽りの自己との最前線の闘い、日ごとに影の自分に死ぬための期間です。その死は、キリストと共に歩む新しい命へと、日々目覚めるための死です。

2月28日 真実の自分になる

神の力強い御手の下でへりくだりなさい。そうすれば、しかるべき時に神はあなたがたを高くしてくださいます。

ペトロの手紙一 5:6

　自分を卑下する態度から、徐々に自分を受け入れるに至るまでには、正直な自分を生きようとする過程が必要です。キリスト・イエスの内にある真実の自分として、日々の選択や決心をしようとするとき、私たちの胸は躍ります。真の自分とは、自分がならねばならないと思う自分や、他人がなってほしいと願う自分ではありません。

　あらゆる罪、利己心、不正直な心、愛に欠けた思いを制し、自らに打ち勝つことは、キリスト者の自由への道です。しかし、その道を歩もうとする人は多くありません。「キリスト・イエスに属する者は、肉を情欲と欲望と共に十字架につけたのです。」

　アッシジのフランチェスコの「完全な喜び」は、当初は非現実的な期待だったかもしれません。しかし、肉の欲に小さく勝つ度に、それは確固たる基準となっていきました。フランチェスコの弟子で書記であったレオーネ修道士は、フランチェスコが彼に完全な喜びとは何かを説明した日から胃が痛くなったかもしれません。「完全な喜びとは、キリストがその友にくださる、すべての恵みと霊の賜物にまさる恵みのことです。それは、キリストへの愛のために自らに打ち勝ち、進んで苦しみ、人の侮辱や困難に耐えるということです。」

　私たちは痛みなくして成長することはできず、自らに打ち勝つことなく本当の自分を生きることもできません。そしてそのいずれも、イエス・キリストが私たちを名指しで愛してくださるということに比べれば、ささいなことです。

この私には、私たちの主イエス・キリストの十字架のほかに、誇るものが決してあってはなりません。この方を通して、世界は私に対し、また私も世界に対して十字架につけられたのです。

ガラテヤの信徒への手紙 6:14

使徒パウロは、世の最大の特徴は十字架に対する敵意であると考えていました。主イエスの十字架を通して、「世界は私に対し、また私も世界に対して十字架につけられた」ということこそ、キリスト者を最も強く突き動かす事実なのだとパウロは言います。

パウロはまた、コリントの信徒に向けて、私たちが主イエスの死をこの身に負わなければ、主イエスの命を現すことはできないと書いています。

私たちは、死にゆくイエスをいつもこの身に負っています。イエスの命がこの身に現れるためです。(コリントの信徒への手紙二 4:10)

パウロの言葉は、すべてのキリスト者にとって真実です。十字架の陰に立つことなくして、私たちは主の弟子になることはできません。

主はまた、十字架を負って主の後を行かない者は主にふさわしくないと言いました。

私の後に従いたい者は、自分を捨て、自分の十字架を負って、私に従いなさい。(マルコによる福音書 8:34)

ドイツの殉教者ディートリヒ・ボンヘッファーは、この御言葉の意味をこう捉えています。「主イエスが人を招くとき、主はその人に、来なさい、そして死になさいと命じている。」

私たちには、神が定めたイエス・キリストの十字架以外の方法を選ぶ理由も権利もありません。十字架は、私たちの救いの象徴です。そして、私たちの生き方の型です。

3

March

> 私たちが命じることを、あなたがたが現に行っており、これか
> らも行ってくれるものと、私たちは主にあって確信しています。
>
> テサロニケの信徒への手紙二 3:4

主イエスと天の父が想像できないほどに私を愛しておられるということを、私は揺るぎなく確信しています。

それはつまり、私の人生で神が命じられることを無条件に受け入れているということを意味します。主イエスがゲツセマネの園で祈った「私の望みではなく、御心のままに」という姿勢を、私のものにしているということです。元国連事務総長ダグ・ハマーショルドの祈りは、私の祈りでもあります。「すでにあったことを感謝し、これからあることを受け入れます。」

私の確信が、どれほど強く恐れを知らないものかを測る基準は、おそらく、殉教する備えが私にはあるか、ということでしょう。つまり、主と福音のために死ぬ意志があるか、そして一日一日を主のために生きる意志があるか、ということです。

3月2日　神の御心 ····································

どうか、主があなたがたの心を、神の愛とキリストの忍耐へと
まっすぐに向けてくださいますように。

テサロニケの信徒への手紙二 3:5

····································

　最近行った五日間の黙想の間、ヨハネによる福音書に取り組みました。
心動かされる御言葉に出会う度、私はそれをノートに書き写しました。
多くの御言葉を書きましたが、最初と最後に書き写したのは同じ節でした。
　**イエスのすぐ隣には、弟子の一人で、イエスの愛しておられた者が席
に着いていた。…その弟子が、イエスの胸元に寄りかかったまま…**(ヨ
ハネによる福音書13:23, 25)

　この場面をさっと通り過ぎてはなりません。ここには、すばらしいこと
が書かれているからです。ヨハネは、神の胸元に自分の頭を寄りかから
せているのです。ニカイア公会議で、「父と一体、神からの神、光からの
光、真の神からの真の神」であると定義づけられた、その人の胸にヨハ
ネは寄りかかっています。

　聖書のこの箇所を、単なる事実の記録だと思ってはなりません。この
箇所で、私たちは神に個人的に出会うことができます。そして、神がどの
ような方かに関わる私たちの理解は、根本から変わります。私たちは、
私たちも主の胸に寄りかかることを許されていると知ります。神は、ぼろ
を着た二十歳余りの若者がご自分の心臓の音を聞くのを許す方なの
です。

これは、あなたがたを神の国にふさわしい者とする、神の判定
が正しいことの証拠です。この神の国のために、あなたがたも
苦しみを受けているのです。　　　　　テサロニケの信徒への手紙二 1:5

「自分はとんでもない失敗作だと、神はがっかりしているだろう」と感
じている人はいるでしょうか。そのような人は、「キリストの愛は決して変
わることがない」という確信を、大胆で燃えるような信仰をもって受け取
らねばなりません。

主イエスは、すべて重荷を負って苦労している者は主のもとに来るよ
うにと言われました。このとき主は、私たちが人生の過程で、疲れ、勇気
を挫かれ、落ち込むことがあると知っていました。疲れ、失望、落胆、
どれも、主イエスが人として経験したことでした。

主は、主の弟子として私たちが支払う代価について、夢見がちな考え
など持っていませんでした。主は、肉体的な痛み、愛する者を失うこと、
失敗、孤独、拒絶、無視、裏切りなどのために、私たちの霊が弱ることが
あると知っていました。信仰が何の保証にも活力にも慰めにもならず、祈
りに現実感や進展している感覚が伴わなくなることも、主は知っていま
した。

主は、私たちが十六世紀の神秘家アビラのテレサのように大声で訴
えることも知っていました。「主よ、あなたは友をこのように扱われるので
すね。道理であなたには友だちが少ないわけです。」

3月4日　旅の同伴者

私は世の終わりまで、いつもあなたがたと共にいる。

マタイによる福音書 28:20

・・

天の父と主イエスの親密な関係はそのまま、主と弟子たちとの親しい関係でもありました。主は私たちの近くに来られ、家族のように話しかけてくださいます。

子たちよ、…私が行く所にあなたがたは来ることができない。(ヨハネによる福音書13:33)

あなたがたをみなしごにはしておかない。(14:18)

行ってあなたがたのために場所を用意したら、戻って来て、あなたがたを私のもとに迎える。(14:3)

私たちにこう話しかける主イエスは、単なる教師や私たちの模範ではありません。主は私たち一人一人に、人生の旅の同伴者としてご自身を差し出してくださいます。主は忍耐強く、優しく、礼を失することがなく、赦すに速く、罪のかけらもない愛を持つ、私たちの友です。主の弟子であるということは、主の友であるということなのです。

新約聖書には、このことがたくさん書かれています。「見よ、私は戸口に立って扉を叩いている。もし誰かが、私の声を聞いて扉を開くならば、私は中に入って、その人と共に食事をし、彼もまた私と共に食事をするであろう。」「私を愛する人は、私の父に愛される。私もその人を愛して、その人に私自身を現す。」「私はあなたがたを友と呼んだ。」

イエスはこれを聞くと、舟に乗ってそこを去り、独り寂しい所に退かれた。しかし、群衆はそれを聞いて、方々の町から歩いて後を追った。イエスは舟から上がり、大勢の群衆を見て深く憐れみ、その中の病人を癒やされた。 マタイによる福音書 14:13-14

　私心なく仕えるということは、キリストの心を体現することです。私たちの意識は、自分を絶えず見続けています。この意識を超越するための効果的な方法は、無私であるということです。十字架で、主イエスは自己から完全に自由でした。

　主は、自分を忘れて他者のために生きる方でした。主は、弟子たちのことは心配しました。「私を捜しているのなら、この人々は去らせなさい。」主は、ピラトに近づいてその心に触れ、十字架に向かう途上で女たちを慰めました。十字架の上では犯罪人を赦し、そばに立つ母マリアを近くにいたヨハネに託しました。

　主は、私心なく仕えることを通して自我を捨てました。その力は、聖霊の賜物でした。

3月6日　平和への道......

神よ、私を調べ、私の心を知ってください。…
御覧ください
私の内に偶像崇拝の道があるかどうかを。　　　詩編 139:23-24

平和への道は、自身のありのままの姿を受け入れることから始まります。自分自身の中に、受け入れ難い部分があるのなら、その部分が自分の敵になります。誰かとうまくいかない理由は簡単に説明できます。その人が、自分が認めたくない自分の一部分を表しているからです。

キリストと向き合うことをしないままに、欠けや傷のある自分の真の姿を受け入れることは、不可能ではないにしろ耐え難いことです。自分が自分を見る目は、主の慈しみと憐れみによって純化されていなければなりません。さもなければ私は自分をごまかし、自らの醜い部分を隠して、立派で欠点がなく表面的には幸せな私を、他人に対して装わなければならなくなります。

マイスター・エックハルトにとって、「キリストの内にある＝平和」という方程式はいつも確かなものです。打ち砕かれ、そして救われた自分の現実の姿を私が受け入れ、それを主イエスという人に渡すならば、私は平安の内にあります。たとえ自分ではそのように感じられなかったとしても、私の心は平和なのです。「あらゆる人知を超えた神の平和」は、十字架の上でキリストが造ったものです。それは、ころころと変わる私の感情や機嫌によって左右されるものではありません。

自分自身についての真実の全体を受け入れることから来る平和は、その十字架の血によって平和を造り、万物をご自分と和解させてくださったキリストに根ざした平和です。主イエスの口から出る「シャローム（平和）」は単なる挨拶の言葉ではありません。神の御子による権威に満ちた宣言です。それは、宣言された平和を現実のものにするという、十字架の言葉なのです。

主が私たちを造られた。私たちは主のもの。
主の民、その牧場の羊。

詩編 100:3

　ベルジチェフのレヴィ＝イツハクは、酔った農民から愛の意味を学んだと語っています。このラビが、ポーランドの田舎町の食堂を訪ねた時のことです。食堂に入って行くと、ひどく酔った二人の農民がテーブルに着いているのが見えました。互いに腕を回して、彼らは相手のことをどれほど愛しているかを主張し合っていました。

　突然、ヤンがピオトルに言いました。「なあ、俺が何に傷ついているか、言ってみろ。」ピオトルがかすんだ目でヤンを見つめ、「お前の傷なんざ、俺が知るもんか」と答えると、ヤンは即座に応じました。「俺の傷を知らんなら、どうして俺を愛してるなんて言えるんだよ。」

　主イエスは史上誰よりも人を愛した方です。その理由は、主が私たちの傷を知る方だからです。主は私たち一人一人の中の愛も、憎しみも、希望も恐怖も、喜びも悲しみも、すべて知っておられます。

　これは敬虔ぶった夢物語などではなく、よみがえりの主は、宇宙のどこかにいる漠とした人物ではありません。主は天に上げられましたが、そのことによって私たちは主を失ったのでしょうか。そうではなく、主はナインの町だけでなくニューオーリンズにも、マグダラのマリアだけでなく私にも、触れることができるようになったのです。

　「今この時、私たちが何に傷ついているのかを主は知っている」ということを私たちが信じないならば、キリスト者として生きることに何の意味があるでしょうか。主は、私たちの痛みをただ知っているというだけではありません。主はそれを知りつつ、私たちがどのような乏しさや苦しみを抱えているのか、どれほど泣いているのか、自分のどこが愛されていないと感じているのかを、私たちの中から探し出してくださる方なのです。

3月8日　確かな信仰

信仰とは、望んでいる事柄の実質であって、見えないものを確証するものです。　　　　　　　　　　　ヘブライ人への手紙 11:1

　　私たちの人生には、主の愛をこの手で感じられるほどに、信仰が熱烈で熱心になる時期があります。そのような時、聖書研究会や祈祷会、黙想会、また日々の祈りは、私たちにとって、安定した信仰を保証するものでした。神を思うことがうれしく、神と話すことが慰めであり、主と共にいることは喜びでした。

　　しかし今や、すべてが変わってしまいました。私たちは、キリストを失った、主はもう戻って来ないと恐れています。神への思いは千々に乱れ、祈りも本物とは感じられません。空っぽの魂の中に、主に向かって話す言葉がうつろに響きます。もっとひどいことに、罪悪感が湧き上がり、この抑圧的な感情が喪失感をさらに強いものにします。夜が迫って来ます。主を失望させてしまいました。すべては自分のせいです。

　　この暗い道は私たちの多くが通った道です。このことを知ることは慰めであり、長く求めてきた信仰における成長がそう遠くないことを示しています。神の愛と憐れみは、まだ私たちと共にあります。雲は私たちを覆い隠し、闇で包んでいるかもしれません。しかし雲の上には、太陽が明るく輝いています。神の慈しみは決して、私たちを裏切ることがありません。

　　この真実を信じて主に自らを委ねるキリスト者は、イエス・キリストを新しく見いだします。それはより深い信仰生活、暗闇にあってさえも喜びと平安に溢れた信仰生活の始まりです。なぜなら新たな信仰は、もはや人の感情という浅い土に根を張ったものではなくなるからです。それは、「イエス・キリストが昨日も今日も、また永遠に変わることのない方だ」という確信に深く根ざした信仰です。

> 主はお前に何を与え
> お前に何を増し加えるだろうか
> 欺きの舌よ。

詩編 120:3

　偽物の自己は、自分が意味ある存在であることを裏付けるために、自分の外側にある事物を自らの内側に引き込むことを必要とします。富、権力、容姿、性的魅力、承認、地位などは、私たちの自信を増し、成功の幻影を作り出します。偽りの自分、それはその人が「何をするか」です。「何であるか」ではありません。

　私は長年、伝道における実績の陰に本物の自己を隠していました。私は説教や著書や講義などを通して、自分のアイデンティティを築いてきました。クリスチャンの多くが私のことをよく思ってくれているから自分は大丈夫だと、自らを正当化していたのです。福音伝道において成功するために力を注げば注ぐほど、偽りの自分はますます本物らしくなっていきました。

　偽りの自分は重要でないものを重要視するよう私たちを促し、最も実体のないものを偽りの輝きで飾り、実体のあるものから目を背けさせます。偽物の自己は、私たちを幻の世界に住まわせます。

　偽りの自分は嘘つきです。偽物の自己は光を放ち、かたくなに私たちの目をくらまします。空疎で空虚な自分の真の姿が目に入らないようにします。私たちは内にある闇を認めることができません。偽りの自分は反対に、自分の闇を最も明るく輝く光だと謳い、真実を塗り潰し、現実をゆがめます。

　使徒ヨハネの言葉が思い浮かびます。「自分に罪がないと言うなら、自らを欺いており、真理は私たちの内にありません。」

3月10日　世の宝と信仰 ………………

あなたがたは地上に宝を積んではならない。そこでは、虫が食って損なったり、盗人が忍び込んで盗み出したりする。

マタイによる福音書 6:19

中流階級の会話の大半は、消費を巡る話だそうです。何を買うか、買ったか。どこで何を食べるか。近所の家の値段、今週の特売、自分や他人の服、今年一番の車、旅行の行き先。私たちは、食べること、買うこと、消費することをやめることができません。成功の基準は、愛や知恵や成熟ではなく、所有している物の量で測られるかのようです。

聖書学者エルンスト・ケーゼマンが言っていました。「人は、世の権力や魅惑的なものと折り合いがつく限りにおいてのみ、十字架を愛することができるようだ。」残念ながら、私たちはイエスの弟子だというのに、この問題に無関心です。

世に死に、キリストの栄光の内に生きているならば、その人はパウロと共に「満腹することにも、飢えることにも、有り余ることにも、乏しいことにも、ありとあらゆる境遇に対処する秘訣を心得ています」と言うことができます。このような生き方は、華やかな暮らしから最も遠くにあります。

私たちが多くの所有物を得るなら、世は敬意を払ってくれるでしょう。それらを蔑みあるいは怒りをもって拒絶するなら、さらなる尊敬を集めることができるでしょう。しかし世は、世が最も大切にするものに私たちが関心を持たないなら、あるいは世が私たちのことをどう思うかに無関心であるならば、私たちを忌み嫌います。ヨハネによる福音書には、ユダヤ人は「互いに相手からの栄光は受ける」ゆえに神を信じることができないとあります。人の称賛とイエス・キリストへの信仰は、根本的に混ざり合うことのないものです。

その日、人々はエルサレムに向かって言う。

「シオンよ、恐れるな

力を落としてはならない。

あなたの神である主はあなたのただ中におられ

救いをもたらす勇者である。

主は、喜びをもってあなたを祝い

愛をもってあなたを新たにし

喜びの歌をもってあなたに歓喜の声を上げる。」

ゼファニヤ書 3:16-17

　哲学者は、至高者から遠く離れた所で至高者のことを論議します。しかし新約聖書に描かれている主イエスは、そのような神ではありません。

　至高者が顔に唾を吐きかけられるとは、あまり聞かない話です。主イエスが私たちを招く言葉が「私のために泣くな。私に付いて来なさい」であることに気付くとき、ぎくりとさせられます。「あなたのために私が用意している人生は、キリスト者の生です。私が歩んだ人生と同じような人生です。」

　ある冬の冷たい朝、フランス人の友人ドミニクがこう言ったことがありました。「人生はつらく厳しい。」キリスト者として生きることは、苦しいことです。しかしそれ以外の何かであることは、あまりに生ぬるいのです。

　主イエスの十字架の御業は見た目には美しいものではありません。主の心は苦悶し、体は苦しみ、霊には塞がることのない傷が開いています。十字架の主が私たちの人生に入って来られるとき、私たちは祈ることしかできません。「この世と肉の現実に抗い、狡猾で油断ならないサタンに対抗することができるよう、しっかりと立つ勇気を与えてください」と。

> 神を敬わない者の口は友を堕落させるが
>
> 正しき者の知識は助け出す。　　　　　　　　　箴言 11:9

　現代の大祭司カイアファたちにとって、今はひどい時代でしょう。宗教は個人にとっても共同体にとっても差し迫った関心事ではなくなり、そのために宗教者も尊敬されません。聖性は、制度、組織、抽象概念に成り下がってしまいました。

　カイアファが自分を献げる対象、それは「民」です。よって、個々人つまり血肉の通った本物の人々は犠牲にされます。カイアファが奉仕する対象は「国家」です。しかし国家は、主イエスのように血を流すことはありません。カイアファは、「神殿」に仕えることに身を入れて励みます。しかし神殿は、人格を持たない、れんがと漆喰から成る単なる建物です。カイアファは自ら、人であることをやめてしまいます。温かい血の通った人間ではなく、変化のない自分の世界と同じような、硬く冷たいロボットになります。

　キリスト者が迫られる選択は通常、主イエスと似たものとなるか、強盗バラバになるかの間の選択ではありません。明らかな殺人者と同じように見られたい人はいないでしょう。私たちが気を付けねばならないのは、主イエスとカイアファの間の選択です。カイアファは私たちを欺きます。カイアファは、実に「信心深い宗教者」だからです。

世は神の知恵を示されていながら、知恵によって神を認める
には至らなかったので、神は、宣教という愚かな手段によって
信じる者を救おうと、お考えになりました。

コリントの信徒への手紙一 1:21

　ギリシア人はメシアを、プラトンよりも偉大な哲学者として思い描いて
いました。メシアは人を導き、宇宙の秩序と調和をもたらすと考えられて
いました。しかし主は、人の上に立つどころか、人間の罪の犠牲になっ
て十字架の死に赴きました。

　十字架の主は、居心地の良い、洗練された、敬虔な宗教に揺さぶりを
かけ、価値を転換しました。ギリシア人にとって、このようなメシアは愚か
そのものでした。

　それでも、パウロは十字架の愚かさを、すなわち神の力、神の知恵で
ある十字架のキリストを宣べ伝えました。十字架を宣べ伝えることで、
聖霊はパウロの中で生きたものになりました。十字架の力と知恵によって、
ギリシア人の先入観は一掃されました。

3月14日　下降志向の主

イエスは、父がすべてをご自分の手に委ねられたこと、また、ご自分が神のもとから来て、神のもとに帰ろうとしていることを悟り、夕食の席から立ち上がって上着を脱ぎ、手拭いを取って腰に巻かれた。それから、たらいに水を汲んで弟子たちの足を洗い、腰に巻いた手拭いで拭き始められた。

ヨハネによる福音書 13:3-5

主イエスは僕（しもべ）として仕えることを通して主であり続ける方です。主の愛しておられた弟子ヨハネを見れば、人の心を変える神というものがどのような方かが分かります。それは、メシアと弟子それぞれの既存のイメージを、すべて吹き飛ばすものです。なんと驚くべき価値の転換でしょうか。主人ではなく、僕であることのほうを好むというあり方は、現代の上昇志向の文化においては、下降志向に見えます。

名声や名誉や承認という偶像を退ける。自分を重要視しない。自らを重要だと見なす他人を重んじることをしない。喜びをもって、自由意思で僕としての生き方を選ぶ。こうした態度こそ、主の真の弟子の態度です。

ヨハネが赤裸々に描いているキリストの人物像は、ロマンチックな理想主義や感傷の入り込む余地を残さないものです。僕として生きるということは、感情や機嫌のよしあしや感覚とは違います。それは、主イエスのように生きるという決意です。私たちの感情ではなく、心を低くして人に仕えるという行動に関わることです。

「主であり、師である私があなたがたの足を洗ったのだから、あなたがたも互いに足を洗い合うべきである。」このように語る主イエスに従うということは、ヨハネが知り、愛していた師の鼓動を感じるということです。私たちの在り方が行動から切り離されているならば、汚れた足を洗うことは実際の行動ではなく単なる理想論になります。

主よ、私を調べ、試してください。

私の思いと心を確かめてください。

あなたの慈しみは私の目の前にあります。

私はあなたの真実に従って歩んできました。

詩編 26:2-3

これは、「主ご自身の苦しみの時に主に仕える」ということについて、私がある年の洗足木曜日の夜にシカゴで経験したことです。

その日、私は日記に書きました。「礼拝で主イエスを賛美し始めたが、私の気持ちは重かった。外はひどく寒い。礼拝堂は冷たい。心はどんよりしている。だが何よりも、自分自身の正直さへの疑いの念が私を苦しめる。」

日中、「主の霊のあるところには自由があります」という節を読んだとき、違和感を覚えました。私は本当に自由になりたいと思っているか。天の国にふさわしい生き方がしたいと望んでいるか。私の心は、本当は何の方を向いているのか。神の人となることをほかの何よりも望んでいるか。仕えられることよりも仕えることを求めているか。遊ぼうと思えば遊べる時間にも祈っているか。語るに遅くあれ、ブレナン。答えるときは慎重にしろ。混乱と失望が、自分の内に寄せては返すのを感じました。

すると、すばらしいことが起こりました。私は分かったのです。私が祈りたかった理由、それはただ、私の友と一緒にいたかったからだということを。疑いも、不安も消え去りました。私には分かっていました。ゲツセマネで、恐れながら独り祈る主イエスを、私は慰めたかったのです。そのために私は祈っていました。一時間どころか、一晩中、主と一緒にいたかった。私の唇にのぼった言葉は、その前年に私が書いた小さなウィリー・ジュアンの物語の言葉でした。何度も何度も、私はささやきました。「友よ、あなたを愛しています。」

3月16日　苦しみの持つ価値······

> キリストは肉に苦しみを受けられたのですから、あなたがたも
> 同じ心構えで武装しなさい。肉に苦しみを受けた人は、罪との
> 関わりを絶っているのです。　　　　　　ペトロの手紙一 4:1

······

　成熟したキリスト者であることのほうが、肉屋やパン屋として成功する
よりも大切なことです。そして、もしキリスト者として成熟するためにキャ
リアにおいて失敗するのであれば、その失敗は確実に価値のあるもの
となります。もし、その失敗があったお陰で、他人の失敗に寛容になるこ
と、忍耐強くあること、神から受けた愛の知恵の内に生きること、その愛
を他者にも分かち合っていくことを学べたのなら、価値ある失敗と言え
ないでしょうか。

　ある人が成功したとして、自分の成功に目がくらんで他人の苦しみを
感じられなくなるかもしれません。人の心が分からないかもしれません。
成功を当然と思うかもしれません。後に、その人の小さな世界が誰かの
死や災難によって崩壊すれば、内面には何のよりどころも残っていない
でしょう。

　主イエスの苦しみの持つ価値は、主の苦しみそのものにあるのでは
ありません。その苦しみを受けた主の愛にこそ、その価値があります。四世
紀の神学者、エルサレムのキュリロスは書いています。「犠牲の価値は、
それによって何が放棄されたかで決まるのではない。犠牲の背景にあ
る愛の性質によって決まるのだ。」

　主イエスの心は、天の父にたゆみなく従おうとする熱烈で惜しみのな
い愛でいっぱいでした。それは、神の心を狂わんばかりの喜びで満たし
ました。

互いに耐え忍び、不満を抱（いだ）くことがあっても、赦し合いなさい。主があなたがたを赦してくださったように、あなたがたも同じようにしなさい。　　　　　　　　　　コロサイの信徒への手紙 3:13

　憐れみと赦しは、ごく近いものです。キリスト者であることを示すはっきりとしたしるしは敵を愛する意志だと主イエスは言います。「あなたがたは、敵を愛し、人によくしてやり、何も当てにしないで貸しなさい。そうすれば、たくさんの報いがあり、いと高き方の子となる。いと高き方は、恩を知らない者にも悪人にも、情け深いからである。」「私たちの罪をお赦しください。私たちも自分に負い目のある人を皆赦しますから」と主の祈りを祈るとき、私たちは神の子どもであるとはどのようなことかを確認しています。

　主イエスは、私たちが人を赦す手本として、天の父による赦しについて語っています。マタイによる福音書は、家来の返済不能な多額の借金を帳消しにする王として神を描いています。神は、限りなく（これが七の七十倍の意味です）赦す方なのです。

　「目には目を」またはそれ以上を要求するこの世界にあって、神は私たちキリスト者を、赦す生き方へと召しておられます。それは、既存の価値観や慣習に抗う生き方です。

　十戒の一つ目は、神を愛せという命令です。敵を愛することは、神への愛を証明する行為です。自分を愛してくれる人を愛することは簡単ですが、敵を愛することは難しいことです。これらのことが正しいなら、敵を愛することは、天の父の子どもであるしるしです。

> ああ、わが主なる神よ
> 私はまだ若く
> どう語ればよいのか分かりません。

エレミヤ書 1:6

　私がイエス・キリストから受けた最大の賜物は、天の父ご自身を体験したことでした。「すべてのことは、父から私に任せられています。父のほかに子を知る者はなく、子と、子が示そうと思う者のほかに、父を知る者はいません。」天の父の子どもとしての尊厳は、私の最も一貫性のある自己意識です。

　他人から褒められる自分を基に自分の自己像を作り出そうとすると、内面の声が「お前は神の国という企業に入った。お前はそのプレーヤーだ」とささやきます。しかしこのような自己認識は、私たちの真実の姿とは違います。

　落ち込んでいるときには、内面の声がささやきます。「おまえは駄目だ。偽物だ。偽善者だ。うわべだけのやつだ。」こうした言葉から形づくられる自己像は、真実のものではありません。

　精神科医で神学者のジェラルド・メイは書いています。「いついかなる瞬間にも、私たちが自分を見ているその像は、私たちの真実の姿とは異なっている。」

人々は私の話に聞き入り、望みを抱_{いだ}きながら
黙って私の助言に従った。　　　　　　　　　　　ヨブ記 29:21

────────────────────────────────────

　孤独とは、ただ騒音がないとか、外界との交渉を遮断するということではありません。孤独とはむしろ、静けさへと入っていく過程のことです。

　真実の発話は、静かな孤独の中から生み出されます。私がここで孤独と呼んでいるのは、物理的に孤立することとは違います。孤独とは、唯一の方である神と二人きりで過ごし、超越的な他者を経験することを通して、愛されている子としての自己認識を深めるということです。

　一緒に時を過ごすことなく、誰かのことを親しく知ることはできません。沈黙は、この孤独を現実のものとします。沈黙とは、行動の形で孤独を表すということなのです。

3月20日　祈ることへの抵抗感 ......

すべての人が福音に従ったのではありません。イザヤは、「主よ、誰が私たちの知らせを信じましたか」と言っています。

ローマの信徒への手紙 10:16

　自分の内面に祈ることへの抵抗感があることに、困惑したことはありますか。沈黙や孤独に対する実存的な恐れ、神と独り過ごすことを恐れる気持ちがあることに、戸惑ったことはありますか。

　主を賛美するために布団から出ようとするのになかなか起きられない朝、挫ける気持ちになったことはありますか。「これで合格」とばかりに、寝る前のお祈りを義務感からする自分にがっかりしたことはありますか。

　偽りの自分に気をつけましょう。油断ならない偽装が大得意な偽物の自己は、神と親しく交わるために必要な、努力も苦しみも訓練も嫌がる、自己の怠惰な部分です。

　偽物の自己は自分を正当化します。「私は働くことを通して祈っている。」「忙しい。」「祈りは自然で自発的でなくては。聖霊の促しがあった時だけ祈ればいい。」偽物の自己の下手な言い訳にだまされて、現状維持に甘んじてはなりません。

主はあなたの叫び声に応えて
必ずあなたに恵みを与えてくださる。
主がそれを聞かれると
直ちにあなたに答えられる。

イザヤ書 30:19

　シエナのカタリナは、長年にわたって栄光に満ちた祈りの生活を送りました。カタリナは、内に住んでおられる主を強く意識していました。彼女は小さな自室で、心の中の麗しい主と独り過ごすことを好みました。それは、平安と喜びと安心感に満ちた時でした。カタリナの神は、いつも彼女と共におられました。彼女の目に映る人生は、いつでも平安なものでした。

　しかし、ある日、カタリナの快適な日常が崩壊すると、そのような思いは消えてしまいました。確かに手の内につかんでいたはずの、よく知っていた感覚が失われていました。心の主イエスは失われ、主がおられることもその影響も、全く感じられなくなりました。主の記憶さえも不確かになり、跡形もなく消えてしまったようでした。

　そうなると、罪以外のものが目に入らなくなりました。純粋でない思いや願いで頭や心がいっぱいになり、それに呼応して彼女の体も震えました。汚れたものの中に落ち込んだように感じ、キリストと過ごした清く喜びに満ちた生活を永遠に失ってしまったと感じました。

　この喪失こそ、恵みの時となりました。カタリナが絶望という猛烈な誘惑に見舞われたその同じ部屋の中で、彼女はキリストを再び見いだしました。「主よ、私の心が腐りきった考えでいっぱいだったとき、あなたはどこにいらしたのですか。」カタリナは不満を述べました。これに対する主の答えは、彼女を新しい信仰の深みへと導きました。「カタリナよ、あなたが誘惑の中にある間、私はあなたの心のただ中で、あなたと共にいた。そうでなければ、あなたは誘惑に打ち勝つことはできなかった。」

主があなたがたに
苦悩のパンと苦しみの水を与えられても
あなたの導き手はもはや隠れることがなく
あなたの目はあなたの導き手を見る。

イザヤ書 30:20

　シエナのカタリナは主イエスの言葉を聞き、「苦しい誘惑に遭っている間にも、いつも主は共にいてくださった」という事実を理解しました。その時、カタリナにとっての「主の臨在を体験する」ことの意味が完全に変わりました。主の言葉によって、カタリナは「主は心の中の、想像することも感じることもできないほど深いところにおられる」ということを学びました。

　私たちが地上の命を生きる間、神はいつも隠れた所におられます。人の感情は神に触れることはできず、人の思いは神を測ることはできません。神がおられることの確実性は、私たちの感情や体験に左右されて高まるわけではありません。同様に、私たちが神の不在を恐れたとて、そのために神の存在の確実性が低くなることもありません。

　主の言葉によって、カタリナは、それまで決して理解できなかったほどに、「罪こそがキリストを奪う」ということを理解しました。雑音、他人や自分へのいらだち、誘惑、成功や失敗、温かなあるいは冷たい感情 —— このような罪は、カタリナをキリストから引き離すものにほかなりません。

　主が約束なさったように、主はいつも、カタリナの心の中の静かな闇にずっといてくださることでしょう。カタリナは、一度は神が共におられるという感覚を失いましたが、信仰の深い闇の中に主を再び見いだしました。そして、闇をほめたたえることを学んだのです。

あなたが右に行くときも、左に行くときも
あなたの耳は、背後から
「これが道だ、ここを歩け」と語る言葉を聞く。　　イザヤ書 30:21

　今この時、私やあなたのような普通の人たちは、何かを失い別の何か
を得る、変化の時に入るよう招かれています。神の愛に手を触れることが
できるほど、信仰が熱烈に燃え上がる時期もあったことでしょう。宗教的な
ことをしていれば、あるいは私たちの多くにとって大切な安心と安定を保
障する数々のものが手に入っていれば、主と共にいることは喜びでした。

　しかし、今やすべてが変わってしまいました。シエナのカタリナのように、
私たちはキリストを失ってしまったかのようです。もう主が戻って来るこ
とはないのではないかと、私たちは恐れます。

　けれども、あなたが得ることになるものはすぐ近くにあります。神の愛と
慈しみは、もろく弱い被造物の栄枯盛衰に左右されるほど小さくもなく、
持続性のないものでもありません。雲は私たちの魂を暗闇に閉じ込めるか
もしれません。しかしその上には、太陽が明るく輝いています。主の慈しみ
は私たちを離れることがありません。このことの真実の意味をつかむ者は、
キリストを新しく発見することでしょう。

　この体験は、闇の中にあっても喜びと平安が溢れ出す、もっと豊かな人
生の始まりとなります。なぜならそのとき、喜びも平安も人の表面的な感
情ではなく、「主イエスはいつも変わることがない」という信仰の確信に深
く根ざしたものになるからです。私たちの感情は、喜びや悲しみに翻弄さ
れます。しかし、「神は私たちの魂の移ろいやすい表層の下の闇に宿って
くださる」ということを私たちが理解するとき、私たちはその闇に神を探せ
ばよいということを知ります。私たちはそこで平安と沈黙のうちに祈り、決
して変わることのない神の声を、身を低くして聞くでしょう。

彼は軽蔑され、人々に見捨てられ
痛みの人で、病を知っていた。
人々から顔を背けられるほど軽蔑され
私たちも彼を尊ばなかった。

イザヤ書 53:3

　私は日々、十字架のキリストの前で、二十分ずつに分けて四十分の祈りの時を持つことを習慣にしています。生ける神と意識的に触れ合い、人を自由にする主の愛に触れるためです。

　悲しいことに、キリスト者の信仰心は、ゴルゴタの丘で死んだ熱情の神を、きれいに飾り立ててしまいました。キリスト教美術は、主が受けた言葉にできないほどの侮辱をもったいぶった飾り物に変え、キリスト教の礼拝は、非道極まりない十字架刑を感傷的な聖劇にしてしまいました。

　敬虔ぶった空想物語、感傷的な説教、命のない騒がしい礼拝、どれも、本物の主イエスを覆い隠すものです。しかし本来、主の十字架を見上げるキリスト者は震え、キリスト者の共同体は揺るがされるはずなのです。

きょうだいを愛する者は光の中にとどまり、その人にはつまず
きがありません。　　　　　　　　　　　　　ヨハネの手紙一 2:10

　二階の広間での夕方は、ヨハネの人生における決定的な瞬間であっ
たと私は信じています。キリストの復活から六十年ほど後のこと、年老い
た使徒ヨハネは、記憶の流れの中で金を採る人が砂金をふるい分けるよ
うに、主イエスと関わった日々を思い出していました。ヨハネは、主から教
わったすべてのことが一つとなったその夕べのことを書き、自分が何者か
を次の言葉ではっきりと言い表しています。

　**ペトロが振り向くと、イエスの愛しておられた弟子が付いて来るのを
見た。**（ヨハネによる福音書21:20）

　誰かがヨハネに「あなたは何者か。あなたの最も一貫した自己意識
は」と尋ねたなら、ヨハネは「弟子、使徒、福音伝道者」であるとは答えず、
「主が愛しておられる者」と答えたでしょう。信仰なしに以下を読むならば、
得るものはありません。

　**イエスのすぐ隣には、弟子の一人で、イエスの愛しておられた者が席
に着いていた。…その弟子が、イエスの胸元に寄りかかったまま…**（ヨ
ハネによる福音書13:23, 25）

　失敗を覚悟の上で情熱的な人生を生きるためには、私たちもヨハネと
同じように主に「影響され」なければなりません。ヨハネが経験したことを、
自分の人生に結び付けて考えるのです。

　私は主イエスの胸元に寄りかかって、主の心臓の音に耳を澄まします。
ヨハネが身をもって味わい証言している「キリスト体験」を、私自身の経験
として身に着けます。そうするまでは、私の霊性は本筋から外れた派生的
なものにすぎません。ずるい偽りの私は、ヨハネが主と親しく交わった瞬
間の体験のことを、あたかも私の想像の産物、幻想であるかのように伝え
てくるでしょう。偽者にだまされてはなりません。

3月26日　人を裁くな......

> それなのに、なぜあなたは、きょうだいを裁くのですか。また、なぜ、きょうだいを軽んじるのですか。私たちは皆、神の裁きの座の前に立つのです。
>
> ローマの信徒への手紙 14:10

　私たちはそれぞれ、自分の心という独自の世界に住んでいると言いますが、これは真実ではないでしょうか。そこは孤独な、冷たい世界です。私たちは狭量で、冷酷で、横柄で、器が小さく、批判的です。

　私たちはたやすくイエス・キリストを裁きの座から引きずり下ろし、自分でそこに座ります。そして、自分には人を裁く知識も権威もないにもかかわらず、他人に対してものを言ってしまいます。

　私たちの中にある真意や動機を、実際に目にしたことのある人はいません。私たちは他人の行動の背後にある思いを知ることはできないのです。それゆえに、私たちは人を裁くなと命じられています。

　「人を裁くな。裁かれないためである。」だがもし、私たちが無謀にも人を裁くなら、覚えておきましょう。「あなたがたは、自分の裁く裁きで裁かれ、自分の量る秤で量られる。」

偽りを預言する預言者たちの心に、いつまで偽りがあるのだろうか。彼らは自分の心の欺きを預言する者だ。

エレミヤ書 23:26

　真実を追い求めるために必要な最初の一歩は、ささいな嘘をつくことをやめようと決心することではありません。しなければならない決意とは、他人ではなく自分自身を欺くことをやめる決意です。自己欺瞞という嘘をやめれば、これまで取り繕ってきたありたい自己像の美観は損なわれるかもしれませんが、それはさまつなことです。

　主イエスが神殿の境内で見せた、真実への激しい熱情と同じものを、私たちも持たねばなりません。そうしないなら、私たちは自分の信仰の根幹を傷つけ、主を裏切り、自分自身を欺くことになります。

　自己欺瞞は、私たちが自分自身の本当の姿を見ること、私たちの自己が一つに統合されることを妨げます。自分を欺くことで、私たちが真理の霊において成長していないという事実は覆い隠され、私たちは自分の本当の人格と和解することができなくなります。

彼らは銀を通りに投げ捨て
金(けが)は汚れたものとなる。
主の怒りの日には、銀も金も彼らを救えず
飢えを鎮めることも、腹を満たすこともできない。
それが過ちのつまずきの石だったからだ。　　エゼキエル書 7:19

　福音書の中で燃えていた聖霊の火を消してしまった今となっては、私たちがその熱と輝きを感じることはほとんどありません。私たちはもうすっかり、聖書に書かれた事実である「裸にされ、服を取られ、十字架につけられた主イエス」に慣れきって、その真の意味を見失ってしまいました。

　主の十字架は、この世の心配事や知恵、人の称賛への欲望、霊的な慰めを含む、あらゆる安楽への貪りを捨て去れという命令です。十字架は、周囲から称賛を受けるために何とか作り上げた自分の立派な姿という虚像を脱ぎ捨てることにも、私たちを召しています。

　「自分は世俗的な人間ではない」と見せかける作為もやめるようにと、十字架は私たちを招きます。「地味な仕事のほうが見栄えの良い仕事よりも好きだ」とか、「良く思われたい相手に対して自分は態度を変えない」という振りは、すべて世俗的です。

　さらには、自分はイエス・キリストに似たものでないと言って謙遜さを装う自己満足も、ぼろきれです。私たちが最後にしがみつくこのぼろきれさえも、十字架の上の人の子と顔と顔とを合わせて出会うとき、私たちは手放さなければなりません。

私たちが神を愛したのではなく、神が私たちを愛し、私たちの罪のために、宥めの献げ物として御子をお遣わしになりました。ここに愛があります。

ヨハネの手紙一 4:10

　ゴルゴタの丘の上に立つ十字架を仰ぐとき、私たちが学ぶ一つの真理は、私たち自身の貧しく小さな心の尺度を、主イエスの心に当てはめるべきではないということです。私たちの心は、意地悪で、狭くて、かたくなです。主イエスは、私たちのように心を騒がせ、人を赦さず、執念深い方ではありません。辛抱強く、慈しみ深く、優しく、善い方です。

　主を見る者は主をお遣わしになった方を見るのだと、主は言われました。天の父を知る唯一の方である主イエスから、私たちは、両手を広げて人を迎える愛、無条件の受容、手加減抜きの永続的な愛というものがあることを学びます。それは私たち人間の経験をはるかに超えるものであり、主イエスの十字架の死でさえ、神の愛を僅かに示すものにすぎません。

　「引き裂かれ、切り裂かれ、傷つき、唾と血にまみれた主イエスの身体は、天の父の愛のほんの一面を表しているにすぎない」、このことを少し考えてみましょう。かすかに見えるものを超えたところに計り知れない愛があるという揺るぎない確信、これこそが私たちの信仰の本質です。

3月30日　解放

苦難の日に、主があなたに答え
ヤコブの神の名があなたを守ってくださるように。　　詩編 20:2

　十字架のキリストを思うとき、私たちは、「絶望と失望は永遠のものではなく、すぐそこに迫った復活のしるしなのだ」ということを思い出します。十字架の向こうで命を持っている愛の力は、「自分とは、自分がこうだと思っている者にすぎない」と告げ、私たちを自由にしてくれます。それは、私たちを自我から解放する力です。

　あるイースターの朝のことでした。私が祈っていると、主がこう言うのが聞こえました。「小さな兄弟よ、あなたの中に私は見た。私を知らないと主張したペトロ、私に仕えることの見返りに神の国での権力と地位を求めたヤコブ、私の内に天の父を見出せなかったフィリポ、ゴルゴタの丘で私は終わったと思った数多くの弟子たちを。」新約聖書には、最初は順調だったのに途中で挫折した人々の例が多く書かれています。

　私の祈りの中で、主はさらに言われました。「だが復活の日、私はペトロに現れた。ヤコブが人の記憶に残っているのは、野心のためではなく御国のために命を献げたからだ。フィリポは、私が道を示すと、私の中に天の父を見た。一度は絶望した弟子たちは、エマオへの道を一緒に歩いた見知らぬ人物が私だと、恐れることなく認めた。兄弟よ、私が言いたいことが分かるか。私は、あなたが知っている以上に、あなたが失敗すると分かっているのだ。」

　高い所に昇るとき
　捕らえた者を引いて行き
　人々に贈り物を分け与えられた。　　　　　エフェソの信徒への手紙 4:8

　イースターが意味することは何でしょうか。死に打ち勝つという希望、キリストの復活は私自身の復活の確証、それだけではありません。

　主の復活の第一義的な意味は、「主は死者だけでなく生者に対しても主権を持っている」ということです。復活のキリストは、今生きている私の人生の主、神はすべての「神々」にまさる唯一の神です。「神々」とは、真の世界とは異なる世の神々、私の人生に偽りの主張をしてくるすべてのもの（安楽な生活、権力、富、美貌など）のことです。

　主の復活は私を、自由へと向かうよう励ましています。その自由とは、「私は主、あなたの神、あなたをエジプトの地、奴隷の家から導き出した者である。あなたには、私をおいてほかに神々があってはならない」という第一の戒めを、私が生きて果たすための自由です。主以外のすべてを捨て去り、自由になりましょう。

4

April

　あなたの民は皆、正しき者となり
　とこしえに地を継ぎ
　私の植えた若木、私の手の業_{わざ}として
　私の栄光を現す。

イザヤ書 60:21

　イエズス会創立者のイグナチオ・デ・ロヨラは、イースターからペンテコステに向かう五十日間、「深い喜び」という霊の賜物のために毎日祈るようにと弟子たちに勧めています。イグナチオの言う喜びとは、もちろん、にぎやかな宴のような楽しみや、泣きたいのに笑おうとすることではありません。それは、イエス・キリストの復活の勝利に深く根ざした喜びです。

　深い喜び、揺るぎない喜びの源を求めて祈りましょう。何が起ころうとも、主はずっと復活の主です。この事実に根ざした深い喜びは、たまたま起こった出来事によって消えてなくなったりはしません。その日が嵐だろうと晴天だろうと、病気であろうと健康であろうと、最悪な気分でも最高な気分でも、何があっても、「主が復活された」という事実を変えることはできません。

4月2日　悪人に手向かわない

　私がお願いするのは、彼らを世から取り去ることではなく、悪い者から守ってくださることです。　　ヨハネによる福音書 17:15

　きょうだいたちよ、主イエスの十字架が放つ光が照らし出すのは、想像を絶する主の苦しみだけではありません。人間が陥りうるあらゆる苦境の上にも、十字架の光は力強く放たれます。切実で実際的で繊細な、この世や教会の問題の上にも、十字架は光を放ちます。

　ゴルゴタの丘での主イエスの死が示しているのは、主が実際に「悪人に手向かってはならない」という原則に従って生きたということです。このようにして悪に勝つことができるという事実を理解するキリスト者は、ごく少数しか存在しません。

　主イエスがその言葉と行動をもって示されたことは、上手に物事を進める方法や、都合の良いときだけ実行すればよい理想のようなものではありません。キリスト者が取るべき唯一の態度、それは、主のなさったことをそのとおりに行うという姿勢です。

　私たちの罪の贖いは、十字架という形でもたらされました。苦しくても人を愛する、それが、悪に打ち勝つための神の戦略です。それは、神の唯一の戦略です。神は、自らの苦しみをもって人を救われます。シャルル・ド・フーコー神父は、「御言葉でも、御業でも、奇跡ですらもなく、ただ十字架のみ」と表現しています。主は、愛をもって従順に相手に従うことで悪人に勝ちました。

あなたが水の中を渡るときも
私はあなたと共におり
川の中でも、川はあなたを押し流さない。
火の中を歩いても、あなたは焼かれず
炎もあなたに燃え移らない。

イザヤ書 43:2

　「キリスト者は、聖書に示された方法で切り抜けることのできないような状況に直面しうるのか。いやそれどころか、直面しなければならないのか」という重要な問いがあります。私たちは本当に、主が私たちを贖うために受けた苦しみの持つ、無敵の力を信じているでしょうか。現代のような、人が大切にされない社会の在り方に霊的に抵抗するキリスト者、そのために進んで働き、苦しみ、死ぬ意志のある深い信仰の持ち主は、どれほどいるのでしょう。

　幸いなことに、神の言葉は、主イエスの十字架の死で終わってはいません。私たちキリスト者の人生は、ゴルゴタの丘の向こうに復活を見る人生です。よみがえりの主に受肉された神の性質は、徹頭徹尾、神性の輝きに貫かれています。主の生き方には、私たちが何に召されているかが鏡のように映し出されています。

　キリストは私たちの兄、主の宿命はそのまま、私たちの宿命です。私たちが主と共に苦しむなら、主と共に栄光を受けます。私たちは、死を通してのみ命に至り、闇を通してのみ光に至ることができます。一粒の麦は地に落ちて死ななければならず、ヨナは巨大な魚の腹の中に葬られねばならないのです。

4月4日　喜びの源

主に贖い出された者たちが帰って来る。
歓声を上げながらシオンに入る。
その頭上にとこしえの喜びを戴きつつ。
喜びと楽しみが彼らに追いつき
悲しみと呻きは逃げ去る。

イザヤ書 35:10

イースターが来る度に思い出すのは、ある東方教会の神秘主義についての本にあった、感動的な物語です。それは、ボリシェヴィキ革命の少し後、同志ルナチャトスキーが、モスクワ最大の集会所で講演した際の話です。

ルナチャトスキーの講演のテーマは、「宗教は大衆のあへん」というものでした。「キリスト教なるものは神話以外の何物でもなく、科学に取って代わられるものだ。マルクス主義科学論こそが光である」と同志は語りました。

長々と続いた講演が終わると、同志は満足しきった様子で、七千人もの聴衆に何か付け加えることはあるかと尋ねました。すると、叙聖されたばかりの二十六歳のロシア正教会の司祭が前に進み出ました。司祭はまず、自分が無知で不器用であることをルナチャトスキーに詫びました。ルナチャトスキーは司祭を軽蔑するように見て「二分だけやろう」と言いました。司祭は、「すぐ終わります」と請け合うと、講壇に上がって聴衆の方を向きました。そして大声で「キリストは復活なさった！」と宣言したのです。大聴衆は一体となって、とどろくように「実に、主は復活なさった！」と応じました。

同じ応答が、あなたと私の心にもこだましますように。主イエス・キリストが死者の中から復活したという事実、これこそが、私たちキリスト者の人生を満たす、言葉にならない喜びの源です。

さあ、あなたのパンを喜んで食べよ。

あなたのぶどう酒を心楽しく飲むがよい。

神はあなたの業(わざ)をすでに受け入れてくださった。

コヘレトの言葉 9:7

···

　キリストはよみがえられました。ハレルヤ。主は舞い踊る主、生きとし生ける者と一緒に踊る主です。主は楽しく笑う主、復活の主の命は笑いとなって、私たちの中にこだまします。復活の主は栄光の主です。主は、その主権と権威をもってこう言われるでしょう。

　「今笑う者は幸いです。あなたが笑えば、主の復活の喜びが人に伝わることでしょう。しかし、あなた自身が祝福されるために、必ず必要なことがあります。

　自分自身を笑うことができるようになることです。自分のことを重要視し過ぎないことです。生活の中心に、あなた自身あるいはあなたの必要を置かないということです。天の父が造られたあらゆる被造物 —— 太陽と波、雪と星、まかじきとほうぼう、セザンヌ、オリビア・ニュートン・ジョン、子牛のステーキ、人の恋や愛を、喜ぶということです。そして、自分の中の生ける神の存在を、喜ぶということです。

　あなたを過去に縛りつけるもの、今日のあなたを小さな自己の内に閉じ込めるもの、不確かな未来にあなたをおびえさせるすべてのものを大胆な信仰で手放したから、あなたは笑っているのですか。もしそうならば、笑うあなたは幸いです。あなたは自由なのです！」

4月6日　十字架の主

　人々は、イエスを十字架につけるように大声で叫んでやまな
かった。そしてついに、その声がまさった。ルカによる福音書 23:23

　勝利の主と繁栄の神学を求める「賢い」クリスチャンにとっては、主イエスの十字架はいつまでも聞こえの悪い、愚かなものであり続けるでしょう。そのようなクリスチャンは数えきれないほど多いですが、皆キリストの十字架の敵です。

　「十字架につけられた方」ほどふさわしい、主の呼び名はありません。一見すると、主の宣教は失敗でした。主はその人生をもって何の変革ももたらさなかったかのようでした。主は裸で、影響力のない、殺され、負けた神でした。しかし、そのような主の弱さともろさを通して、世界は憐れみ深い神の愛を知りました。

神に感謝します。神は、キリストにあって、いつも私たちを勝利の行進に連ならせ、私たちを通して至るところに、キリストを知る知識の香りを放ってくださいます。　コリントの信徒への手紙二 2:14

··

　主イエスは、人間の死ぬべき肉体という限界に縛られている間は、パウロの言う「力ある神の子」になることができませんでした。十字架につけられて初めて、主は栄光を得ました。主は、私たちの罪を贖うために死に、復活してくださいました。主が苦しんだのは、主の復活の勝利に私たちが連なることができるようにするためでした。

　天の父は、ご自身がキュリオス（主）と定めたキリストに、王としての力を授けました。こうして栄光を受けた主イエスは「神の右の座に着き」、聖なる神の民に聖霊を注いで、民を形づくります。キリスト者は、キュリオスの名を呼ぶ民として知られるようになりました。

　主の民とは、主と人を愛し、預言する人々の共同体です。主の民は、内に燃える聖霊の神秘に身を任せます。主の民は、遍在する言によって砕かれます。年を追うごとに御言葉に忠実に生きるようになり、御言葉そのものの中心へと入っていきます。それは、神の御心と神秘の中心です。御言葉の炎は、人の心を焼き尽くし、純化します。御言葉は、平安と喜びと大胆さと愛をキリスト者に与え、その人を輝かせます。

4月8日　困難のさなかに賛美を

> 私の魂よ
> なぜ打ち沈むのか、なぜ呻くのか。
> 神を待ち望め。
> 私はなお、神をほめたたえる
> 「御顔こそ、わが救い」と。
> わが神よ。
>
> 詩編 43:5

　苦しみや心痛のときにも、善なる神の知恵と愛を賛美し、神に仕えましょう。賛美は信仰を行動で表す美しい行為です。賛美することは、「ご計画に従って召された者のためには、万事が共に働いて益となる」という御言葉への信頼を、生きて表現するということです。

　ロバート・フロスト博士は書いています。「神にとって、苦難の中にある私たちの賛美ほど尊いものはありません。それは、悪魔がしたことではなく、私たちの父なる愛の神の持つ救いの力を賛美することだからです。主は時に、私たちに悪いことが起こることを許されます。しかし主は、そこから抜け出すことができるよう、私たちを守ってくださいます。逆境の中にあっても神に対して腹を立てない人には必ず、特別な祝福があります。そればかりか、私たち自身が、神にとっての特別な祝福となるのです。」

何事にも身を慎み、苦しみに耐え、福音宣教者の働きをなし、
自分の務めを全うしなさい。　　　　テモテへの手紙二 4:5

‥‥‥‥‥‥‥‥‥‥‥‥‥‥‥‥‥‥‥‥‥‥‥‥‥‥‥‥‥‥‥‥‥

　教会の本来の使命は、イエス・キリストの福音を宣べ伝えることです。
しかし昨今、御言葉の持つ力への信頼が失われているようです。御言
葉をそのまま伝えても、効果がないと思っていないでしょうか。そのよう
なことをすれば人はしらける、いきなりは駄目だ、と。

　しかし、人間の理屈と神の御言葉が示す優先順位は、根本的に違い
ます。戦争、孤独、飢餓、これらは人が神に抗った結果です。人は、イエス・
キリストを信じて主に自らを委ね、悔い改めなければなりません。

　まずはこれ、次はそれと、場当たり的にばんそうこうを貼っていくよう
な方策では、問題は解決しません。本質的な解決策は、ただ福音のみ
です。人はキリストを信じ、悔い改めなければなりません。人は、自分の
力で自らを治め、満たすことをやめる必要があります。キリストの死と復
活を、自分のこととして受け入れること、これだけが、キリスト者の共同
体の基盤、そして世界平和の礎となりうるものです。

　私たちキリスト者は、キリスト教信仰の持つ力を否定しながら、キリス
ト教の形式ばかりを保っています。この体たらくは、良き知らせを宣べ
伝えよとの福音書の命令に従って私たちが行動してこなかった結果です。

　きらびやかな礼拝、国内外の会議、世の不道徳に対する闘い。どれも
悪いものではありません。それなりの役にも立つでしょう。しかしそのい
ずれも、私たちが古い自分に死ぬことに代わるものではありません。

4月10日　誠実な生き方 ･･････････････

イエスは群衆と弟子たちにお話しになった。「律法学者たちやファリサイ派の人々は、モーセの座に着いている。だから、彼らの言うことは、すべて行い、また守りなさい。しかし、彼らの行いは、見習ってはならない。言うだけで実行しないからである。」

マタイによる福音書 23:1-3

･･････････････････････････

ある日、主イエスは「私が来たのは、正しい人を招くためではなく、罪人を招くためである」と言いました。別な日には、悪名高い罪人ザアカイと一緒に食事をしました。

主イエスは、自らの言葉を実行しました。主は、権威ある人物に怖気づくこともなければ、罪人の家を訪れることで律法に背いているという民衆の苦言にも動じない様子でした。主は、人に対して愛を示すためであれば、伝統的な戒律を破ることをいといませんでした。

ファリサイ派の人々も、主が一貫して誠実な方であることを、渋々ながら認めざるをえませんでした。「先生、私たちは、あなたが真実な方で、誰をもはばからない方だと知っています。人に分け隔てをせず、真理に基づいて神の道を教えておられるからです。」

ファリサイ派のこの告白は、主を陥れるための策略であったとはいえ、主の話に耳を傾ける人々に主が与えた影響力を物語っています。主の誠実な生き方は、主に対して否定的だった人々の心をも打ちました。

そうです。主イエスという方は、パレスチナでほかに類を見ない教師でした。主は偉大な教師の下で学んだことはなく、学位も持っていませんでした。主は聖職者ではなく、無学なガリラヤの人でしたが、主の言葉の持つ権威は雷鳴のようにとどろきました。主は偉大なラビでした。主の存在そのものが主の行動と一致していたからです。同様に、主の人間性そのものが主の神性でした。

この人が多くの罪を赦されたことは、私に示した愛の大きさで
分かる。赦されることの少ない者は、愛することも少ない。

ルカによる福音書 7:47

マグダラのマリアがまぶたに焼き付けた十字架の主の苦しみは、「私
を愛し、私のために自らを献げたキリストの苦しみ」でした。十字架のキ
リストの愛は、マリアにとって実に重く大切な現実でした。十字架を抜き
にして、彼女の人生を理解することはできません。

もしあなたがマグダラのマリアのところに行き、信仰生活やカリスマ
的霊性や霊の賜物について話すとしましょう。その際、十字架につけら
れたイエス・キリストに触れないのであれば、何も言わないほうがまし
です。不可知論や神秘主義に関するあなたの考えを披露して、マリア
を困らせてはなりません。あなたの異言を語る力を見せびらかして、
マリアを侮辱してもいけません。マリアはあなたに、ただ一つのことを尋
ねるでしょう。「あなたは主イエスを知っていますか。」

キリスト教史上、マグダラのマリア以上にイエス・キリストを愛した人
がいたとは思えません。あなたの人生の中心が十字架の主にないかぎり、
自分がマリアと同等だと考えるのは、不遜というものです。

私たちが見たもの、聞いたものを、あなたがたにも告げ知らせるのは、あなたがたも、私たちとの交わりを持つようになるためです。私たちの交わりとは、御父と御子イエス・キリストとの交わりです。

ヨハネの手紙一 1:3

　新約聖書で主が繰り返し熱心に尋ねる「あなたがたは私を何者だと言うのか」という問いは、私たち一人一人に向けられています。あなた自身の内面におられる主とは、どのような方でしょうか。あなたが個人的に出会ったキリストを、あなた自身に根ざして語りましょう。

　主イエスとの個人的な関係を築いていないなら、「主とは何者か」という問いに対して、私たちは表面的で型どおりの答えしかできないでしょう。せいぜい、敬虔に聞こえる他人の言葉をまねる程度、人の鼻先に教理を振りかざしてみせる程度です。

　「イエス・キリストとは何者か」という問いは、尽きることのない豊かな神秘です。主のことを、その一部もしくは僅かだけでも個人的に知ることなくして、この問いに答えることはできません。

私の愛するきょうだいたち、こういうわけですから、しっかり立って、動かされることなく、いつも主の業(わざ)に励みなさい。あなたがたは自分たちの労苦が、主にあって無駄でないことを知っているからです。　　　　　コリントの信徒への手紙一 15:58

　神の「子であり、僕(しもべ)であり、愛されている者」としての主イエスの自己認識は、ゴルゴタで、神に見放されているという思いと孤独のために激しく脅かされていました。それにもかかわらず、主は自身がメシアとして選ばれたことを証明し、その重責を果たしました。キリスト者は、信仰にしっかり立つことで、自らも主の十字架の苦しみと死を経験します。

　闇の力(安楽、感覚、権力)はキリスト者を誘惑し、元いたところに引き返させ、約束したことを放棄させようと試みます。そして、「心身両面において己に死ぬことによって、キリストに従う」というキリスト者の志を、断念させようとします。

　主の弟子であることの代価とは何か。十字架はこの問いを、キリスト者に突きつけます。十字架を見るとき、私たちは、神の霊は安易に手に入るものではないことを思い出します。キリスト者としてのより高い意識へと向かう旅において、私たちは、屈辱や拒絶や犠牲や孤独に耐えなければなりません。しかし十字架の持つ生きた力は、それを耐え抜くことを可能にします。

4月14日　歓喜の心 ………………………………………

> そこから感謝の歌と
> 喜ぶ人々の声が湧き上がる。
> 私が彼らを増やすので
> 数が減ることはない。
> 私が彼らに栄光を与えるので
> 軽んじられることがない。
>
> エレミヤ書 30:19

救われた罪人は、感謝の歌を歌います。ゴルゴタで知った、贖い主である神の慈しみと愛に浸るとき、クリスチャンの人生は、喜びと感謝とへりくだりの人生となります。

私たちは、自分の功績ではなく神の慈しみによって、暗闇からすばらしい光の方へと呼び出されました。「あなたがたは恵みにより、信仰を通して救われたのです。それは、あなたがたの力によるのではなく、神の賜物です。」

イエス・キリストの愛の力に変えられた私たちは、鬱、不安、罪悪感、恐怖、悲しみといった、不要な心の苦しみを克服します。

十字架を仰ぐとき、私たちは、神の圧倒的な恵みを目にし、その愛の神秘に向き合います。神は私たちが働くことを喜ばれますが、私たちが歌うことをことのほか喜ばれます。救われた罪人は歌います。

いと高き方よ、なんと喜ばしいことか
主に感謝し
あなたの名をほめ歌うことは。(詩編92:2)

モアブはその中で両手を広げる
泳ぐ者が泳ぐために両手を広げるように。
しかし、その手を巧みに動かしても
主はその高慢を低くされる。

イザヤ書 25:11

　詩人ポール・クローデルは、「最大の罪とは、罪の感覚を失うことである」と言いました。罪の恐ろしさを鮮やかに感じない人は、十字架につけられたキリストを知りません。罪が存在するという知識、人は罪人であるという知識は、十字架からしか得ることができないのです。

　クリスチャンは、自分を欺くことがあります。「罪とは単に、脱線であり、成熟の欠如だ。」「安楽や権力を志向したり、感覚に拘泥したりするのは、社会的抑圧や性格上の問題が原因だ。」「自分は罪深いが罪人ではない。その時の状況や衝動、環境、依存症や生い立ちその他の犠牲になったにすぎない」といったごまかしです。

　キリストの十字架の死は、これらの嘘や幻想や物事の正当化を、真実の十字架につけるものです。謙虚な自分を演出することも、「自分はイエス・キリストに似たものではない」と主張することも、どちらも真実の曲解です。私たちはこの「自己満足」すら、捨て去らなければなりません。

4月16日　主の偉大な力

あなたがたはこの世に倣ってはなりません。むしろ、心を新たにして自分を造り変えていただき、何が神の御心であるのか、何が善いことで、神に喜ばれ、また完全なことであるのかをわきまえるようになりなさい。
ローマの信徒への手紙 12:2

神の力と知恵は、イエス・キリストの死と復活の中に、規格外のスケールで現れています。「主イエスの偉大な愛の行為から、主の偉大な力が流れ出る」、これは当然の帰結ではないでしょうか。

キリスト者が生きるということ、それは、死んだ教祖を模倣しながら生きることではありません。キリスト者はキリストの中に生きています。そしてキリストは、聖霊を通してキリスト者の中に生きています。

キリスト者は、罪が入り込む余地のない新しい人生を歩むようにと励まされています。もしそうしないのなら、神の力を信頼することを拒み、それによって主の死と復活の持つ神秘の力が働くのを妨げることになります。

聖書学者ジョン・マッケンジーは問いかけています。「自分が変えられたこと、不可能が可能になったこと。これを信じようとしないキリスト者が、いかに多いことか。」

私と父とは一つである。 　　　　　　　ヨハネによる福音書 10:30

··

　宣教が進むにつれて、主イエスは「私と父とは一つである」と言うようになりました。この言葉によって、主は、命そのものが一つになるような神との親密さ、言葉にできないほどの愛が神と御子の間にあることを示したのでしょう。

　主はフィリポに向かって「私を見た者は、父を見たのだ」と語り、さらには「父が私の内におり、その業(わざ)を行っておられるのである」とも言いました。主イエスは、父なる神のあらゆる性質と属性と特徴を備え持つ方です。

　私の知る多くのクリスチャンは、主イエスで止まってしまいます。その人たちは、道である主が導いてくださる場所、つまり神のもとへ行くことなく、道の上にとどまっています。天の父の息子や娘になることをせずに、主の兄弟や姉妹でいたがっているのです。ゆえに主は、「正しい父よ、世はあなたを知りません」と嘆いています。

　天の父が主イエスを愛されたように、主も私たちを愛しています。そして、主と同じことをするようにと、私たちを招いています。

4月18日　キリストにあって ....

神は、御心のままに…
万物を御子によって
ご自分と和解させてくださったのです。

コロサイの信徒への手紙 1:19-20

パウロにとって、「キリストにあって」という言葉の意味するところは、単なる手紙の結びではありませんでした。それは時間を、歴史の中心を、宇宙の解釈を意味していました。神は世界とそこにあるものすべてを、キリストのために造られたのだとパウロは言いました。神はキリストの内に世を愛し、世はキリストを通して父の愛に応えます。

主は現実世界の中心であり、世界が存在する理由です。パウロは書いています。

天にあるものも地にあるものも…
万物は御子によって、御子のために造られたのです。(コロサイの信徒への手紙 1:16)

あなたが「なぜ私はこの地球にいるのだろう、なぜ私は存在しているのだろう」と問うなら、パウロはこう言うでしょう。「キリストのために、と答えなさい。」天使たちも主を指して言うでしょう。「私たちはキリストのために存在しています。」全宇宙も一斉に「北から南へ、東から西へ、私たちはキリストのために存在します」と言うことでしょう。

キリストの名は、海からも砂漠からも発せられます。主の御名は、降り注ぐ雨の音に表され、稲妻で空に書かれます。嵐はイエス・キリストの名をとどろかせ、その音は山に当たってこだまします。太陽のすさまじい炎が燃え上がります。全宇宙はキリストで満たされています。主は道であり、真理であり、命です。天の父は、主イエスを通して、私たちが存在することの不思議を解き明かしてくださいます。

彼は神に知識を教えるのだろうか
神は高きにいる人々をも裁くのではないか。　　　　ヨブ記 21:22

　真実なこと、尊いこと、正しいこと、清いこと、愛すべきこと、評判のよいことのすべてに心を開いているキリスト者は、科学を軽んじることをしません。科学が解明する自然の摂理は、神の働きと矛盾するものではありません。ですから、自然科学に対して過度に批判的である必要はありません。

　ただし、キリスト者が肝に銘じておかなければならないことがあります。キリスト者がその意識において、より高いところに到達しようとする学問体系は、どれであれ、弱く不十分なものです。それらはいずれも、人間に由来するものにすぎないからです。

　人の心を解明する科学である現代の心理学は、近代的な研究と実験の積み重ねに基づいています。その成果は、人間の行動の背景や心の内面を解き明かしてきました。しかし、キリスト者として生きる人生の神秘への入り口を見つけるためには、熟練した心理学者になる必要はありません。長い時間と労力も必要ありません。神の言葉が道を照らし、福音がイエス・キリストの十字架を指し示しているからです。

4月20日　復活の力は今に働く

主に感謝せよ。

まことに、主は恵み深い。

その慈しみはとこしえに。

歴代誌上 16:34

　「救い」というキリスト教信仰の中心は、今にあります。「キリストの復活は私たち自身の復活を約束している。私たちはいつか、栄光のうちにキリストと共に支配するようになる」という、未来の希望のみに目を注ぐならば、復活の主を今という時から追い出すことになります。

　主の復活を、過去あるいは未来に限定してはなりません。そうするならば、主の復活は私たちの平凡な日常生活とほとんど関係のないことになり、主が今生きている方として、私たちと関わってくださるのを阻むことになります。

　言い換えれば、復活は、今ここの復活として体験される必要があるということです。「私は世の終わりまで、いつもあなたがたと共にいる。」復活のキリストのこの言葉を本気で受け止め、キリストが私たちの人生と生活の中に働いてくださると期待しなければなりません。

　私たちの信仰が生き生きと輝いているなら、復活の力が私たちの人生にもたらされる瞬間や出来事や機会に気付くことができるでしょう。しかし私たちが自分のことばかりに夢中になって注意を怠るならば、主イエスが私たちに呼びかける静かな声を聴き取ることはできません。

耳のある者は、霊が諸教会に告げることを聞くがよい。勝利を得る者は、決して第二の死によって損なわれることはない。

ヨハネの黙示録 2:11

· ·

　主の復活にあずかる人は、「信仰の導き手であり、完成者」である主イエスに目を向けます。主イエスは、死がその力を失うこと、永遠の命という死への答えがあることを語りました。そして、それを証明するために、死からよみがえることを宣言しました。

　「この神殿を壊してみよ。三日で建て直してみせる。」ユダヤ人たちは、「この神殿は建てるのに四十六年もかかったのに、三日で建て直すと言うのか」と言い返しました。実際には、主は自分の体である神殿のことを話していたのですが、ファリサイ派の人たちは、主は頭がおかしいと考えました。

　しかし、主イエスは多くの信者を集めていました。そこでユダヤ人たちは主を死刑にし、主の墓を石で封印しました。しかしその墓は、閉ざされたままでは終わりませんでした。主は、自分を殺した者たち、そして主の後に生きることになるすべての人に現れるために、戻って来たのです。

　主を信じる者は、主の主張が正しかったことを知っています。主に従う者は確実に、無敵に、勝利のうちに「死よ、お前の勝利はどこにあるのか。死よ、お前の棘はどこにあるのか」と叫ぶことができると、私たちは知っています。

　死よ、お前は幻、化け物にすぎない。お前が存在することを神が許す唯一の理由、それは、「生」の名にふさわしい体験へと、私を導くためだ。

4月22日　生きておられる主 ....

> 私たちは誰一人、自分のために生きる人はなく、自分のために
> 死ぬ人もいません。生きるとすれば主のために生き、死ぬとす
> れば主のために死ぬのです。従って、生きるにしても、死ぬにし
> ても、私たちは主のものです。　　　　ローマの信徒への手紙 14:7-8

　　主が復活したということは、主が生きて存在していることを意味します。
その力を、私も体験しなければなりません。私もパウロのように、キリスト
とその復活の力を知りたいのです。主イエスは共同体の信仰の中でよ
みがえり、復活は私たちの前に現れます。

　　イースターは、漫然と過ぎていく教会暦の単なる一日ではありません。
イースターは祝祭の中の祝祭、福音とキリスト教全体の中心です。

　　聖餐にあずかる度、私たちは、死を打ち破り生へと向かう主イエスの
過越を新たに祝います。ユダヤの人々の喜びと驚きの叫びは、私たち自
身の叫びとなります。「ハレルヤ、ハレルヤ、ハレルヤ！主は復活なさ
いました。死は、もはやキリストを支配しません。今主は生きておられ、
もはや死ぬことがありません。」

私たちは、初めの確信を終わりまでしっかりと保つなら、キリストにあずかる者となるのです。　　　　ヘブライ人への手紙 3:14

　大胆に、無条件に、明確に言います。キリストが十字架で死に、復活して新しい命へとよみがえったことは、私たちを何へと召しているでしょうか。キリストの死と復活は、私たちを励まし、自分の過去と現在と未来についての無謀なまでの確信を持つよう、私たちを召しています。大きく揺るぎない確信のみが、愛へ、命へ、自由へ、そして主イエスへと私たちを導きます。

　ドイツの偉大な神学者カール・ラーナーは書いています。「人は必ず、キリスト者になるべくしてキリスト者になる。同様に、私たちは必ず、信仰と確信と愛をもって、イエス・キリストと個人的な関係を結ぶようになる。」私たちには新しい可能性があります。人はある瞬間から、今以上の存在になることができるのです。

　主イエスはこう言っています。「神を信じなさい。よく言っておく。誰でもこの山に向かって、『動いて、海に入れ』と言い、心の中で少しも疑わず、言ったとおりになると信じるならば、そのとおりになる。だから、言っておく。祈り求めるものはすべて、すでに得られたと信じなさい。」

　確信する領域をどこまで広げるよう主が私たちに呼びかけているか、分かるでしょうか。あなたはすでにそれを得ています。信じましょう。

4月24日 復活の意味

義に飢え渇く人々は、幸いである
その人たちは満たされる。

マタイによる福音書 5:6

現代の神学がイエス・キリストの復活をこれほど重要視するのは、護教のためではありません。主の復活の勝利は、キリスト教の真理を立証するための単なる証拠ではないのです。「復活が実際に起こったことであり、福音の力は復活から始まっている」ことに、新約学者らは一致して賛成しています。

例えば、山上の説教は強い力を持っています。それは、その教えが真実であることを主の復活が証明し、それに究極の意味を与えているからです。復活がなかったとしても、山上の説教は壮大な倫理です。しかし主は復活したのです。こうして、山上の説教は単なる倫理ではなく、今に通じる意味のある言葉となりました。

信仰とは、「復活を信じる者が福音を受け取り、神のかたちに造り変えられる」ということです。復活の意味を、主イエスの教えと切り離すことはできません。福音を聞く者は、主の復活の力を通して、福音によって造り変えられるのです。

この世には隠された力（復活したキリストが今も生きておられるという事実）があると、福音は宣言しています。福音は、自分の中にある神のかたちを覆い隠す捕らわれから、人を解放します。

私はぶどうの木、あなたがたはその枝である。人が私につながっており、私もその人につながっていれば、その人は豊かに実を結ぶ。私を離れては、あなたがたは何もできないからである。

ヨハネによる福音書 15:5

　私たちはどのような姿勢で礼拝しているでしょうか。それは、神の目に美しいものでしょうか。もしそれが、形式の目新しさを志向したり、歌や言葉やしぐさの上品さを気にしたりする礼拝であり、内面から出るものでないならば、神は喜ばれません。

　パウロの言葉を借りるなら、たとえあなたがあらゆる知識と山を移すほどの信仰に満たされていても、あなたの礼拝はただのやかましいどらとシンバルです。しかし、あなたの言葉や音楽や動作が、あなたの魂の内なる態度が外に現れた表現であり、あなたの愛が自然に惜しみなく溢れ出たものであるなら、神は喜んでくださいます。

　あなたの心がゴルゴタの御業を血によらないしかたで新しくされるキリストの心と一つになっているなら、それは神の目に美しい礼拝です。礼拝の美しさは、十字架の御業の美しさと同様に、その本質は内面的なものなのです。

4月26日　人に手を貸す

イスラエルの家よ、主があなたがたに語られた言葉を聞け。

エレミヤ書 10:1

主イエスは私たちにこう言っていることでしょう。「あなたが他者と関わるとき、あなたはその人に命を与えるか命を奪うかのどちらかです。」私たちが他者の命を奪うのは、その人の心をはっきりと傷つけるときだけではありません。不注意で日々してしまう小さな失敗、また、自分のことに集中してしまうことで、結果として他者の命を少しずつ奪ってしまうことがあります。

神学者フレデリック・ブフナーは書いています。「罪は、刈り込むとよく芽を出すバナナのようだ。あなたが他者と築く関係が、他者を励ますのではなく、命を奪って相手を小さくする度に、罪は芽を出す。」人が人と出会う場には、中立的な場所も、「誰も傷つかない」「誰にも気付かれない」無菌の場もありません。あなたは人を良くするか、悪くするかのいずれかなのです。

あなたは、日々の生活の当たり前のことをしながら、自分の信仰と道徳のあり方を決めています。天の国は、子どものように素朴で、ただ相手のことを考え、単純に、まっすぐに人を愛する人たちのものです。約束を受け継ぐ者とは、他人が倒れているときにそっと手を差し伸べる人々です。最終的には、ただそのような働きだけが大切なのです。

公正を勝利に導くまで
彼は傷ついた葦を折ることもなく
くすぶる灯心の火を消すこともない。　マタイによる福音書 12:20

これは敬虔ぶったたわごとではありません。復活の主イエスは、高み
に鎮座まします強そうな神でも、ふわふわした気体でもなく、宇宙空間
のどこかに隠れている偉い人でもありません。主の復活は、軽快なバン
ド演奏の中、来世へと逃れて行くようなものではありませんでした。

復活の朝、死を打ち破って新しい命へとよみがえった主は、時空の制
限から解き放たれました。そして主は、地上のどの町にも、マタイやマグ
ダラのマリアだけでなく私にも、触れる力を得ました。主は今ここで、
私たちを追いかけ、探し出し、付きまといます。

私たちがエレミヤのように「もうたくさんです！私を放っておいてくだ
さい。落ち込んだままでいいのです」と叫んでも、主はこう答えるでしょう。
「あなたは私のもの。私は羊の一匹一匹を名前で知っている。あなたは
私のもの。私とあなたの関係は終わりだと思うのか。私のことを、適当な
距離を保ってあなたと関わる小さな神だと思うのか。もしそうなら、私は
ほえたける獅子のようにあなたに襲いかかる。あなたを引き裂き、ずた
ずたにして、あなたの体の骨をすべて折る。それから私はあなたを修復し、
腕に抱いてあやし、優しく口づけする。」

私たちを神から引き離すものをすべて殺す、獅子。神と私たちとの裂
かれた関係を修復するために殺された、小羊。獅子と小羊は、主イエス
の象徴です。容赦のない厳しさと優しさは、どちらも神の特徴です。いず
れの側面も、神の本質から切り離すことはできません。

4月28日　イースターの喜び

弟子たちは喜びと聖霊に満たされていた。　　　　使徒言行録 13:52

　他者の傷に寄り添い一緒に苦しむ憐れみの心は、キリスト者に欠かせない資質です。同様に、他者の幸福を喜べることも、大切な資質です。

　イグナチオ・デ・ロヨラの言う「深い喜び」は、父の右の座で今キリストが体験している喜びに根ざした喜びです。すべての涙は拭い去られました。復活した主イエスの日々には、もはや嘆きも悲しみもありません。

　初代教会では、毎日曜日が「小さなイースター」と呼ばれていました。今日、キリスト者の多くは日曜日を安息日としています。安息日が来る度、私たちはイースターの喜びと希望へと招かれています。

人にしてもらいたいと思うことは何でも、あなたがたも人にしなさい。これこそ律法と預言者である。　マタイによる福音書 7:12

教会で、私たちは早くから「人にしてもらいたいと思うことを人にする」という黄金律を学びました。しかし、周囲を見渡してみましょう。ぎくしゃくした結婚生活、機能不全の家族、分裂した教会、愛のない地域社会などを見るならば、私たちはまだ学びが足りないということが分かります。

「腑に落ちる」というのは、ただ学ぶこととは全く違います。主の心には、少しの妥協もない慈しみがあります。私たちがその慈しみから本当の意味で学ぼうとするならば、愛するとは、極めて個人的で直接的で差し迫ったことなのだと、腑に落ちるでしょう。

主は言われます。「あなたがたに新しい戒めを与える。互いに愛し合いなさい。私があなたがたを愛したように、あなたがたも互いに愛し合いなさい。」大切なのは慈しみと赦しだけです。愛がすべての鍵です。生きることと愛することは、一つなのです。

4月30日　笑顔のキリスト……………………………………

神が私たちを憐れみ、祝福し

その顔を私たちに輝かせてくださいますように。　　詩編 67:2

　私たちはキリストの笑顔に癒やされ、解放されます。自分自身の中に喜びを新たに発見した私たちは、ありのままの姿できょうだいのところに出向きます。そして、その人たちに笑顔のキリストを伝えます。

　私たちのすぐ近くに、何かを恐れている人がいて、勇気を必要としています。孤独な人が、私たちが一緒にいることを望んでいます。傷ついた人が、癒やしを必要としています。愛されていない人が、触れてほしいと願っています。老いた人が、私たちの世話を必要としています。弱い人が、その弱さを私たちが共に担うことを求めています。

　私は、自分の弱さを告白した言葉で、人を癒やしたことがあります。飲酒問題を抱えた老司祭の告解を聞いた際、「ほんの数年前まで、私は絶望的なアルコール依存症でした」と私が言うと、「あなたが？神よ、感謝します！」と司祭は叫びました。私たちが苦しんでいる人を笑顔にしたとき、それは、私たちがその人にキリストをもたらしたということです。

5

May

私の戒めを受け入れ、それを守る人は、私を愛する者である。私を愛する人は、私の父に愛される。私もその人を愛して、その人に私自身を現す。

ヨハネによる福音書 14:21

「あなたがたはメシアのことをどう思うか。誰の子だろうか」。これは、福音の決定的な問いです。新約聖書は、この問いに答えを出しています。「唯一のまことの神であられるあなたと、あなたのお遣わしになったイエス・キリスト」です。

主イエスは、自分を信じることを求め、嵐に揺れる船の上で「信仰の薄い者よ」と弟子たちを叱りました。「すべて重荷を負って苦労している者は、私のもとに来なさい。あなたがたを休ませてあげよう」と、私たちが主に希望を置くことを求めました。さらには「私よりも父や母を愛する者は、私にふさわしくない」と語気を強めて、私たちが主を愛することを求めました。

5月2日　闇から光へ……………………………………………………

主を尋ね求めよ、見いだすことができるうちに。

主に呼びかけよ、近くにおられるうちに。

イザヤ書 55:6

　神と静かに過ごすことを実践すると、おまけのように、少ない眠りでより活発に活動することができるようになります。本質的ではない幸せの追求のために無駄なエネルギーを費やし、疲れきる代わりに、本当に大切なことに目を向けることができるようになります。それは、愛と友情、そして神との親密な関係です。

　唯一の神と二人きりで過ごすことで、私たちは、神学者ジョン・ヘンリー・ニューマンが「概念的知識」と呼んだ知識から、本当の知識へと至ることができます。概念的知識とは、おぼろげに知っている抽象的な知識を指します。一方、本当の知識とは、知らず知らずのうちにそれに基づいて行動している知識のことです。

　沈黙の中で、私たちは、私たちを「愛する者」と呼ぶ声に耳を澄ませます。神は、自己嫌悪や恥や自己愛という、私たちの魂の深い部分に語りかけます。そして、暗闇から神の真理という光の中へと、私たちを連れ出します。

キリストは肉に苦しみを受けられたのですから、あなたがたも同じ心構えで武装しなさい。肉に苦しみを受けた人は、罪との関わりを絶っているのです。それは、もはや人の欲望によってではなく、神の御心によって、肉における残りの生涯を生きるためです。　　　　　　　　　　　　ペトロの手紙一 4:1-2

主イエスの復活は、主の道が正しいこと、主が主であることの権威を証明しました。主は私たちに、今の時代の支配的な価値観を決して侮ってはならないと教えました。私たちが今生きている、信じられないほどの愚かさに満ちているこの世は、愚かなのは私たちであると主張するでしょう。

しかし復活を通して、私たちは、神の知恵と神の力は世を変えるのだという確信を得ます。復活の主イエスへの信仰は、私たちが自分自身に勝ち、今の時代の文化や文明に勝ち、世に勝つ力となります。

パウロは言っています。「あなたがたはこの世に倣ってはなりません。むしろ、心を新たにして自分を造り変えていただき、何が神の御心であるのか、何が善いことで、神に喜ばれ、また完全なことであるのかをわきまえるようになりなさい。」

5月4日　神の愛を知る ....

あの方は私をぶどう酒の館に誘いました。
私の上にたなびくあの方の旗印は愛です。

雅歌 2:4

....

　1968年から69年にかけての冬のことです。私は、スペインのサラゴ
サ砂漠にある岩山の洞窟で過ごしていました。12月13日の夜、長い祈
りで独りの時間を始めました。この時、私は確かに、主イエスの声を聞き
ました。「あなたへの愛のために、私は父のそばを離れた。私から逃げ、
私の名前すら聞きたくないと思っているあなたのところへ、私は来た。
あなたへの愛のために、私は唾を吐きかけられ、殴られ、打たれ、そし
て十字架につけられた。」

　この主の言葉は、私の人生に今も焼き付いています。順境でも逆境
でも、浮かれていても沈んでいても、あの夜私の心にともされた火は、
静かに燃え続けています。私は長いこと、十字架の主を見ていました。
主の毛穴の一つ一つから、血が汗のように滴り落ちるのを見ました。

　主の傷から叫びが聞こえました。「これは冗談ではない。私があなた
を愛し続けていることは、笑い事ではない。」十字架を見れば見るほど、
主イエスほど私を愛してくれた人はほかにはおらず、これからもいない
だろうと分かりました。

　洞窟を出て絶壁の上に立つと、私は夜の闇に向かって叫びました。
「主よ、私をこんなにも愛するなんて、あなたは頭がおかしいのではな
いですか。」

　その夜、私は、何十年も前にある老いた賢い人が私に語った言葉の意
味を学びました。「イエス・キリストの愛を経験した者だけが、その愛が何
かを知ることができる。一度その愛に触れたなら、その愛以上に美しく、
その愛以上に望むべきものなど、この世にはないことが分かるだろう。」

主に何をお返ししようか
報いてくださったことすべてに応えて。
私は救いの杯を挙げ
主の名を呼ぼう。
主への誓いを果たそう
主の民すべての前で。

詩編 116:12-14

　私は、自分が思っている以上に、神に受け入れられよう、神を喜ばせようとしてしまいます。自分を良く見せようと懸命になることを、どうしてもやめられないようです。私と同じように、正しい者になろうとする重圧に悩まされている人は誰でも、私の言う意味が分かるはずです。私たちは、程度の差こそあれ、アガサ・クリスティーの小説の登場人物と同じくらい愚かしいのです。

　その登場人物は、天の国は自分が役立つ者になる機会を提供してくれる場だと考えています。この人物の「献身的な奉仕」という絶え間ない嫌がらせを、一緒に天にいるほかの人たちは耐え忍んでいるのに、それには露ほども思いが及んでいません。

　「自分で自分を救うことは可能だ」というペラギウス派の幻想から、私たちが解き放たれる日は来るのでしょうか。

5月6日　人間存在の根幹 ······················

あなたがたは喜びをもって出て行き
平和のうちに導かれて行く。
山々と丘はあなたがたの前で歓声を上げ
野の木々もすべて、手を叩く。

イザヤ書 55:12

　神は私たちを創造し、「極めて良い」と喜びました。従って、人は基本的には「良い」存在です。人の本質は堕落したものですが、それでも贖われ、罪の奴隷から解放されて、聖なる高みへと上ることができます。復活のキリストにあずかる洗礼[バプテスマ]を受けた人の体は聖なる器であり、朽ちることのない聖霊の住まう神殿です。

　（一部の教会に見られるような大げさな悲観主義はやめるべきです。ロバート・フロスト博士は書いています。「かつて神にこう問われ、私はたじろいだ。『なぜあなたは、誠実な羊飼いの手の中ではなく、悪魔の手の中に私の子どもたちがいると言い続けるのか。』その時、今の時代の悪のほうが神の永遠の愛よりも強いと自分が思い込んでいたことに、私は気付いた。」）

　痛みや苦しみ、不自由や不便、罪。苦しく恥ずかしく悲しい「問題」というものは、人という存在に付いて回るものです。神は、人間を存在させたいがために、問題も一緒に存在することを忍耐しているかのようです。しかし、それらの問題が何であれ、問題は人という存在の根幹ではありません。人間存在の根幹は「喜び」です。

小羊の婚礼の日が来て
花嫁は支度を整え
輝く清い上質の亜麻布を身にまとった。
この上質の亜麻布とは
聖なる者たちの正しい行いである。　　ヨハネの黙示録 19:7-8

　新しい律法、それは自由の法です。この法を特徴づけるものは自由です。「この自由を得させるために、キリストは私たちを解放してくださいました。」

　使徒パウロは、律法からの自由とは、罪に対しての自由ではないと説いています。私たちは律法からの自由に召されています。しかしそれは、私たちが欲望のまま自由に振る舞ってよいということではありません。

　パウロの教えは、「悪い実のなる良い木はなく、また、良い実のなる悪い木もない」という主イエスの教えに従ったものです。つまり、その人のすることに、その人の在り方が表れるということでしょう。

　子どもは自分の父親に対して、赤の他人にはしないことをします。同じく、神の友は、神の友として行動します。クリスチャンがすることは、クリスチャンであることの結果なのです。

　私たちは、あるがままの自分を生きなければなりません。自分を生きることは、人という存在の根本的で自然な法則です。ノーブレス・オブリージュ、高い地位には義務が伴います。王の子は、王の子らしく生きましょう。

5月8日　弱さを携えて

　私たちは皆、羊の群れのようにさまよい
　それぞれ自らの道に向かって行った。
　その私たちすべての過ちを
　主は彼に負わせられた。

イザヤ書 53:6

　完璧な人から何かを受け取ることは、難しいものです。すべての答え
を知っていて、落ち着き払っていて、全く恐れがなく、難攻不落で、何も
必要とせず、誰も頼らず、常に楽しげで、あらゆる状況をわが物としてい
る人。このような、隙のない強い人からは、私たちは何かを受け取ろうと
いう気になりません。また、私たちのことも受け入れてもらえないだろう
と思ってしまいます。

　それゆえに、主イエスは弱さを携えて私たちのところへ来られ、私た
ちに主を愛する機会を与え、主のために何かしたいという気持ちにさせ
ます。イザヤは、主は小羊のように「屠り場に引かれて行く」と預言しました。
人の心を知る主は、口を開かない無力な動物のイメージがご自分に重な
ることを許された方です。

私は彼らに一つの心、一つの道を与えて常に私を畏れさせる。
それが、彼ら自身とその子孫にとって幸いとなる。

エレミヤ書 32:39

主イエスの十字架の死を通して、人の心の本質的な病は取り去られ、私たちは人の魂に絡みついている致命的な偽善から解き放たれました。

主は、自身が孤独の最果てに行くことで、死に至る孤独の力を奪い去りました。主は、私たちの無知、弱さ、愚かさを理解し、私たちに赦しを与えました。「父よ、彼らをお赦しください。自分が何をしているのか分からないのです。」

私たちは、人や自分を嘲る負け犬であり、絶望的な罪人であり、自分を忌み嫌って自分自身という家に帰って来ることのできない者です。主イエスは昔も今も、このような寄る辺のない者たちのために自分の刺し貫かれた心を差し出し、安全な場所を与えてくださいます。主はその十字架の血によって平和を造り、地にあるものも、天にあるものも、万物を御子によって、ご自分と和解させてくださった方です。

十字架は、主イエスが罪と死に勝ったことを告げています。そして、何一つ、私たちの主キリスト・イエスにある神の愛から私たちを引き離すことはできないということも告げています。自分を偽る態度、偽善的で独善的な信仰、無意識や無気力、他人や自分に対する否定的な態度、恥ずべき過去と先の見えない未来、教会の中の権力争い、緊張をはらんだ夫婦関係、恐れ、罪、恥、自己嫌悪。そして死すら、私たちの主キリスト・イエスにある神の愛から私たちを引き離すことはできません。

5月10日　十字架のキリストを語る

聖なる霊によれば死者の中からの復活によって力ある神の子と定められました。この方が、私たちの主イエス・キリストです。

ローマの信徒への手紙 1:4

ある時、ルイジアナ州で、私の話に関心のない三百人の女子生徒に講話をするよう依頼されました。生徒たちは、不真面目な態度でおしゃべりしたり笑ったりしながら教会にやって来ました。お昼前でしたから、お腹も空いていたことでしょう。

「十字架のイエス・キリスト、神の力、神の知恵」というテーマの一時間の予定の講話は、四十分の経過後、中断せざるをえませんでした。生徒たちが感極まって泣く声があまりに大きくなったからです。

私は泣いた生徒たちを前に呼び、十字架を見上げさせました。生徒たちが自分の席から聖壇へと移る様はまるで、闇からキリストの光へと導かれて行くようでした。それは、生徒たちが利己心という罪から解放され、私たちを愛し、私たちのためにご自身を献げた主イエスの方へと顔を向けた、まさに回心の瞬間でした。

私たちがありのままに十字架の主イエス・キリストを語るとき、聖霊は生きて働かれます。神の言葉は、空しく私たちのもとに戻ることはありません。

あの方は死者の中から復活された。そして、あなたがたより先にガリラヤに行かれる。そこでお目にかかれる。

マタイによる福音書 28:7

··

　作家G・K・チェスタトンがロンドンの街角に立っていると、一人の新聞記者が近づいてきました。「チェスタトンさん、最近クリスチャンになったと聞きました。一つ質問してもよろしいでしょうか。」「もちろん」とチェスタトンは答えました。「もしこの場に復活したキリストが突然現れたら、あなたはどうなさいますか。」チェスタトンは、記者をじっと見つめて言いました。「主は今、ここにおられます。」

　これは、ただの言葉のあやではありません。主が私たちのそばに立っておられること、これこそが、私たちの人生についての最も真に迫った事実、私たちの命そのものです。エルサレムからガリラヤに向かう道を歩く主イエスは、私たちのすぐ隣にいます。歴史上の人物である主は、真実の方であり、私たちの主です。

5月12日　心の癒やし......

> 私は彼らに一つの心を与え、彼らの内に新しい霊を授ける。
> 彼らの肉体から石の心を取り除き、肉の心を与える。

エゼキエル書 11:19

　私の経験上、心の内面の癒やしは急激に起こることではなく、苦しみや怒り、恨みや憎しみからの解放も、瞬間的に起こることではありません。

　癒やしは、その血を通して私たちに平安を与えてくださった十字架の主と一つになることで、もたらされます。それには長い時間がかかるかもしれません。その傷は深く、傷の記憶は鮮明だからです。それでもいつか必ず、傷は癒やされます。

　十字架のキリストは、単に教会が手本とする崇拝の対象ではありません。主は神の力であり、知恵です。今も生きておられる復活の主です。主は私たちの人生を変え、敵と和解するために手を伸ばす力を私たちに与えてくださいます。

もし、人の過ちを赦すなら、あなたがたの天の父もあなたがた
をお赦しになる。　　　　　　　　マタイによる福音書 6:14

···

　神は、赦された者、赦す者として生きるよう、例外なくすべての人を召
しています。その召しは、結婚記念日を忘れた夫を持つ妻だけでなく、
子どもを酔っ払い運転によって失った親、誹謗中傷の犠牲者、ベンツに
乗る金持ちを横目で見ながら汚れた段ボールで暮らす貧しい者にも向
けられています。

　神は赦すことを厳しく求めます。しかし、人間には不可能だとひるむ
気持ちになるかもしれません。赦すことは、人間の弱い意志の力ではで
きないことです。他者から受けた傷を赦す力を私たちが得るためには、
私たち自身より大きな、すべての源である神に、無謀なまでに信頼する
以外、方法がありません。赦す自分へと変わろうとする過渡期に、私た
ちが目を向けるべき唯一の場所は、ゴルゴタの丘です。

　長い時間、ゴルゴタの丘にとどまり、神の独り子が血まみれの辱めの
中で孤独に死んでいく姿に目を向けましょう。残虐で無慈悲な迫害する
者たちを赦す言葉を、主がその息と共に吐くのを見るのです。ゴルゴタ
の寂しい丘の上で、あなたは、死にゆく主の癒やしの力を体験するで
しょう。

5月14日　天の父の子ども

> イエスは町や村を残らず回って、諸会堂で教え、御国の福音を宣べ伝え、ありとあらゆる病気や患いを癒やされた。また、群衆が羊飼いのいない羊のように弱り果て、打ちひしがれているのを見て、深く憐れまれた。
> マタイによる福音書 9:35-36

　キリストの内には、満ち溢れる神性がことごとく、見える形をとって宿っています。主は誰よりも、父なる神の心の慈しみと憐れみを知っています。主は永遠に、父なる神の子です。

　主イエスはなぜ、罪人や心の貧しい人たち、そして律法の知識のない人々を愛したのでしょうか。なぜなら、天の父がそうした人々を愛したからです。主は、天の父に命じられたことだけを行いました。自分勝手にしたことは何もありません。

　主イエスは、人と食卓を囲み、神について宣べ伝え、人を癒やしました。そして、そのことを通して、主が理解しているとおりに、天の父の分け隔てのない愛を体現しました。その愛とは、悪人にも善人にも太陽を昇らせ、正しい者にも正しくない者にも雨を降らせてくださる愛です。

誰が、キリストの愛から私たちを引き離すことができましょう。
苦難か、行き詰まりか、迫害か、飢えか、裸か、危険か、剣か。

ローマの信徒への手紙 8:35

··

　神の恵みの福音は私たちに問いかけています。「誰が、キリストの愛
から私たちを引き離すことができましょう。」「なぜ怖がるのか。」
　あなたの弱さが、キリストの愛からあなたを引き離すと思いますか。
そんなことはありません。あなたのふがいなさが、キリストの愛からあな
たを引き離すと思いますか。それもありません。困難な結婚生活、孤独、
子どもの将来への不安はどうでしょうか。それもありません。あなたが自
分を見る目が否定的でも、キリストの愛はあなたを離れません。
　経済的苦境、人種差別、犯罪はどうでしょう。愛する人に拒絶されたり、
大切な人たちが苦しみに遭うこと、こうしたことはキリストの愛からあな
たを引き離すでしょうか。権力者から迫害されたり投獄されたりしても、
キリストの愛からあなたを引き離すことはできません。
　神の恵みの福音は叫んでいます。主イエス・キリストの内に現れた
神の愛から私たちを引き離すことができるものは、何一つありません。
あなたはこのことを肝に銘じ、信じ、そして常に胸にとどめておかなけれ
ばなりません。信仰も、希望も、すべてのものは過ぎ去るでしょう。しかし、
死よりも強いイエス・キリストの愛は、いつまでも残ります。

イエスは、「さあ、来て、朝の食事をしなさい」と言われた。弟子たちは誰も、「あなたはどなたですか」と問いただそうとはしなかった。主であると分かっていたからである。

ヨハネによる福音書 21:12

　今朝、私の目を引いたのは、主イエスが「さあ、来て、朝の食事をしなさい」と言うこの一節です。ティベリアス湖畔での朝食は、神の領域まで完璧に仕上げて、優しく味付けしたフィッシュアンドチップスでした。ケチャップとタルタルソースがないことを誰も気に留めないほどのおいしさでした。

　復活したのですから、栄光を受けることを期待してもよいのに、主が気にかけていたのは、人が根本的に必要とするもの（朝ごはん）のことでした。髪に太陽の光を受けながら、息をし、生きているこの人こそ、イスラエルの長年の夢がかなった姿です。遠くにある山々と同じく、実際に目の前に存在するこの人こそ、神そのものです。この人は、信用に値しない、自分の前から逃げてしまった弟子たちを「友」と呼びます。

　友とは、逆境でもそばにいて、あなたを守り、先走るあなたを抑え、あなたが満たされていれば喜び、あなたの失敗を赦し、あなたを見捨てず、自分の朝ごはんを（お菓子でもピザの残りでもフィッシュアンドチップスでも、何であれ）分けてくれる人のことです。

　主イエスとの友情を築くことで、私たちは、主が使徒たちを見たように他者を見ることができるようになります。欠点はあるが良い人、傷ついた癒やし手、そして父なる神の子ども。私たちは、それぞれに異なる多様な人たちと一致することは可能だという気付きを得ます。そして、自分も他者と同じように人と異なっており、人と同様に両義的な存在であることを、感謝するようになります。

この民は唇で私を敬うが
その心は私から遠く離れている。
空しく私を崇め
人間の戒めを教えとして教えている。　　マルコによる福音書 7:6-7

　これは、神の恵みの福音です。神は世を愛され、肉の体を持つ独り子を私たちにお与えになりました。赤ちゃんの主は歩けるようになり、つまずいて転び、乳を求めて泣いたでしょう。最期には、血のように汗を滴らせ、鞭打たれ、唾を吐きかけられ、十字架につけられ、私たちを赦して息を引き取りました。

　一方、律法主義者のクリスチャンが見ている神は、予測不可能で、一貫性がなく、ありとあらゆる偏った考えを受け入れる神です。そのような神を満足させるためには、魔法のようなものが必要です。礼拝への出席は、神の気まぐれを予防するための保険です。この神が人に求めることは、日々感情や思考を制して完璧であることです。

　神をこのような方だと見ているクリスチャンは、傷つき、打ちひしがれてしまいます。つまずく度に（つまずくことは避けられないのですが）罰を恐れ、宗教的なお勤めを欠かさないことで、うわべだけ完璧な自分のイメージを保とうと必死になります。しかしそれ自体、心身が消耗することです。自分が見ている神の期待どおりに律法主義者が生きることは、まず不可能です。

5月18日　主が天に上げられた理由 ……………………

> 私が去って行くのは、あなたがたのためになる。私が去って行かなければ、弁護者はあなたがたのところに来ないからである。私が行けば、弁護者をあなたがたのところに送る。

ヨハネによる福音書 16:7

　キリストが天に上げられたという神秘は、現状に甘んじて安定を選びがちな私たちに、大切なことを教えてくれます。主イエスは弟子たちに言っています。「私が去って行くのは、あなたがたのためになる。」なぜでしょうか。主が彼らのもとを去ることが、なぜ弟子たちのためになるのでしょうか。

　第一に、主が去って行かなければ、弁護者なる聖霊が弟子たちのところに来ないからです。第二に、主が地上で目に見える存在であるかぎり、弟子たちが主イエスの肉体に目を奪われる危険があったからです。そうなれば、弟子たちは見えないものを確証する信仰から離れ、感覚を通して得る明らかな証拠に頼ってしまったことでしょう。

　主イエスの肉体が目に見えることは、もちろん幸いなことでした。しかし、「見ないで信じる人は、幸い」です。

> キリストもあなたがたのために苦しみを受け、…自ら、私たちの罪を十字架の上で、その身に負ってくださいました。私たちが罪に死に、義に生きるためです。この方の打ち傷によって、あなたがたは癒やされたのです。
>
> ペトロの手紙一 2:21, 24

　十字架につけられた主イエス・キリストは、神の力、神の知恵です。ペンテコステの力は十字架から始まります。ペンテコステは、聖霊の饗宴ではありません。イエス・キリストの復活の力と栄光が、多くの人に伝えられたことを祝う日です。

　主イエスは、その肉体の死をもって初めて、救い主である神の御子の持つ力を得ました。それゆえに、この力は今、私たちと共にあります。五旬祭に降った聖霊を通して教会に伝わった、復活の主の力を受け取るため、主イエスの死の姿にあやかりましょう。聖霊は、私たちの信仰の旅をより高い意識の次元へと引き上げてくれるからです。

　死と復活の過程は、洗礼（バプテスマ）によって始まりました。しかし、命を与える霊の水を飲み続けることを願うなら、私たちを救うために血と水を流している十字架の主の体に近づき、絶えず主の死の姿にあやかる必要があります。

　聖霊に満たされ、神の力に満ち、内なる人が透けて見えるようなクリスチャンは、ほとんどいません。その理由は、キリストの死と葬りと復活を本当に自分のものとし、罪や利己心や不正直や堕落した愛に対して死ぬクリスチャンが、ごく限られているからです。

5月20日　互いに愛し合う

いまだかつて神を見た者はいません。私たちが互いに愛し合うなら、神は私たちの内にとどまり、神の愛が私たちの内に全うされているのです。

ヨハネの手紙一 4:12

キリストは、私たちに代わって死んでくださいました。それゆえ、一人一人のきょうだいとの出会いは、復活の主との本当の出会いとなります。それぞれの出会いは、福音に対して創造的に応える機会、主から受けた優しさを成熟させる機会です。

時間は、愛を育てるために私たちに与えられています。そして、私たちの人生の成否は、どれほど丁寧に、繊細に私たちが愛したかどうかで測られます。私たちが他者へと向ける思いや言葉や行いはそのまま、キリストに向けることと同じです。この福音の原則を逃れることはできません。

あなたがたの衣でなく心を裂き
あなたがたの神、主に立ち帰れ。
主は恵みに満ち、憐れみ深く
怒るに遅く、慈しみに富み
災いを下そうとしても、思い直される。

ヨエル書 2:13

　ユダヤ教の神は、行いを改め、罪を告白し、より良い生活を送る者を赦します。古い契約の下では、罪にとどまる者は赦されません。罪人は裁きを受けます。

　しかし、主イエスの父なる神は私たちを裁きません。天の父は、悪い者さえも愛します。つまり、罪人を愛するということです。この神は、このように人を愛する唯一の神です。

　人間が作り出した嘘の神は、罪人を忌み嫌います。しかし父なる神は、その人が何をするかに関係なく、すべての人を愛されます。けれどもこの事実はあまりにすばらしいため、私たちはなかなか受け入れることができません。

5月22日　行動という奉仕 ·······················

私のきょうだいたち、「私には信仰がある」と言う者がいても、
行おこないが伴わなければ、何の役に立つでしょうか。

ヤコブの手紙 2:14

··

　第二次世界大戦中の話です。あるアメリカ人の海兵隊員がサイパン
島で重傷を負い、出血多量で死ぬ寸前でした。すると衛生兵が駆けつけ、
目の前で血を流す海兵隊員の傷に、油やぶどう酒を注いで手当てしま
した。自分の命も危ない中で、善いサマリア人の役割を果たしたのです。
海兵隊員は特に感謝をすることはありませんでした。

　戦闘後、壕の安全な場所からその様子を見ていた連隊長が、衛生兵
のところに来て言いました。「百万ドルもらっても、あんな危険なことは自
分はやらないだろうよ。」衛生兵はさらりと「自分もです」と答えました。

　衛生兵が名前も知らない海兵隊員にしたことは、キリストにしたという
ことです。衛生兵は知らずにそうしたのもしれません。しかし大切なことは、
この人が「行動した」ということです。

イエスがキリストであると信じる人は皆、神から生まれた者です。生んでくださった方を愛する人は皆、その方から生まれた者をも愛します。神を愛し、その戒めを守るなら、それによって、私たちが神の子どもたちを愛していることが分かります。

ヨハネの手紙一 5:1-2

主イエスが飢えること、渇くこと、裸であることについて語ったとき、主は単なる肉体的な必要について語っていたのではありません。私たちは、飢え渇いている人、魂が裸の人たちに囲まれています。理解されることに飢え、肯定されることに渇き、孤独しか身にまとうものがない人たちです。私たちの偽りのない憐れみを求めて、その人たちは私たちのところへ来ます。

しかし私には、人が求めているものを与えるのを拒むことがよくあります。その人が何を望み、何を恐れ、何を夢見ており、何を喜び、何を願い、何に失望しているか、私は大して興味がありません。それなのに、私は神に献身している、イエス・キリストのために生きている、自分はキリスト教を信じているとうそぶくのです。これは果たして信仰と言えるのでしょうか。

私のような態度を、主イエスは強く批判します。「私に向かって、『主よ、主よ』と言う者が皆、天の国に入るわけではない。天におられる私の父の御心を行う者が入るのである。」主イエスがなさったように、私たちが日々自分の行いをもって人を愛すること、これこそが天の父の御心です。

5月24日　神の国で食卓に着く

> 私の父が私に王権を委ねてくださったように、私もあなたがたにそれを委ねる。こうして、あなたがたは、私の国で食卓に着いて食事を共にし、王座に座ってイスラエルの十二部族を裁くことになる。
>
> ルカによる福音書 22:29-30

ルイジアナ州であった教会の祈りの一週間でのことです。一人の男性が司祭館の外で私のところに来て、ぼそぼそと「このことで祈ってきました」と言い、私のポケットに封筒を入れて急いで去りました。会堂で行われる開会式に遅れそうで急いでいたため、私は、封筒のことをすっかり忘れてしまいました。その夜遅く、寝る支度をしていた私はポケットの中身を全部出し、入っていた封筒を開きました。すると、貧しい人のためにと六千ドルの小切手が入っていました。

翌日、私はある人にそのお金を送りました。その人は家族がたくさんいて、とても困っていたのです。すると、何が起きたと思いますか。五日の間に、私はその人から九通の手紙を受け取りました。手紙は感謝に溢れ、そのお金がいかに家族やそれ以外の人を助けたのかを、詳しく書き綴っていました。

この経験から私は学びました。貧しい人は、贈り物を受け取ると、本当にありがたく思い、それを表します。何も持っていないので、ほんのささいな贈り物にも感謝します。私は、主イエス・キリストにある救いという、全く受けるに値しない神の賜物を授かりました。自分の功績ではなく神の慈しみによって、私は神の国の婚礼に招待されています。私はそこで、新しいぶどう酒を永遠に飲み続けることができるのです。

希望の源である神が、信仰によって得られるあらゆる喜びと
平和とであなたがたを満たし、聖霊の力によって、あなたがた
を希望に満ち溢れさせてくださいますように。

ローマの信徒への手紙 15:13

ある信仰書の著者が、「人間は二つの病を持って生まれる」と書いて
います。一つは、いずれ死に至る命という病、もう一つは希望という病だと。
そして、希望は命に対して、「まだ死なない」と告げるのだと、その著者は
言います。

そのような希望は、人の人格の骨組みに、無意識の奥底に埋め込まれ
ます。そして、人の死の瞬間まで、私たちを悩ませます。希望とは何な
のでしょうか。これは大きな問いです。希望とは、自己欺瞞や自分勝手な
思い込みなのでしょうか。残酷で油断のならない世界の中にある、究極
的に人を苦しめるものでしょうか。それとも、ただ現実世界を映し出した
ものなのでしょうか。

主イエスのたとえ話の数々は、この問いへの答えです。主はたとえ話
を通して、次のように語ります。「これ以上ないほど、大それたことを望み、
狂気じみた夢を見、荒唐無稽なことを空想しなさい。」あなたの希望
や夢や空想には限りがあります。しかし、天の父の愛はそこから始まり
ます。

目が見もせず、耳が聞きもせず

人の心に思い浮かびもしなかったことを

神はご自分を愛する者たちに準備された。(コリントの信徒への手紙一2:9)

5月26日　限りのない愛

怒るに遅く、慈しみとまことに富み
幾千代にわたって慈しみを守り
過ちと背きと罪とを赦す方。

出エジプト記 34:6-7

　主イエスは、愛を失った人のために生き、自分を十字架につけた人々が生きるために死にました。主を見れば、神が怒りをもって私たちを罰することはないということが分かります。天の父は、人がすることで一喜一憂することはありませんが、それは神が人に対して無関心であるためではなく、むしろ関心があるからです。

　神は、私たちに愛される価値があるから私たちを愛するのではありません。もしそうなら、私たちは全員失格でしょう。神は、私たちを愛さずにはいられない、それ以外のことができないから愛するのです。神は愛です。

　私たち人は、神と同じように愛を与えたり受けたりすることがありません。そのため、私たちはなかなか、神の愛と赦しがどれほど大きなものかを信じることができません。アブラハム、イサク、ヤコブも、到底理解できませんでした。それでも、救い主イエスが大工として地上で生き、死に、復活したという事実があるかぎり、私たちは信じます。天の父が愛と赦しの神であり、私たちを大切にしてくださるということを。

　主イエスの父なる神は、恵み深い方です。その愛は、私たちの想像をはるかに超える、無条件の愛です。ゆえに、私たちは神とその言葉に信頼し、このように叫ぶことができます。「神は、あなたがこうあるべきだという姿ではなく、そのままの姿のあなたを愛しています！」

　あなたに価値があろうとなかろうと、神に対して忠実だろうと背こうと、朝も夜も、晴天でも荒天でも、神はあなたを愛されます。このことを、あなたは信じますか。神は、愛を出し惜しみすることも、愛してから後悔することもありません。神の愛には、限りがないのです。

正しい人には闇の中にも光が昇る
恵みに満ち、憐れみ深く、正しい光が。　　　　　詩編 112:4

　主イエスの栄光は、主の弱さともろさ、一見すると失敗に見えることの中にあります。失敗に見えることとは、私たち主の弟子に「私に付いて来なさい」と言ったことです。主は私たちに、十字架を背負って主の後を追い、主の十字架の死を自らも体験することを求めます。つまり、憐れみ深く生きることを命じているのです。

　主役は主、私たちは脇役です。私たちは舞台の場面を構成する要素でもなく、ただ静かにそこにいることを通して仕えることが求められます。私たちは、何かに勝ったり、何かを成し遂げたりする必要はありません。

　私たち自身の目にも、自分は負け犬のように映るかもしれません。世は私たち主の弟子に注意を払いません。しかし私たちは、自らのもろさや弱さをもってきょうだいの苦しみを共に担うことをもって、地上に神の国を築きます。慈しみ深い父なる神のいるところに、主の僕もまたいるのです。

5月28日　機嫌を保つ

苦しむ人の日々はつらいもの
喜ばしい心は常に宴。

箴言 15:15

　アブラハム・リンカンがある人物と会った後に、秘書にこう言いました。「私はあの男の顔が好きではない。」秘書は驚いて答えました。「けれども、あの人はそういう顔なのですからしかたがありません。自分の顔に責任はありませんよ。」すると、リンカンはぴしゃりと答えました。「四十歳を過ぎたら自分の顔に責任を持たねばならない。」

　顔は、機嫌を写す鏡です。四十年も生きれば、感情を制し、穏やかな表情を保つことができるまでに成熟しているはずです。リンカンは、このことを言っていたのだと思います。

　私がこんなことを書いているのは、ある人に今朝「どうしてそんなに不機嫌なの？」と尋ねられたからです。

私は感謝の声を上げ
あなたにいけにえを献げ、誓いを果たそう。
救いは主にこそある。

ヨナ書 2:10

　主イエスは嘆いておられます。「私の弟子であるかどうか。それは、正しく生きるとか、完璧であるとか、効率よく仕事ができるとか、そういうことではありません。分からないのですか。あなたがたが互いと共にどのように生きるか。それだけがすべてです。」

　その日が成功か失敗かは、私たちの周囲への関心や憐れみの質によって測られます。私たちがどのような者であるかは、人の必要に私たちがどう応えるかによって決まるということです。大切なことは、私たちが隣人についてどう思っているかではなく、その人に対して何をしたのかということなのです。

　私たちがどのように子どもの話を聞き、郵便配達の人と話をし、傷つくことに耐え、貧しい人と自分の持ち物を分かち合うか。私たちの心の在り方は、そこに表れます。

5月30日　自己責任型の霊性 ···········

互いに相手からの栄光は受けるのに、唯一の神からの栄光は求めようとしないあなたがたには、どうして信じることができようか。

ヨハネによる福音書 5:44

聖書は繰り返し、人は恵みによって救われること、救いは神の働きであることを語っています。しかし現代を生きる私たちの霊性はいまだに自己が起点であり、神が起点とはなっていません。自助努力のほうが、神に応答することより重要であるかのようです。

私たちは、聖性において成長しようと熱心に努力します。字をきれいに書けるようになるとかゴルフのスイングがうまくなるとかいった、自分の努力で獲得できることでもあるかのように、徳のある者になろうとします。筋肉増強プログラムに取り組むかのように、思い煩うことをやめようとしたり、霊的な鍛錬に励んだりします。

このような自己責任型の霊性においては、私が何をするかに常に重きが置かれ、神が私の人生に何をしてくださっているかに焦点が当てられることはありません。神は、観客席の善良なお年寄りに成り下がっています。

現代の神話に惑わされた私たちは、自分の不屈の努力や決断によって霊的成長が可能になるのだと思い込みます。私たちがきっぱりと決意し、本腰を入れるなら、上手に主イエスに従うことができる、というのです。しかし、キリストの弟子であることとは、そのようなこととは違います。自分の努力と責任で生産性を上げたり豊かさを手に入れたりすることを礼賛する現代の神話を、霊性の領域に適用してはなりません。

その日になると
主は再びその手を伸ばし
自分の民の残りの者を買い戻される。…
主は国々に向かって旗を揚げ
地の四方の果てから
イスラエルの追放された者を集め
ユダの散らされた者を呼び集める。　　　*イザヤ書 11:11-12*

　私が出会ってきた、成熟したクリスチャンは、つまずいた人たちです。そして自分のつまずきと共に潔く生きていくことを学んだ人たちです。

　主に忠実に生きましょう。そのために必要なのは、主にすべてを献げる勇気、成長し続ける意志、失敗することへの覚悟を、生涯にわたって持ち続けることです。

6

June

主の慈しみをとこしえに歌い
私の口はあなたのまことを
代々に告げ知らせよう。

詩編89:2

　罪や傷や不安を持ちながらも、主イエスの側に立って生きる、これが主に忠実であるということです。私たちは主の言葉により形づくられ、知識を与えられています。

　殺人も核兵器も命を奪うことに変わりはなく、源は同じ「悪」であると認識しなければなりません。平和の君の側にいる私たちは、安全保障の名の下に戦争を正当化してはなりません。私たちは命を与える者であって、死をもたらす者ではありません。私たちは、爆弾ではなく十字架のしるしの下に生きる者です。

6月2日 あなたの味方

きょうだいたち、互いに悪口を言ってはなりません。きょうだいの悪口を言ったり、きょうだいを裁いたりする者は、律法の悪口を言い、律法を裁くことになるのです。律法を裁くなら、あなたは律法を行う者ではなく、その裁き手です。ヤコブの手紙 4:11

使徒ヨハネが言いました。「先生、あなたのお名前を使って悪霊を追い出している者を見ましたが、私たちと一緒に従って来ないので、やめさせました。」主イエスは言われました。「やめさせてはならない。あなたがたに逆らわない者は、あなたがたの味方なのである。」

教派や神学的立場にかかわらず、謙虚に主イエスの名を呼ぶ人は誰でも、主にあるきょうだいとして受け入れましょう。文化的背景がどうであれ、その人はあなたの味方なのです。原理主義者であろうと、狂信的な信者であろうと、伝道用パンフレットを山ほど携えていようと、独善的でも、大げさでも、横柄でも、頑固でも、関係ありません。

彼は私たちの背きのために刺し貫かれ

私たちの過ちのために打ち砕かれた。

彼が受けた懲らしめによって

私たちに平安が与えられ

彼が受けた打ち傷によって私たちは癒やされた。イザヤ書 53:5

いけにえも供え物も、あなたは望まず

私のために、体を備えてくださった。…

その時、私は言いました。

「御覧ください。私は来ました。

巻物の書に私について書いてあるとおり

神よ、御心を行うために。」（ヘブライ人への手紙10:5, 7）

　心理学者によると、人は無意識に持っている自分の身体のイメージによって自分を理解するそうです。自分の体やその価値についてどう感じているかが、自分についての思いとなります。私たちは、自分の体をどのようなものだと思っているのでしょうか。

　では、イエス・キリストはご自分の体をどう理解していたのか、と問うてみましょう。主イエスの体は、私たちのために打ち砕かれました。主の体は、自ら犠牲になることによってのみ、目的を達成できた体です。

　自分の体を見てみましょう。自身の体に満足していますか。主イエスは神に向かって、「いけにえも供え物も、あなたは望まず、私のために、体を備えてくださった」と言いました。主の目に映る美しい体とは、自己犠牲のために使い、愛の奉仕のために献げる、献身の道具としての体です。

　あなたには、そのために体が与えられています。あなたの体は、主イエスの体と同じく、「私は来ました。御心を行うために」と聖書に書いてあるとおり実現するためにあります。

6月4日　悔い改めるべきは自分 ………………

私たちは皆、汚れた者のようになり

私たちの正義もすべて

汚れた衣のようになりました。

私たちは皆、木の葉のように枯れ

私たちの過ちが風のように

私たちを運び去りました。

イザヤ書 64:5

キリスト者にとって極めて重要なこと、それは、悔い改めるべきは自分自身であるということです。心が貧しく、罪深く、道を失った者は、他人ではなく私たち自身です。私たちこそ、罪人であり、病人であり、失われた羊なのです。

主イエスは、そのような私たちのために来てくださったということを認めないかぎり、自分の弱さを知り、天の国を受け継ぐ「幸いな人」の一人になることはできません。自分まで救世主であるかのような生き方や言動は、もうやめましょう。神の前で正しい者を装う無駄な試みは、もう終わりにしましょう。

アーメンである方、忠実で真実な証人がこう言っています。「私はあなたの行いを知っている。あなたは、冷たくもなく熱くもない。むしろ、冷たいか熱いかであってほしい。熱くも冷たくもなく、生温いので、私はあなたを口から吐き出そう。あなたは、『私は裕福で、満ち足りており、何一つ必要な物はない』と言っているが、自分が惨めな者、哀れな者、貧しい者、目の見えない者、裸の者であることが分かっていない。」

見よ、高慢な者を。
その心は正しくない。
しかし、正しき人はその信仰によって生きる。　ハバクク書 2:4

　何があっても神に愛されているという意識は、怠慢や甘えにつながらないでしょうか。理屈としてはそう思えますが、実際にはその逆です。妻のロズリンが、理想の姿ではないありのままの私を愛してくれていることを、私は知っています。では、私は妻に対し、不貞を働いたり、無関心だったり、「何でもあり」の態度でよいのでしょうか。とんでもありません。

　愛は、もっと大きな愛を呼び起こします。自分のことをしていても、そこに完全な自由があるなら、結果として妻の愛に応えることになります。神の愛に根ざしていればいるほど、私たちはもっと広い心で信仰に生き、信仰を実践することができます。

　神の愛があれば、私たちは言い訳することも疑うこともなく、自分自身を愛することができます。私たちがありのままの自分を愛せるのは、神もそうしてくださると信仰により確信したときです。私たちは、もはや自分が霊的に成長（これも偶像崇拝にすぎませんが）しているかどうかを心配しなくなります。愛されている者としての自己認識に根ざして生きることで、私たちは、あるべき理想の姿を自分に押し付けることから自由になるのです。

　友人のシスターの部屋に飾られた旗には、「今日、私は自分に『べき』と言わない」と書かれています。マザー・テレサやアッシジのフランチェスコなど、ほかの誰かになる必要はありません。私の霊的同伴者、ラリー・ハインはこう語ります。「自分らしくありなさい。もし自分が自分でないなら、自分は自分ではないのだから。」

6月6日　愛されている私

あなたに向かって私は目を上げます

天に座す方よ。

詩編 123:1

シトー会修道士トマス・マートンは自分に問いかけます。「私は何者だろうか。」そして答えます。「キリストに愛されている者だ。」この自覚こそ、真の自己の依拠するところです。

自分が愛されているということをより深く理解し、感じ続けるには、神と二人きりで過ごす時間が必要です。そうすることで、私たちは「お前には価値がない」という内面のささやきを聞き入れることなく、「真の自己とは何者か」という神秘を探求することができます。

本当の自分を知りたいという私たちの願いは、私たちの多くが抱えている満たされない思いの元です。この願いは、神と向き合う静かな二人だけの時間を持つまでは決してかないません。私たちはその時間に、自分が本当に愛されていることを確信します。私たちの第一義的なアイデンティティは、イエス・キリストに現れた、神の尽きることのない憐れみの中にあります。

言っておくが、義とされて家に帰ったのは、この人であって、
あのファリサイ派の人ではない。誰でも、高ぶる者は低くされ、
へりくだる者は高められる。　　　　　　　ルカによる福音書 18:14

　私の中の偽りの自分は、私の中身のなさを覆い隠すことばかり考えて
います。偽物の自己は、体重に執着するように仕向けます。アイスクリー
ムを食べ過ぎた翌朝、体重計に乗ると、意気消沈します。晴れ渡る日も、
自分のことで頭がいっぱいな偽りの自分の心は、暗いままです。
　主は、商品を見る振りをしながらガラスに映る自分の姿を確かめるよ
うな私の小さいうぬぼれを、ほほ笑ましく思ってくださるでしょう。とは
いえ、そのような虚栄心は、内に住まう神から私の注意をそらし、一時的
に聖霊の喜びを奪ってしまいます。
　しかし、偽物の自己は、私が腰回りや体形に気を取られていることを
正当化します。「太っただらしない印象だと、伝道者としてのあなたの信
用が低下しますよ」とささやきます。ずるいやつです。

6月8日　神の憐れみが肉となって ··············

キリストは、私たちのために呪いとなって、私たちを律法の呪いから贖い出してくださいました。「木に掛けられた者は皆、呪われている」と書いてあるからです。

ガラテヤの信徒への手紙 3:13

タイムズスクエアを行き交うあらゆる人たちのために泣くキリストは、主を知らない失われた羊のことを心の底から嘆く「痛みの人」です。十字架につけられた栄光の主の心は、人間の惨めさや強情さに背を向けることはありません。どれほどひどい犯罪も罪も、主と共に十字架につけられました。

彼は私たちの弱さを負い

病を担った。（マタイによる福音書 8:17）

なぜそのようなことが可能なのでしょうか。主イエスは神だからです。主は、父なる神の憐れみが肉となって来られた方です。神秘主義者マイスター・エックハルトは、「神を愛と呼ぶこともできるし、善と呼ぶこともできよう。しかし、神の最もふさわしい呼び名は『憐れみ』である」と書いています。

神の子、三位一体の第二の位格、キュリオス（主）、パントクラトール（全能者）などは、後世の人々が主イエスに付けた呼び名です。その意味するところは、ただひとりの絶対的な神が、憐れみ深い主イエスの中におられるということです。

イスラエルがエジプトから
ヤコブの家が言葉の違う民の中から出たとき
ユダは主の聖所となり
イスラエルは主の治めるところとなった。　　　　　詩編 114:1-2

　　ある冬の日、私はペンシルベニア州ロレットの凍った坂道を滑り下り
て神学校の教室に向かっていました。道路にはみぞれと雪が積もり、
冷たい風が服の間に入り込みます。眉毛は凍って、つららが下がり、
顔はしかめ面で寒さにゆがんでいました。神に救われているはずなのに、
全くそんな気がしませんでした。

　　私と一緒に、スイス生まれのフェイヤー神父が歩いていました。七十
歳の神父は、ヘブライ語、ギリシア語、教会史など、あらゆることを神学
校で教えていました。神父の眉毛も凍っていましたが、その顔はまるで
ゲームを楽しんでいるかのように明るく笑っていました。目を輝かせ、
二重顎とおなかを上下に揺らし、口元にはいたずらっ子のような笑みを
浮かべています。まるでクリスマスイブに北極を出発するサンタクロー
スのようでした。

　　私は不機嫌に、「フェイヤー神父、何がそんなにうれしいのですか」と
聞きました。神父は私を見て、きついドイツ語なまりで答えました。「ブレ
ナン兄弟、私たちは救われているのだよ！」

　　神父は、自分の本当のアイデンティティと、自分が神の家族の一員で
あることを、はっきりと意識していました。霜も氷も通らないほどの温かさ
を神父が備えていたのは、そのためだったのでしょう。

新しい歌を主に歌え
喜びの叫びと共に麗しく奏でよ。

詩編 33:3

　あなたは本当に、主と共にいますか。それを考えるために、最近悲しかったことを思い出してみましょう。悲しかったのは、主イエスを十分に愛していないことに気付いてしまったからですか。人生最高の出来事が主に出会ったことだと、確信できないからですか。「隣人を自分のように愛しなさい」という主の戒めを、守らなかったからでしょうか。それとも、人から無礼な扱いを受けたこと、上司や先生から批判されたことに、悲しくなったのでしょうか。経済的な問題、友人が少ないこと、腰回りが太くなったことに、落ち込んだのですか。

　では逆に、最近うれしかったことは何でしょう。神に選ばれ、クリスチャンになったことを思い返して、うれしい気持ちになったのでしょうか。「天の父よ、私はあなたの子どもです」と祈った時の喜びですか。福音を唯一の友とした、午後のひと時でしょうか。神がありのままのあなたを無条件に愛しておられると、分かったからですか。あるいは、少しだけ自分勝手を克服したからでしょうか。

　あるいは、新車や高級スーツ、映画やピザや海外旅行が、あなたの喜びや楽しみなのでしょうか。まさか、偶像を崇拝していませんね。

私は柔和で心のへりくだった者だから、私の軛を負い、私に学びなさい。そうすれば、あなたがたの魂に安らぎが得られる。

マタイによる福音書 11:29

　クリスチャンの多くは、強い自己嫌悪を抱えながら生きています。これは、極めてショッキングな矛盾です。他人の欠点に対しては全くそんなことはないのに、自分の欠点には腹を立て、いらだち、見逃すことも赦すこともできません。自分自身の凡庸さや一貫性のなさにうんざりし、退屈な自分に飽き飽きしています。この人たちは、ほかの人を裁くことはないのに、自分のことは激しく攻撃します。

　どこまでも深い主イエスの慈しみを経験することを通して、私たちはまず、自分自身と一緒にいることを学びます。すると、主の慈しみが徐々に私たちの心に入って来ます。そして私たちは、どこまでも付いて回る自分への不満や、自分でも恥じている自己嫌悪から解放されるでしょう。

　自分自身に対する態度を改め、自己評価ではなく主イエスが私たちをどう御覧になるかによって自分を評価しないかぎり、福音であるキリストを知ることはできません。今この瞬間、主イエスがあなたのことをどう思っているか、知りたいと思いませんか。そのためには、あなたが自分自身を強く、はばかることなく愛することです。そうすればその気持ちは、主があなたに対して抱いている感情と完全に一致します。

　そして驚くことに、自分を愛することであなたは解放され、ほかの人を愛することができるようになります。

6月12日　預言を味わう

アブラハムは翌朝早く起きて、かつて主の前に立った場所に
行った。

創世記 19:27

　生きた啓示を現実に目の前にしたら、私たちの畏怖や驚きはどれほ
どのものになるでしょうか。ナザレの主イエスの内に成就した預言の証
人は言うでしょう。「神は人間が入ることのできない光の中におられる、
すべてを超越した方、いなくなった息子を愚か者のように毎日待ちわびる、
年老いた父親のような方です。」

　神は愛です。つまり、神は私たちを毎日変わらず愛し続けてください
ます。私たちは、朝日や深まる闇に落ちゆく燃える太陽、日光に輝く夜に、
畏怖を覚えます。そうでないなら、私たちは、預言を通して明かされる神
の神秘に驚きを覚えることはできません。

　神の愛の温かさと慈しみを、私たちが身をもって経験するためには、
沈黙の中で預言をじっくり味わう必要があります。もし預言の霊の光が
あまりに強く、その影で私たちの人生が暗くなると感じるなら、私たちは
御言葉を独りで味わい、考える時間を長く持たなければなりません。

　シャルル・ド・フーコー神父が言ったように、「孤独の中でこそ、神は
私たちに、ご自身を完全に与えてくださる」のです。そうしないなら、その
ような信仰は浅く喜びのないものであり、やがて失われてしまいます。
詩人ボードレールは書いています。「聖なるものの偉大さに近づくことが
できないということは、魂が凡庸であることのしるしである。」

私に与えられた恵みによって、あなたがた一人一人に言います。分を越えて思い上がることなく、神が各自に分け与えてくださった信仰の秤に従って、慎み深く思うべきです。

ローマの信徒への手紙 12:3

··

今日、教会には、「一度回心すればその回心は完全」という、極めて有害な神話が広まっています。つまり、一度イエス・キリストを自分の救い主として受け入れさえすれば、罪のない未来が待っており、二度と元のところに戻ることはないという神話です。主イエスの弟子になることは完璧な成功物語であり、人生は聖性へと向かう上昇スパイラルになるというわけです。復活した主イエスへの愛を三度も告白し、降った聖霊に完全に満たされた後もなおパウロの成功に嫉妬した、哀れなペトロにこの神話を聞かせてやりたいです。

「ブレナン、救われた後に、あなたのようにアルコール依存症になるなんて、ありえない」とよく言われます。いいえ、ありえます。孤独と失敗で傷つき、打ちのめされ、落胆し、不安と罪の意識にさいなまれて、私は主イエスから目を離してしまいました。キリストと出会っても、私が天使に変えられたということではありません。「信仰を通して、恵みによって義とされた」ということは、私が神と正しい関係にあるという意味であって、神の操り人形になったということでは決してないからです。私にはまだ、自由な意志が残されているのです。

6月14日　主イエスとつながる……………………

神が私たちを通して勧めておられるので、私たちはキリストに代わって使者の務めを果たしています。キリストに代わってお願いします。神の和解を受け入れなさい。神は、罪を知らない方を、私たちのために罪となさいました。私たちが、その方にあって神の義となるためです。

コリントの信徒への手紙二 5:20-21

理不尽にも、私は友人に批判され、拒絶され、裏切られたとき、主イエスも同じことに直面したのだからと、私も主のように対処することに決めます。主イエスの霊の力が私に入り、ペンテコステは達成されます。キリストは、ふだんの生活の小さなことを通しても、私の内に形づくられます。超自然的な経験を通してだけではありません。

今、私は寝床から出られず、吐き気や痛みに苦しみ、全く祈ることができません。「主よ、私の代わりに苦しんでください」とささやくことで精いっぱいです。すると、そこに横たわっているのはもはや私ではなく、イエス・キリストになります。主と私の眠りは一体化します。眠りの中で、私はニューオーリンズの酒場で酔ってはしゃぎまくり、「楽しもうぜ！」と叫びます。そしてカナで水をぶどう酒に変えて婚礼を盛り上げた主イエスとつながります。

私は心を尽くしてあなたを尋ね求めます。
あなたの戒めから
私が迷い出ることのないようにしてください。

　　　　　　　　　　　　　　　　　　　　詩編 119:10

　考えてみてください。あなたの将来や運命が、あなたの暮らす地域の司教との関係によって決まってしまうとしたらどうでしょうか。今よりずっと多くの時間を司教と過ごすように努力するのではないでしょうか。司教が好まない性格や欠点を直すために、司教の助言を求めませんか。また、仕事で離れた土地に行ったなら、そこから頻繁に手紙を出し、「鹿が涸れ谷で水をあえぎ求めるように」、司教のもとに早く戻りたいと思うのではないですか。

　そしてもし、自分の心の奥深くのささやきを日記に書いていると司教から打ち明けられたら、どうでしょう。あなたは何がなんでもそれを読んで、司教のことをもっとよく知り、愛したいと思うのではないでしょうか。

　すべてのキリスト者は、正直に答えなければなりません。あなたはイエス・キリストを本当に強く求めていますか。祈りの中で、主と二人きりで過ごす時間を熱烈に求めていますか。主はあなたの人生で最も大切な人でしょうか。キリストは、あなたの魂を喜びの歌で満たしてくださいますか。あなたの唇は主を賛美しているでしょうか。主をもっとよく知るために、主の日記であり遺言書である福音書を熱心に読んでいますか。主イエスとの友情を脅かし壊すものすべてを棄て、主との間を阻むあらゆる物事に対して死ぬ、このための努力を、あなたはしていますか。

6月16日　貧しい人と分かち合う

もし、兄弟か姉妹が、着る物もなく、その日の食べ物にも事欠いているとき、あなたがたの誰かが、その人たちに、「安心して行きなさい。暖まりなさい。存分に食べなさい」と言いながら、体に必要なものを与えないなら、何の役に立つでしょうか。同じように、信仰もまた、行いが伴わなければ、それだけでは死んだものです。

ヤコブの手紙 2:15-17

すべてのキリスト者に極貧に立ち向かう使命や賜物が与えられているわけではありません。しかし、「貧しい人に自分の持ち物を分け与える」という福音の原則を免れるキリスト者はいません。

アメリカ独立戦争直前に亡くなったクエーカーのジョン・ウールマンは書いています。「私は経験から、真理に歩調を合わせること、それだけが、真のキリストの僕にとって必要であることを知った。それ以上のことは必要ない。真理に従うなら、必ず道は開かれるからだ。」

私の日常の中で、主なるイエス・キリストは、持たざる人々に対して具体的に何をするようにと、私に求めているのでしょうか。真理が要求する以上でも以下でもなく、父なる神への無条件の信頼の証しとして、私は一体どのような（大きなあるいは小さな）ことをすればよいのでしょう。貧しい人に対する行いについて聖書が要求していることを、私たちの平凡な日常の中で実現していきましょう。

ダビデとアサフの時代の昔から、詠唱者の頭がいて、神への
賛美と感謝の歌を受け持ったのである。　　　ネヘミヤ記 12:46

キリスト者は、愛と憐れみによって神に受け入れられたことへの感謝
に溢れ、聖餐にあずかります。クリスチャンの存在は、そのものが聖なる
体です。

聖餐は、神への感謝にほかなりません。主は、主の民が喜びと感謝を
もって集まるときはいつでも、パンとぶどう酒の中におられます。

聖餐が神への感謝を意味するのであれば、「キリスト教」とは、喜びに
満ちた感謝を献げる人々そのものを指すと言えましょう。

6月18日　人である主イエス

マリアはイエスのおられる所に来て、イエスを見るなり足元に
ひれ伏して、「主よ、もしここにいてくださいましたら、私の兄弟
は死ななかったでしょうに」と言った。イエスは、彼女が泣き、
一緒に来たユダヤ人たちも泣いているのを見て、憤りを覚え、
心を騒がせて、言われた。「どこに葬ったのか。」彼らは、「主よ、
来て、御覧ください」と言った。　　　ヨハネによる福音書 11:32-34

主イエスは、自分の感情を表すことを恐れませんでした。福音書には、
主が自分の感情を素直に表現していることが描かれています。

ルカによる福音書では、主イエスはファリサイ派シモンの不作法に腹
を立て、「私があなたの家に入ったとき、あなたは足を洗う水をくれなかっ
た」と言い放ちます。マルコによる福音書では、頭に香油を塗ってくれた
女の優しさに深く心を動かされて言います。「よく言っておく。世界中ど
こでも、福音が宣べ伝えられる所では、この人のしたことも記念として語
り伝えられるだろう。」

これが福音書に書かれている主イエスです。私たちに感謝が足りな
いことを除いては、主は私たちと同じ人間です。主は罪深い女の涙で慰
められました。怒りもいらだちも疲れも経験しました。人の家でぶどう酒
を飲み、婚礼の歌を歌いました。主イエスは、主が完全に人であることを、
さまざまな方法としるしによって示しました。主は、皆が人として主に接
することを切に望む、繊細な心を持つ人でした。

私が来たのは律法や預言者を廃止するためだ、と思ってはならない。廃止するためではなく、完成するためである。

マタイによる福音書 5:17

　ヘブライ人への手紙では、二箇所で、主イエスについて同じ単語「導き手」が使われています。「救いの導き手」、そして「信仰の導き手であり、完成者」です。これは単なる偶然ではありません。私たちは主を見上げることで、豊かな人生を歩むとはどういうことかを学ぶことができます。

　主イエスは弟子たちを律法の圧制から解放しました。律法を廃止したり変えたりするのではなく、絶対的な地位にあった律法を相対化し、愛と憐れみという霊の法則に従属するものとしたのです。

　ローマの信徒への手紙で、パウロは、キリストにおいて私たちがもはや律法の支配下にないことを断言しています。夫が死ねば妻は律法から自由な身となるように、復活した主イエスによって解放され、霊に生きるキリスト者は、古い律法に縛られることはありません。

　パウロはさらに、ガラテヤの信徒への手紙で、律法を守れば人は救われるとする立場に激しく闘いを挑んでいます。「どこまで愚かなのですか」とパウロは言います。復活したキリストに結ばれたキリスト者は、律法に対して死んだ者となり、律法からきっぱりと解放されています。キリスト者には、自由へと向かう使命があります。自由とは、キリスト教の土台なのです。

6月20日 新しい律法 ・・・・・・・・・・・・・・・・・・・・・・・・・・・・・・・・・・・・・・

> あなたがたの愛の証しと、私たちがあなたがたを誇りとしてい
> る証拠とを、諸教会の前で彼らに示してください。

コリントの信徒への手紙二 8:24

主イエスが作った最初の共同体は、神の言葉によって力を与えられた自由の集団でした。それは、愛の言葉が語られる、大胆で勇敢な人々の集まりでした。この集団は、男も女もなく、キリストにあって力強く自由で、私たち現代のクリスチャンなど及びもつかないほどの、強い信仰を持っていました。後の時代の「キリスト教の伝統」という制約にも、まだ縛られていませんでした。

霊の力は人間の理解を超越します。アウグスティヌスは、「十戒は、新しい律法が革新的に要求することを掛けておくためのコート掛けにすぎない」と述べています。

新しい律法、霊の法則は、私たちのどのような行動に表れるのでしょうか。過越の食事の席で、主イエスが弟子たちに語った別れの言葉にヒントがあります。「私があなたがたを愛したように、互いに愛し合いなさい。これが私の戒めである。」

> 私はあなたの正義を心の中に秘め置かず
> 大いなる集会にあなたの真実と救いを語り
> あなたの慈しみとまことを隠しませんでした。　詩編 40:11

　私たちクリスチャンが、イエス・キリストよりも私生活や職業生活に重きを置くなら、福音の証人として、また静かな革命を起こす一員として失格です。主イエスが死を打ち破り、メシアの時代が歴史に刻まれた日以来、信じる者には新しい優先順位や価値観が与えられたからです。

　主イエスは、プラトンやアリストテレスの倫理を洗練させたのではなく、旧約聖書の霊性を建て直したのでもなく、古いものをただ新しくしたのでもありません。主は革命をもたらしたのです。

　主が私たちに与えた新しい価値観とは、どのようなものでしょうか。自分の財産を、部分的にではなくことごとく捨て去ること。以前のような生き方を、ただ直すとか少し変えるとかではなく、脱ぎ捨てること。古い自分を磨き直すのではなく、新しく造られること。栄光から栄光へと、主と同じかたちに変えられること。霊的な革命を受け入れ、心を新たにされることです。

6月22日　婚礼の祝宴の客

また私は、新しい天と新しい地を見た。最初の天と最初の地は過ぎ去り、もはや海もない。また私は、聖なる都、新しいエルサレムが、夫のために装った花嫁のように支度を整え、神のもとを出て、天から降って来るのを見た。　ヨハネの黙示録 21:1-2

昨夏のある週末、私は兄と一緒に休暇を過ごしていました。兄はいつも楽しい人です。土曜日の午後遅く、湖の周りを散歩していると、その奥に、パーティーや会議、結婚披露宴などを行う宴会場の建物が見えました。

近くの教会での結婚式は終わって、宴会場の正面玄関には百人以上の人が押し寄せていました。披露宴はすでに始まっていて、音楽や笑い声が聞こえてきました。

集まった人たちの表情といったら！披露宴を心待ちにしていたのでしょう。喜びに満ち、興奮し、そわそわして、自分の席を確認するために早く中に入りたい様子でした。誰もがまるで、聖書にある婚礼の祝宴に行くかのような顔でした。

マタイによる福音書で、主イエスは神の国を「婚礼の祝宴」にたとえています。すでに始まっている婚礼の祝宴に自分も参加するのだということを、あなたは心から信じていますか。

城壁は五十二日かかって、エルルの月の二十五日に完成した。私たちのすべての敵がこれを聞いたとき、私たちの周りの異国の民は皆、恐れを抱き、大いに面目を失った。この工事が私たちの神によってなされたことを知ったからである。

ネヘミヤ記 6:15-16

　世間や他人がどう思うかに捕らわれることなく、完全に自由だった主イエスは、正直に、のびのびと生きていました。体裁や見せかけや偽りとは無縁で、期待される役割を演じることもありませんでした。主イエスにとって、完全であるということは、自分を偽ることなくありのままの自分で人と関わること、自分自身の感情と調和するということでした。

　パウロの「キリストを着なさい」という命令は、この過ぎゆく時代の精神に調子を合わせてはならないという意味です。主イエスは一途に、純粋に父なる神を喜ばせることだけを追い求めました。主は「良い人」を装うこともなく、誰かの気持ちを傷つけるのではないか、人を怒らせるのではないかと気をもむこともありませんでした。

　主イエスは自分が何者であるかを知っていました。主は、自分が自分であることを邪魔するものは何一つ、誰一人として許しませんでした。

> 悪人に手向かってはならない。誰かがあなたの右の頬を打つなら、左の頬をも向けなさい。
>
> マタイによる福音書 5:39

　悪や敵意を前にするとき、キリスト者はもちろん、抵抗しなければなりません。しかしその抵抗は、非暴力の抵抗です。それは、愛と祈りをもって相手の苦しみを共に苦しむことであり、それ以外は主イエスの方法ではありません。

　非暴力とは、「人間の最大の武器は愛」という信念を、行動で表すことです。非暴力は、それをもって悪に勝利したキリストの十字架と同じく、主イエスの存在そのものです。

　非暴力の抵抗が「うまくいくか」という問いでは、目先の勝利を得ることよりも、愛の力の結集によって歴史が内側から変わっていくことに、目を向けなければなりません。

　ガンディーは書いています。「イエスは、永遠の愛の律法で人生の道をまっすぐにする方法を教えた。もしそうでなかったら、イエスの生も死も無駄だったということになる。」

この地方に生まれたカナンの女が出て来て、「主よ、ダビデの子よ、私を憐れんでください。娘が悪霊にひどく苦しめられています」と叫んだ。

マタイによる福音書 15:22

　主イエスの救いは、完全に無償のものです。救いは、それを受け取る資格のない者たちのためのもの、とりわけ、自分が価値のない、神の憐れみに頼るしかない者であることを心から自覚している人のためのものです。自分を正しいと思う人々は、律法を守ることで救いを得たと思い込んでいました。この愚かさを捨てようとせず、贖いの神の慈しみを拒んだのです。

　主イエスは、罪人の惨めさの中に救いの可能性を見ました。罪人たちは対話に開かれており、へりくだり、主を求める心が強いからです。これこそが福音の核心であり、山上の説教の基本的なテーマです。

　神の国は、一見してそこに入る資格も権利もないような人のためにあります。私は、誰かを「取るに足らない」と呼ぶことによって、その人を侮辱しているのではありません。神の愛と約束が完全に無償の贈り物であることを、強調したいのです。

　「心の貧しい人々は、幸いである」という山上の説教の始まりは、神の子どもであり罪人である私たちが神の国に対して持っている特権について述べたものです。心の貧しい人々は幸いです。自分に価値がないことを自覚し、神の憐れみに身を委ねる人々は、幸いです。

> 神は人を自分のかたちに創造された。
> 神のかたちにこれを創造し
> 男と女に創造された。
>
> 創世記 1:27

　前立腺癌の手術の後、カテーテルが入ったまま、私は毎朝一時間ほど、ニューオーリンズにある自宅の近所を散歩しました。手術から生還した後は、あらゆるものが強烈に大切に思えます。花や赤ちゃん、ミシシッピ川や妻の内面の美しさなど、すべてに感動したものです。しかし当然ながら、その感覚はゆっくりとなくなっていきます。

　それに比べて主イエスは、人生のどの瞬間にも、すべてが神の愛から来ることを意識していました。主は自分の人生を決して当たり前と思わず、一瞬一瞬を、天の父からの無償の贈り物として受け取っていました。

　私たちが命の危険から間一髪で逃れた後に感じる感謝の気持ちを、主イエスは朝を迎える度に感じていました。主は退屈を知らず、鎮静剤も麻酔も必要とせずに生きました。人間として味わう痛みや喜びに、一喜一憂することもありませんでした。

　主は、天の父から与えられたこの世界を、両手を広げ、心を開いて、全身で受け止めました。主は世界をありのままの姿で見つめ、その音に耳を澄ませ、身をもって味わいました。

　主イエスは洗礼者ヨハネの二人の弟子に「来なさい。そうすれば分かる」と言われました。「私のところに来なさい。私の目で見て、私の耳で聞き、私の心で感じなさい。」

イエスは…百人隊長に言われた。「行きなさい。あなたが信じたとおりになるように。」ちょうどその時、その子は癒やされた。

マタイによる福音書 8:10, 13

霊的同伴者もおらず、聖書の優れた解説書もなかった遠い昔、霊性とは、神の意志に忠実であることがすべてでした。主イエスの教えの中で最も重要な二つの言葉は、「アーメン」と「天の父」です。つまり、「はい、お父さん」です。

　天の父の意志に従うこと、それが主イエスの教えの真髄です。神は悪から善いものを引き出す方です。つまり、「試練は私たちに計り知れない益をもたらす」ということです。

6月28日　主イエスへの応答

　主は羊飼いのようにその群れを飼い
　その腕に小羊を集めて、懐に抱き
　乳を飲ませる羊を導く。

イザヤ書 40:11

　マリアは、ベタニアに到着した主イエスが自分に会いたがっていると、姉妹マルタから知らされました。マリアはこれを聞くと、すぐに立ち上がり、主イエスのもとに行きました。

　マグダラのマリアは主の墓が空であることを知ったとき、心を痛め、涙を流しました。主イエスが、「マリア」と言われると、彼女は振り向いて、「ラボニ」と言いました。そして主イエスに触れようとしましたが、主は「私に触れてはいけない。まだ父のもとへ上っていないのだから」と言われました。ペトロとヨハネは、墓が空だという知らせを受けると、一緒に園に走りました。もう一人の弟子のほうが、ペトロより速く走って、先に墓に着きました。

　大祭司の中庭で保身に走り、自分を友と呼んだ主イエスを三度知らないと言い放ったペトロ。そのペトロが、ヨハネから主イエスが岸にいると聞かされると、ほとんど裸で水の中に飛び込みました。ヨハネによると、舟は百メートルほど沖合にあったようです。

　それまでの人生がどうであろうと、これらの聖書の登場人物がどのように主イエスに応答したかを見れば、この人たちが過去に縛られていないことが分かります。自分という意識を捨て、この人たちは主のもとに全速力で走って行き、主に飛びついて、しがみつきました。あの日、ペトロは確かに主を否定し、裏切りました。復活の主に出会ったペトロにはしかし、主に対する恐れはありませんでした。

彼らに、「信仰に入ったとき、聖霊を受けましたか」と言うと、彼らは、「いいえ、聖霊があるということなど、聞いたこともありません」と言った。　　　　　　　　　　使徒言行録 19:2

　神は土の塵から私たちを形づくり、鼻に命の息を吹き込みました。私たちは塵から出たので、塵に帰ります。人は何も持たずに生まれ、何も持たずに死にます。

　人が生まれながらに持つ貧しさを自覚するなら、名声や知識、社会的階級、強さや強みなど、私たちが注目や尊敬を得るためにかぶっている仮面が剝がれます。（私は何度、白いカラーをつけ、自分が誰であるかではなく、聖職者の装いのために尊敬を集めてきたことでしょう。身震いします。）

　自分が霊的に貧しい者であることを自覚することで、私たちは、自分とは違う者になろうとすることを諦め、自分が霊的に優れていると思う安っぽい優越感や、重要人物に気に入られようと懸命になることから解放されます。

　謙虚な心は、主権は神にあり、私たちは絶対的に取るに足らないものであることを教えてくれます。私たちは、独りでは何もできません。霊的生活におけるあらゆる成長や進歩は、私たちの努力によるものではありません。すべては神の恵みの業（わざ）なのです。

　聖霊の働きがなければ、私たちは主イエスが主であることを認めることさえできません。人生は贈り物です。私たちは、真の謙虚さを得る可能性と向き合っています。自分が霊的に欠けた者であることを心の奥底から体験しなければ、生ける神と出会うことは決してできません。このことを、私は固く信じています。

6月30日　慈しみの法則 ......

安息日は人のためにあるのであって、人が安息日のためにあるのではない。

マルコによる福音書 2:27

......

　主イエスは律法を破り、弟子たちに安息日に麦の穂を摘むことを許しました。ファリサイ派の人々はこれを見て、「御覧なさい。あなたの弟子たちは、安息日にしてはならないことをしている」と言いました。主は答えて言われました。「『私が求めるのは慈しみであって、いけにえではない』とはどういう意味か知っていたら、あなたがたは罪もない人たちをとがめなかったであろう。」

　まだ金曜日に肉を食べない教会の規定があった頃、ヤンキースタジアムで、困った様子のカトリック信者が私に声をかけてきました。その日は金曜日でした。「神父様、長い一日でした。お昼を食べる時間もありませんでした。残業もありました。ホットドッグを食べたら掟に反するでしょうか。」私は心の中で、あたふたと情状酌量の理由を探しました。大虐殺、飢饉、戦争、結婚記念日、それから？主イエスならきっとこう言うでしょう。「ホットドッグ二つ！」

7

July

愛は忍耐強い。愛は情け深い。妬まない。愛は自慢せず、高ぶらない。礼を失せず、自分の利益を求めず、怒らず、悪をたくらまない。

コリントの信徒への手紙一 13:4-5

　私たちは本来、自分にとって不都合なことや不快なことに、強い嫌悪感や抵抗感を持っています。また、他者を気にかけ、優しく世話することも、面倒で嫌なことです。最近参加したアルコール依存症者の自助グループで、こんな話を聞きました。

　ある男が仕事の帰り、近所のバーでビールを数杯飲んだあと帰宅しました。ちょうど夕飯時でした。顔をジャムだらけにした幼い娘が、おむつからひどい臭いを漂わせながら父親の腕に飛び込んできました。不意を打たれたためもあってか、男は嫌そうに妻の方に身をよじりながらこうつぶやきました。「こんな臭いやつをどうやって愛せって言うんだよ！」すると妻は冷静に答えました。「真っ赤な顔で酔っ払った酒臭い夫を愛する私だって同じことよ。愛するには努力が必要なの。」

7月2日　神が私たちを選んだ ……………………

> 神は…御心の良しとされるままに、私たちをイエス・キリストによってご自分の子にしようと、前もってお定めになったのです。
>
> エフェソの信徒への手紙 1:3, 5

　　私たち主イエスの弟子は、水と霊を通して主イエスと結ばれ、神の家族となりました。そして、新しい契約のうちにある息子や娘として、天の父の膝の上に直接行くことを許されました。

　　私たちの主イエス・キリストの父なる神が、ほめたたえられますように。神は…天地創造の前に、キリストにあって私たちをお選びになりました。私たちが愛の内に御前で聖なる、傷のない者となるためです。御心の良しとされるままに、私たちをイエス・キリストによってご自分の子にしようと、前もってお定めになったのです。(エフェソの信徒への手紙 1:3-5)

　　問題は、自分が神の子どもとされたことを私たちが知らないということです。知ってはいても受け入れることができない、受け入れてはいるが実感が伴っていないという場合もあります。もしくは、実感してはいても、神の子どもとしての自分を天の父に委ねきっていない、こうしたことが問題なのです。

よく言っておく。この最も小さな者の一人にしたのは、すなわち、私にしたのである。

マタイによる福音書 25:40

　神の子どもとしての意識を持って成長するクリスチャンは、主イエスに心を合わせ、国際社会の結束を願います。そのようなキリスト者は、ライオンが羊と共に伏し、東西の人が互いの言語を学び、肌の色の違う人々どうしが本当に心を通わせる日が来ることを強く願います。無感動で希望のない人生は、光に満ちた人生へと変わります。私たちは霊によって一つにされ、そのことを喜びます。

　宇宙が一つであること、自分が霊の内にあって自由であること、主イエスのメッセージの中心が解放と自由であることを、クリスチャンは理解しています。それゆえ、私たちは世界の解放に関心を向け、そのために力を尽くします。

　私たちキリストに属する者は、きょうだいである世界の人々が受けている抑圧に対して鈍感でいることはできません。私たちは、世が赦しと自由と平和を求めてあがいていることに無関心ではいられません。貧しい人に対してする行いは、すなわち主イエスにすることだと、私たちは知っています。

7月4日　何にも縛られずに

私は、語りかける声の主を見ようと振り向いた。振り向くと、七つの金の燭台が見え、燭台の間には人の子のような方がおり、足元まで届く衣を着て、胸には金の帯を締めていた。その方の頭髪は白い羊毛に似て雪のように白く、目は燃え上がる炎、足は燃えている炉から注ぎ出される青銅のようであり、声は大水のとどろきのようであった。　　ヨハネの黙示録 1:12-15

世界がキリスト教に求めることは何でしょう。すべてのクリスチャンが、恐れずに人と違った生き方をすることです。完璧であることではなく、時には間違う謙虚さを持つことです。狂うばかりに愛に燃えることです。周りの人が自分の中にある偽善に気付かずにはいられないほどに、クリスチャンの生き方に偽善がないことです。

生ける神の子、主イエスよ、今日、私たちに火を注いでください。私たちの心の中で、あなたの御言葉が、輝くのではなく燃えるようでありますように。私たちがあなたへの信仰に「ここまで」と限界を設けることも、妥協することも、抑制することもありませんように。あなたの神秘を信じることは、空想物語とは違います。このことをどうぞ分からせてください。そして主よ、あなたの深い愛の中へと、命がけで飛び込ませてください。

> 私のこの命令は、清い心と正しい良心と偽りのない信仰とから出て来る愛を目標としています。　　　テモテへの手紙一 1:5

福音書の、出血が止まらない女の話を思い出してみましょう。主イエスの衣の裾に触れただけで、女は癒やされました。主が「私に触れたのは誰か」と尋ねると、ペトロは驚いて、「先生、群衆が取り巻いて、ひしめき合っているのです」と言いました。しかし主は「私から力が出て行ったのを感じたのだ」と言いました。多くの人が主の体に触れていましたが、この女の手には信仰が伴っていました。女の信仰が、主の中の神の力を解き放ったのです。

洗礼（バプテスマ）によってイエス・キリストと一体となった私たちは、主の衣に触れた女よりずっと近くで主に触れることができます。私たちの最もありふれた日常、今という瞬間すら、キリストを経験し、主に触れることができる場になりました。

しかし、私たちもこの女と同じように、信仰によって、主とのつながりを生きたものにしなければなりません。主が私たちの人生に入って来て、生きる力、そして自我ではなく霊の内にある自分として主に応答する力を与えてくださると、強く信じましょう。私たちには、変わることを求める意志がなくてはなりません。

私たちがキリストの内に生きようとするときにのみ、私たちの行いはキリストのものとなります。そのためには、人間の意志の力によらず、聖霊に完全に依り頼む必要があります。聖霊は私たちに、エゴイズムや気まぐれ、怠惰を乗り越える力を与えてくれます。

どうしたら聖人になれるかという質問に、ある修道士はこう答えたそうです。「その意志を持つことです。」

イエスは教えの中でこう言われた。「律法学者に気をつけなさい。彼らは、正装して歩くことや、広場で挨拶されること、会堂では上席、宴会では上座に座ることを望んでいる。また、やもめの家を食い物にし、見せかけの長い祈りをする。このような者たちは、人一倍厳しい裁きを受けることになる。」

マルコによる福音書 12:38-40

　正直な自分を生きることは、私たちの内におられる聖霊の働きです。ですから、誇るようなことではありません。(これは建前ではありません。聖霊なしには、私たちは、主イエスが復活したことさえ知りえないからです。)聖霊は私たちに、徹底して正直であることを求めています。生きる姿勢、価値観、ライフスタイル、自分や他者との関係、すべてにおいてです。

　私の路上生活の経験から申しましょう。一貫して正直であることは、社会でも教会でもめったに見られない、貴重な性質です。私のようなアルコール依存症者は、自分に問題があることを否定します。同様に、私たちの多くは、あまりにも長いこと自分自身をだまし続け、嘘の自分を生きることを処世術として受け入れてきました。

　見せかけや偽りの自分で何とか生きていく、主に倣って人の汚れた足を洗う代わりに敬虔な言葉を口にする、こうしたことを、神学者ナジアンゾスのグレゴリオスは「あるべき姿が、今ある姿を覆い隠す」と表現しています。同じことを、カール・ユングは「神経症とは、本来引き受けるはずだった苦しみの代わりに現れた症状である」と言っています。

ハレルヤ。

私の魂よ、主を賛美せよ。

私は命のあるかぎり、主を賛美しよう

長らえるかぎり、わが神をほめ歌おう。　　　　詩編 146:1-2

　孤独の中で、静かに、ひたむきに、神の偉大さと慈しみとまことを見つめた作者によって、詩編は生み出されました。本物の霊的生活とは、神の不思議と畏怖を感じながら、神を、そしてその力と慈しみを、熱心に求め、賛美する生活です。そこから生まれた詩編は、神の啓示に対して信じる者の共同体が応答する「アーメン」です。神は、イスラエルにただ関心を持ち、深く心を寄せているだけでなく、熱烈な感情をもって気にかけておられます。

　「鹿が涸れ谷で水をあえぎ求めるように、神よ、私の魂はあなたをあえぎ求める」と始まる詩編の言葉は、「神に、生ける神に私の魂は渇く。いつ御前に出て、神の御顔を仰げるのか」と続きます。エレミヤ書にも、私たちに対する神の強い思いが表されています。

　エフライムは私の大事な子ではないのか。

　あるいは喜びを与えてくれる子どもではないのか。

　彼のことを語る度に、なおいっそう彼を思い出し

　彼のために私のはらわたはもだえ

　彼を憐れまずにはいられない──主の仰せ。(エレミヤ書31:20)

　私たちの魂が神をあえぎ求める気持ちは、このような神の情熱的な叫びに対する応答なのです。

7月8日　取るに足らない者 ·····································

あなたの神、主がこの四十年の間、荒れ野であなたを導いた、すべての道のりを思い起こしなさい。主はあなたを苦しめ、試み、あなたの心にあるもの、すなわちその戒めを守るかどうかを知ろうとされた。

申命記 8:2

·····································

　主イエスは、心の貧しい人々を「幸い」と呼ぶことで、人はどうあるべきかに関するこれまでの概念を覆します。主は、幼子のように取るに足らない者、無名で無価値な者であるようにと、私たちを召しています。名誉よりも軽蔑を、称賛よりも嘲笑を、栄光よりも屈辱を選ぶ人を、主は「幸い」と言うのです。

　心貧しく生きるためには、批判に腹を立てたり過敏に反応したりしないことが必要です。自尊心が傷つくこと、怒り、恨み、苦しみといった、私たちが人生で受ける傷は、過去の傷口に塩を塗り続けることでもっと深くなります。自分自身の救いようがない貧しさを認めないこと、自分の権利に執着すること、人から承認されたいと望むことなどが、傷の痛みを増すのです。

　主イエスの助言に従い、最も低い位置に自分を置きましょう。そうすれば、人に低く見られても動揺することはないでしょう。

神が私を殺すと言うなら

私は何も望まず

ただ、私の道を神の前に訴えよう。

私にとって、そのことが救いだ。

神を敬わない者は

神の前に出ることができないからだ。　　　ヨブ記 13:15-16

··

　自分自身を受け入れるということは、自己中心的ではありません。自己志向ではなく、キリスト志向の態度です。

　清い心を得ようとして、不安でいっぱいになりながら厳しい苦行と努力を重ねても、偽りの自己満足を生むだけです。それは偽物の霊性であり、キリスト者が本当の自分を正直に生きることにはつながりません。

　主イエスは、神の愛に根ざした内なる静けさを保ちながら、真実の自分を正直に生きた方でした。私たちも、主が肯定してくださる自分を受け入れましょう。自己を受容することも、主に忠実に生きようとする闘いなのです。

7月10日 喜びなさい

主にあっていつも喜びなさい。もう一度言います。喜びなさい。

フィリピの信徒への手紙 4:4

キリスト者は、いつも喜んでいることで、英雄気取りや被害者の振りをする自己中心的な心に打ち勝つことができます。喜びは、「注目されたい、慰められたい、尊敬されたい」という気持ちにブレーキをかけてくれます。すると、社会の中で生きることが、もっと豊かで喜びに溢れたものになります。

パウロは、フィリピの教会に喜ぶことを勧めています。

主にあっていつも喜びなさい。もう一度言います。喜びなさい。あなたがたの寛容な心をすべての人に知らせなさい。主は近いのです。何事も思い煩ってはなりません。どんな場合にも、感謝を込めて祈りと願いを献げ、求めているものを神に打ち明けなさい。そうすれば、あらゆる人知を超えた神の平和が、あなたがたの心と考えとをキリスト・イエスにあって守るでしょう。(フィリピの信徒への手紙 4:4-7)

私たちの主イエス・キリストの神、栄光の父が、あなたがたに
知恵と啓示の霊を与えてくださいますように。そして、あなたが
たが神を深く知ることができ、心の目が照らされ、神の招きに
よる希望がどのようなものか、聖なる者たちの受け継ぐものが
どれほど豊かな栄光に輝いているか、また、私たち信じる者に
力強く働く神の力が、どれほど大きなものかを悟ることができ
ますように。　　　　　　　　　　　エフェソの信徒への手紙 1:17-19

クリスチャンになって何年になりますか。今までどれほど、霊の内に生
きてきましたか。イエス・キリストを愛するとはどういうことか、知ってい
ますか。あなたの心は、孤独に、愛が満たされない気持ちを耐えてきた
のではないでしょうか。

あなたの痛みが取り除かれ、心の隙間が埋められることを、あなたは
経験したでしょうか。主を抱きしめて、「良い時も悪い時も、勝利の時も
敗北の時も、私の人生はあなたなしでは意味がありません」と心から言
えますか。そうでないなら、あなたはクリスチャンであることの意味を分
かっていません。

本当のキリスト教信仰とは、霊の内に生きる人生です。それは、イエ
ス・キリストと恋に落ち、そのスリルと感動を味わう人生です。私の心から
祈りが湧き上がります。「十字架のキリストの愛の中で、私は、熱い喜
びと神の力と知恵を知りました。それをあなたがまだ知らないなら、神の
優れたご計画によって、あなたが知るようになりますように。」

7月12日　焼き尽くす火

> あなたの神、主は焼き尽くす火、妬む神である。　　申命記 4:24

　あなたはこれまでに、本当に激しい官能を味わったことがありますか。それがどれほど情熱的な経験であっても、人間の情欲など、人に対する神の熱情のまね事にすぎません。人の愛は私たちが持つ最良のものではありますが、神の愛には及びもつかないものです。人が人を求める気持ちは、それがどれほど強いものであれ、イエス・キリストの激しい熱情とは比較にならないからです。

　だからこそ、かつての神の人たちは、おのおのが現実に体験した神秘体験について、はっきりと語ることをためらいました。ブレーズ・パスカルが、有名な火の夜（1654年11月23日）の回心の体験を、人知れず隠した覚え書きに書き記したのはこのためでした。ベネディクト修道会のビード・グリフィスは、「イエス・キリストの愛は、穏やかな博愛ではない。焼き尽くす火である」と書きました。

　「神は愛」であることを知るまでは、私たちは、私たちを激しく求める神が時に不条理であり、理不尽なことをするのが理解できません。愛とは、矛盾した、合理的でないものです。愛は、相手に不貞があっても、相手を求めるものです。

　愛は時に、嫉妬や怒りになります。主が神殿から商人を追い出したとき、主イエスはなぜ、あれほどまでに怒ったのでしょう。主は、私たちに父である神と正しい関係を結ばせたいと必死なのです。

誰でもキリストにあるなら、その人は新しく造られた者です。
古いものは過ぎ去り、まさに新しいものが生じたのです。

コリントの信徒への手紙二 5:17

────────────────────────

　パウロにとって、「新しく造られる」とは、自己の内面を完全に刷新すること、つまり、考え方や心が変わるということでした。水の洗礼[バプテスマ]によって、私たちは主とつながりましたが、それは受け身のつながりでした。しかし新しい創造とは、それをはるかに超えるものです。

　「キリストにある」とは、キリスト・イエスの心と理想と願いを自分のものとすること、キリストのように考えることだと、パウロはフィリピの人々に語っています。そして、他人や周囲の状況に対して自分がする反応をすべて、主がなさるはずの応答に置き換えることだとパウロは言います。

　キリスト中心の生活とは、何をするにも主の愛に満ちた慈しみに励まされて、主の心の中に住み、主が好むことを自分も好み、主が嫌う物事を自分も嫌い、主と同じ関心と思いやりと態度を持とうとする生活のことです。「生きているのは、もはや私ではありません。キリストが私の内に生きておられるのです」と言えるほどに、イエス・キリストの思考パターンを完全に自分の習慣とするということです。

7月14日　キリストを着る

生きているのは、もはや私ではありません。キリストが私の内
に生きておられるのです。私が今、肉において生きている
のは、私を愛し、私のためにご自身を献げられた神の子の
真実によるものです。　　　　　　　ガラテヤの信徒への手紙 2:20

主イエスは、自分が何者であるかを完全に受け入れていました。主の
人格は統合されています。キリストを着るなら、つまり、自分が何者であ
るかを完全に受け入れるなら、私たちはどのようになるでしょうか。同調
圧力に屈しなくなります。また、他人の要求に応えたい、人に尊敬された
いという思いから、健全に自立することができるようになります。キリスト
の優先順位と価値観が、自分のものとなります。

天の父の御心を行うとき、私たちはこの地上に神の国を築きます。
私たちは、キリスト者としての真の自分を生きることを通して、主と同じ
かたちに変えられます。そして、聖霊によって、主と同じ開かれた心が私
たちの中に起こされます。すると、私たちに何が起こるでしょうか。

自分や他人の多様な感情を理解し、気取りのない言葉を話し、父なる
神と親しくなり、へりくだって人に仕えることができるようになります。
また、人を憐れみ、人を癒やし、苦しくても主の弟子として献身的に生き、
主と人を愛することができるようになります。私たちはまさに、パウロの言
う「新しく造られた者」となるのです。

人間の高ぶりはその者を低くし
心の低い人は誉れを受ける。

箴言 29:23

皆互いに謙遜を身に着けなさい。
「神は、高ぶる者を退け
へりくだる者に恵みをお与えになる」からです。
ですから、神の力強い御手の下でへりくだりなさい。そうすれば、しかるべき時に神はあなたがたを高くしてくださいます。(ペトロの手紙一5:5-6)

　この御言葉は、恐ろしくもあり、慰めでもあります。神は高慢な者を退け、拒みます。しかし、へりくだった者や小さな者にはご自身を差し出し、完全に与えます。拒むことはなく、それどころか求められることすべてに応えます。

　マタイによる福音書のカナンの女の話を読むと、主がどのような方かがよく分かります。「私は、イスラエルの家の失われた羊のところにしか遣わされていない」と主イエスが言うと、女は言いました。「主よ、ごもっともです。でも、小犬も主人の食卓から落ちるパン屑はいただきます。」

　女が自分を低くすると、主イエスは「女よ、あなたの信仰は立派だ。あなたの願いどおりになるように」と女を高めました。カナン人の女、主と共にはりつけにされた犯罪人、マグダラのマリア、主は、この謙遜な人たちの望むものすべてを与えました。

7月16日　失敗を恐れる罠 ···

> あなたは心の奥底に真実を望み
> 隠された所で知恵を授けてくださいます。
>
> 詩編 51:8

　キリスト教信仰は、罪と十字架と罪の贖いについての信仰です。それを信じているはずのクリスチャンであっても、人生の失敗を認めたくないものです。なぜでしょうか。それは、人が生まれつき備えている防衛機制によって、自分の無能さや至らなさに防衛的に反応するからでしょう。しかしそれ以上に大きな原因は、現代の社会が求める成功者のイメージです。完璧な自己像を演出することには、幾つかの大きな問題があります。

　第一に、その像は事実とは異なるということです。私たちは、いつも幸せで楽観的でいることはできませんし、常に自制できるわけではありません。第二に、他人にも完璧を求めようとすると、自分が完璧だと感じられない人たちとの間に壁を築いてしまいます。第三に、たとえ私たちが葛藤や苦しみや間違いのない人生を送ることができたとしても、それは深みのないものです。深みのあるクリスチャンとは、失敗を経験し、その失敗と共に生きることを学んだ人のことです。

私は、あなたをこの民と異邦人の中から救い出し、彼らのもとに遣わす。それは、彼らの目を開いて、闇から光に、サタンの支配から神に立ち帰らせ、こうして彼らが私への信仰によって、罪の赦しを得、聖なる者とされた人々と共に相続にあずかるようになるためである。

使徒言行録 26:17-18

　人というものは、その人が何を見ているかで決まります。そして、見ることは私たちの目によるのです。主イエスは、心や意志よりも目のたとえをよく使います。

　「目は心の窓である」という古いことわざがありますが、これは真理です。私たちの器が大きいか小さいか、心が広いか狭いか、親切か批判的か、人を憐れむか裁くかを、私たちの目が明らかにします。私たちが他人を見る目は大抵、自分自身を見る目でもあります。

　自分が欠けのある人間であることを認めましょう。貧しく、弱く、哀れな自分を受け入れましょう。そうすれば、以前は耐えられなかった自分の部分を受け入れることができます。そして、他人の中の同じ部分を許容できるようになるでしょう。

7月18日　神の御心に委ねる ······················

> あなたがたのために立てた計画は、私がよく知っている――
> 主の仰せ。それはあなたがたに将来と希望を与える平和の計
> 画であって、災いの計画ではない。

エレミヤ書 29:11

神の御心に委ねるとは、どのようなことでしょうか。具体的には、あなたが出会うすべての人、出来事、状況の中に、あなたに対する神の目的を見いだすことです。

神は、あなたが願った計画の行く手を塞ぎ、あなたを山の頂ではなく谷へと導いたでしょうか。もしそうなら、それは、あなたのために神が用意している計画をあなたが発見することを、神が望んでいるからです。それは、あなたも私も決して思いつくことができないほど、すばらしい計画です。

どんなにつらい時でも、「主よ、ありがとうございます」と言いましょう。それが、主への信頼に基づく応答です。

イザヤはこう言っています。

「エッサイの根が興り

　異邦人を治めるために立ち上がる。

　異邦人は彼に望みを置く。」　　　　　　ローマの信徒への手紙 15:12

···

　神への信頼は、簡単に得られるものではありません。信頼というものは、私たちの目が合ったときや、お互いに共通する何かがあって生まれるものです。

　信頼が生まれるのは、そこに愛があるときです。私たちは神を愛するゆえに神を信頼します。その逆ではありません。ヨブは神を愛したからこそ、信頼したのです。

　あなたが神を愛すれば愛するほど、神への信頼も増します。神を愛するのは、神について勉強したからではありません。神に触れられたことへの応答として、あなたが神に触れたから、神を愛するのです。

　それでも、あなたの悩みは尽きないでしょう。あなたはこれからも、神と争うかもしれません。主イエスのように「わが神、わが神、なぜ私をお見捨てになったのですか」と叫ぶかもしれません。それでも神への愛があるなら、あなたは暗闇の中へと最後の一歩を踏み出すことができます。「父よ、私の霊を御手に委ねます」と。

7月20日　無条件の愛

そこには大路が敷かれ

その道は聖なる道と呼ばれる。

汚れた者(けが)がそこを通ることはない。

それは、その道を行く者たちのものであり

愚かな者が迷い込むことはない。

イザヤ書 35:8

主イエスは、弟子たちの尊厳をこの上なく尊重しました。弟子たちは人であり、駒でも、おもちゃでも、慰み物でもありませんでした。

ルカは、ペトロが主イエスを三度目に否んだ後、「主は振り向いてペトロを見つめられた」と記しています。主の目を見て、ペトロは改めて悟りました。ペトロは、後にも先にも主イエスほど自分を愛してくれる人はいないと知っていました。ペトロが生ける神の子キリストと告白したその人は、ペトロの目を見つめ、そこに恐れがあるのをはっきりと見ました。

ペトロは、自分の身を案じるがゆえに、主イエスを否認しました。主は、下手な芝居を演じるペトロの姿を目にしましたが、それでもペトロを愛しました。主は、ペトロを完全に、また無条件に受け入れたのです。

私たちはつい、「私を愛しているなら、～してちょうだい」と、愛に条件を付けてしまいます。それは交換条件であり、無償の愛ではありません。主は無条件に私を愛するという、ペトロが悟った事実を、私たちにとっての現実として受け入れましょう。

> 憐れみをかけない者には、憐れみのない裁きが下されるから
> です。憐れみは裁きに打ち勝つのです。　　ヤコブの手紙 2:13

　真のキリスト教は、雲をつかむような理想を目指して徳を積むことを
説く宗教ではありません。キリストは、クリスチャンが今を生き、今を
愛し、今のこの具体的な状況の中で目の前にいる相手に触れることを
望んでいます。キリストの言葉は、他者との関わりから逃れようとするあ
らゆる手だてを捨てるよう、私たちに迫ります。

　主イエスは死の前夜、二階の広間で、主の人生と宣教の最後に、クリ
スチャンが社会でどのように生きるべきかについて、はっきりと私たちに
伝えました。主は同じことを何度も繰り返しました。「互いに愛し合いな
さい。私があなたがたを愛したように、あなたがたも互いに愛し合いな
さい。」「私の戒めを受け入れ、それを守る人は、私を愛する者である。
私を愛する人は、私の父に愛される。」「あなたがたに新しい戒めを与える。
互いに愛し合いなさい。」

　主は、短く簡潔な言葉で、クリスチャンの基本的な生き方について語っ
ています。私たちが互いを尊重し、いたわって世話をし合い、互いのた
めに案じ、心配し、気遣い、関わり、赦し、弁護し、互いに親切にし、愛し
合うことを、主は望んでいます。私たちが死ぬその日まで、そしてその後
もずっとそうすることを、主は願っています。「信仰と、希望と、愛、この三
つは、いつまでも残ります。その中で最も大いなるものは、愛です。」

7月22日　主の手を取って

> 彼は神に頼ってきた。お望みならば、神が今、救ってくださるように。「私は神の子だ」と言っていたのだから。

マタイによる福音書 27:43

毎日、少し時間をとって立ち止まり、「主よ、すべてに感謝します」と祈ってみましょう。このシンプルな祈りには、謙遜、主の愛への深い信頼、委ねる心、そして感謝があります。主イエスをたたえ、天の父を喜ばせる祈りです。この祈りは、全面降伏の叫びです。それはまさしく、パウロがエフェソの信徒たちに求めたことにほかなりません。

いつも、あらゆることについて、私たちの主イエス・キリストの名により、父なる神に感謝しなさい。(エフェソの信徒への手紙5:20)

日々このように祈るなら、父なる神がこのように言われるのを聞くでしょう。「わが子よ、私への信頼の炎を燃やし続けなさい。あなたに幸せでいてほしい。私を信じるこの感覚を何度も取り戻して、しまいには決して手放さなくなってほしい。信頼は愛の一つの形だ。あなたが私を愛し、私の愛を信じるなら、小さな子どもが『どこへ連れて行ってくれるの』と尋ねることなく母親と手をつないで楽しく出かけるように、あなたは自分のすべてを、自己の全体を私の手に委ねるだろう。私の小さな愛する者よ。この幸福を確信するなら、限りない祝福があなたにもたらされるだろう。」

あなたに感謝します。
私は畏れ多いほどに
驚くべきものに造り上げられた。
あなたの業は不思議。
私の魂はそれをよく知っている。

詩編 139:14

神が自分の姿に似せて人を造ったとき、神がどれほど喜び、驚き、狂喜乱舞したかを想像してみてください。父なる神は、ご自分への贈り物として、あなたを創造しました。神の喜びの一つがあなたなのです。

無限の可能性の中から、神はあなたに「存在」を授けることを選びました。神が造られた自分を、あなたが台なしにしてきたのだとしても、トマス・アクィナスが言った「存在しないより、するほうがよい」のではないでしょうか。

「自分が存在している」というこのすばらしい贈り物に、私たちは本当に感謝しているでしょうか。父なる神が自分に送った贈り物は、すばらしいものに違いありません。

7月24日　父の憐れみ

開けてみると、赤子がいた。それは男の子で、泣いていた。
彼女は不憫に思って、「この子はヘブライ人の子です」と言った。

出エジプト記 2:6

父が子らに憐れみをもたらすように
主を畏れる者らに憐れみをもたらす。（詩編103:13）

　フロリダ州の芸術家夫妻から彫刻が届きました。父親が椅子に座って、
幼い息子を足の甲に乗せ、前後に揺らしている像でした。子どもは絶対
的な信頼と愛情をもって父親を見ています。でも、もしその子が勝手に
父親の足から降りて、どこかに行ってしまったとしたら、父親はどう感じ
るでしょう。

　あなたならどうでしょうか。かわいい子が恋しくなりませんか。子ども
の名前を叫んで、戻ってくるのを心待ちにしませんか。子どもがそばに
いない間も、愛し続けるでしょう。天の父も、少なくともあなたと同じくら
い良い父親です。

あなたがたが私を選んだのではない。私があなたがたを選んだ。
あなたがたが行って実を結び、その実が残るようにと、また、
私の名によって願うなら、父が何でも与えてくださるようにと、
私があなたがたを任命したのである。　　ヨハネによる福音書 15:16

「友のために自分の命を捨てること、これ以上に大きな愛はない。」
「私はあなたがたを友と呼んだ。」「私の愛にとどまりなさい。」「これら
のことを話したのは、私の喜びがあなたがたの内にあり、あなたがたの
喜びが満たされるためである。」「私は、平和をあなたがたに残し、私の
平和を与える。」「心を騒がせてはならない。神を信じ、また私を信じなさい。」
「行ってあなたがたのために場所を用意したら、戻って来て、あなたが
たを私のもとに迎える。こうして、私のいる所に、あなたがたもいることに
なる。」

　（ここで私は、死の間際に「初めて、誰かが来る音が聞こえる」と言った、
チャーリーという耳の聞こえない男性のことを思い出しています。）

　「あなたがたが私を選んだのではない。私があなたがたを選んだ」と
語る主イエスほど慈しみ深く魅力的な神は、ほかにおられません。

7月26日　心の願いを

主を喜びとせよ。
主はあなたの心の願いをかなえてくださる。

詩編 37:4

　主イエスは、私たちが長い間持ち続けていた必要と願いに応えてくだ
さいます。それは、私たちが意識していなかった思いかもしれません。
主は私たちの存在の最も深いところに語りかけ、必要なものを与えてく
ださいます。

　主にあって、不明瞭なものは明らかになり、不確実なものは確実なも
のに変わり、不安は深い安心感に取って代わります。私たちは主イエス
のもとで、私たちを困惑させてきた多くのことを理解できたことに気付き
ます。主イエスと出会うとき、私たちは見たことのなかった自分の可能性
に目覚め、この方こそ、私たちが求めていた方だと知るのです。

心を合わせ、声をそろえて、私たちの主イエス・キリストの父なる
神を崇めさせてくださいますように。　ローマの信徒への手紙 15:6

　英国の作家 G・K・チェスタトンは「キリスト教はいまだ試されてお
らず、求められてもいない。理解しづらいため、試されないままになって
いるのだ」と書いています。マハトマ・ガンディーは、「あなたがたのキリ
ストは好きだが、キリスト教徒は嫌いだ。キリストと全然違うから」と語っ
たそうです。

　私たちが聖霊の内なる力によって生き、キリストへの愛で松明のよう
に輝いていないのなら、キリスト教は中世のかび臭い骨董品にすぎま
せん。キリスト教的な価値や倫理観に従って生きるということは、ダイナ
ミックな人生を生きるということです。私たちがこのことを理解し、聖霊
の導きに従う意志を持つことを助けてくれるのは、聖霊だけです。

　「面倒なことには関わらないほうがよい」という世の価値観は、クリス
チャンにも影響を与えています。最小限の戒律を守り、「波風を立てな
いように、慎重に、用心深く人生を歩め」と自分を牽制します。

　アメリカのある有名な教会の関係者がこう言ったそうです。「人種差
別との闘いにおいて、クリスチャンではない人たちがクリスチャンよりも
誠実にキリスト教的価値を発信している。狂信者呼ばわりされているこ
の人たちは、実にキリスト教的だ。本来ならば私たちクリスチャンがす
べきことをしているのだから。このような人の中に、私たちはキリストを
見る。」

　「関わらない」教というキリスト教の変種は、なんと奇妙なものでしょうか。
それは、イエス・キリストの福音とは、似ても似つかぬものです。

私が正しき者に「あなたは必ず生きる」と言っても、その人が
自分の正義に頼って不正を行うなら、その人のすべての正義
は思い起こされず、行った不正のゆえに、その人は死ぬ。

エゼキエル書 33:13

中途半端な形で世の価値観を教会に取り入れることも、形式ばかり
の信仰の実践も、かえって形式主義と律法主義を助長します。そして、
私たちの信仰を浅く不安定なものにします。

洗練された、いかにもクリスチャンという感じの信徒が、いまだにこ
う尋ねてきます。「何時までに礼拝に来れば罪と見なされないでしょ
うか。」若者は「どれくらいつきあった後なら恋人と肉体関係を持って
よいのでしょう」と聞き、成人男性は「会社の物を持ち出すのはどこま
でが限度でしょうか」と尋ねます。

アラバマ州の小さな町の市長は、ショートパンツで教会に入った少女
に激怒しますが、人種差別の問題には沈黙しています。肉を食べては
ならない灰の水曜日にレストランを訪れたある女性客は、スープに僅か
でも肉が混じっていないか念入りに調べるのに、ウェイトレスに対しては
無礼で高圧的です。

私たちは福音に対して一体何をしているのでしょうか。

私たちは落胆しません。私たちの外なる人が朽ちるとしても、
私たちの内なる人は日々新たにされていきます。

コリントの信徒への手紙二 4:16

クリスチャンがいつどのように個人的に変えられるのか、そのことの
神秘を、見通すことはできません。けれども、その変容の効果について
は、新約聖書にはっきりと示されています。あまりに明確なため、私た
ちはそれをあいまいにしようとします。

つまり、内なる人が透けて見えるようなキリスト者は、主イエスに似て
います。考えること、言うこと、することのすべてにおいて、愛に突き動か
される人となります。つまり、愛することの達人となるということです。

パウロは、この個人的な変容のことを「キリストを着る、キリストにあっ
て生きる、キリストが私の内に生きている、霊によって歩む」といったさま
ざまな言葉で表しています。これらはすべて、私たちの個人的な生活、
価値観、習慣、態度が革命的に変わることを指しています。

このキリスト教的な愛に忠実に生きるなら、私たちはその愛のために
殺され、貧しくされ、恥や不名誉を受けるかもしれません。この世の財産
の少なくとも一部を失うことになるのは確かです。いずれにせよ、そんな
財産はしょせん重要ではないと、主イエスはわざわざ指摘しています。

7月30日 誠実に生きる

> 正しい人の誠実は自らを導き
> 裏切り者の邪悪は自らを滅ぼす。

箴言 11:3

　私たちが本当の自分を誠実に生き、自分の夢に忠実であることは、キリストにとって大切なことです。そのような生き方には、ロマンチックな理想主義、恩着せがましい同情、敬虔ぶった感傷が入り込む余地がありません。クリスチャンが憐れみをもってあらゆることを語り、決断し、物事に反応するとき、その人はキリストを着て、本当の自分の道を歩んでいます。

　「憐れみ」の聖書的な意味は、「行動」です。貧しい国で脱水症状を起こしている赤ちゃんたちにクリスチャンが涙を流すのは、心が動かされているからです。その感情が赤ちゃんに一杯の水を与えることに結びついたとき、それは憐れみとなります。

　心が動くことと行動を起こすことの違いについて、ヨハネは厳しい言葉で書いています。「世の富を持ちながら、きょうだいが貧しく困っているのを見て憐れみの心を閉ざす者があれば、どうして神の愛がその人の内にとどまるでしょう。子たちよ、言葉や口先だけではなく、行いと真実をもって愛そうではありませんか。」

イエスは言われた。「その言葉で十分である。行きなさい。悪霊はあなたの娘から出て行った。」　マルコによる福音書 7:29

　自力本願の信仰には罠や落とし穴があると、私は知っています。一方で、シモンが答えた「先生、私たちは夜通し働きましたが、何も捕れませんでした。しかし、お言葉ですから、網を降ろしてみましょう」という言葉に、私の心が定まっていないことを指摘される思いがします。

　私は、神が私の人生の主導権を握っており、私が神の恵みによって救われたと知っています。しかし同時に、その救いの恵みに応答するためには、私自身の真摯で、真剣で、思い切った決心が必要です。

　神から離れたら、私は何もできません。けれども私が神に協力しないなら、神は何もできないのです。キリストは、私の意志に反して私を聖化することはありません。私は、キリストは最終的に、私が選ぶまさしくそのものを与えてくださると信じています。私の望む方向性や求めていることは、完全に私のものとなるでしょう。

　御言葉に従順に従い、絶え間なく祈る習慣を持ち、クリスチャンとして求められる善い行いを日々実践するためには、私たちの側からの積極的な協力が必要です。救いの恵みに応答しましょう。神は必ず、さらなる恵みをもって応えてくださいます。

8

August

エフライムは私の大事な子ではないのか。

あるいは喜びを与えてくれる子どもではないのか。

彼のことを語る度に、なおいっそう彼を思い出し

彼のために私のはらわたはもだえ

彼を憐れまずにはいられない――主の仰せ。　エレミヤ書 31:20

ギリシア語の動詞スプランクニゾマイは、通常「深く同情する」などと訳されます。語源的には、この動詞にはより深く力強い意味があり、腸や内臓、つまり人間の最も強い感情が生じる内なる部分を意味する名詞スプランクナから派生したものです。

この動詞はしばしば、主イエスが「深く憐れんで」とか　主は「憐れに思い」のような表現で訳されます。しかしこれらの表現では、ギリシア語の「憐れみ」という言葉が持つ身体的な味わいを十分には捉えきれません。主イエスが感じた「憐れみ」は、気の毒だとか同情するとかいった、表面的で刹那的な感情とは全く異なるものでした。主の心は引き裂かれ、はらわたがちぎれ、主の存在の最も弱い部分がむき出しにされたのです。

8月2日　人であった主イエス

> イエスは涙を流された。ユダヤ人たちは、「御覧なさい、どんなにラザロを愛しておられたことか」と言った。
>
> ヨハネによる福音書 11:35-36

ヨハネによる福音書の、主イエスが神殿から商人を追い出す場面を思い出してみましょう。キリストにある人生を、味気のないふわふわした想像の世界として思い描いている人たちにとっては、実に衝撃的なシーンです。

そこには、怒れる救い主の姿が鮮やかに描かれています。きょうだいを「七の七十倍まで赦しなさい」と言われた寛容な主イエス、「私は柔和で心のへりくだった者だから、私に学びなさい」と言われた温和な神の小羊が、縄で鞭を作り、屋台をひっくり返し、商売人を鞭で叩き出し、「出て行け！神聖な場所を商売に使うな！」と怒鳴ったのです。

それは興奮状態などというなまやさしいものではありませんでした。それは主の燃え上がるような怒り、激高であったと言うべきでしょう。恐れや愛や憎しみと同様に、怒りは人間にとって基本的かつ必要な感情です。神は、主イエスという人となって人類の歴史に足を踏み入れたとき、喜びや苦しみの一つ一つに至るまで、私たち人のすべての姿を、完全に引き受けてくださいました。

言は肉となりました。主イエスは本当に、私たちと同じ人間でした。主はステンドグラスの中の肖像でもなければ、キリスト教っぽいグリーティングカードに描かれたパステル調の絵でもありません。

万軍の主はこう言われる。
真実の裁きを行い
互いに慈しみ、憐れみ合え。

ゼカリヤ書 7:9

　主イエスは人としてこの世で神の統治を開始しました。人々と食事を共にし、たとえ話を語り、奇跡を起こして人を癒やし、教えました。国境も境界も宗派の違いも、主はものともせずに、憐れみの人生を貫き通しました。

　主は、ご自身の行動をもってメシアの時代の幕を開けました。キリスト者が人を愛し、人と関わり、裁くことをしない態度で人に接し、憐れみをもって人をいたわり、世話するとき、神の統治が、今ここで目に見える形で行われます。

　神の国を実現させるものは心からの憐れみです。神の統治は、そのようになされるのです。

8月4日　教会は一つ

あなたに委ねられた良いものを、私たちの内に宿っている聖
霊によって守りなさい。　　　　　　　　テモテへの手紙二 1:14

　イエス・キリストは大祭司として、教会が一致してあらゆる形の自由を推し進めることを切望して祈りました。キリストの体の目に見える形である教会は、地球規模で自由を推し進め、公正な社会を築くために取り組む責任があります。そして、そのためにクリスチャンが献身し熱心に働くよう、信徒を励ますべきです。

　あらゆる教会は、教義や信仰的背景が異なっていても、主イエスを頭（かしら）として団結しなければなりません。そして、世界中で教会の行動を活性化し、教会の献身をより深く、よりラディカルなものにするために仕えなければなりません。

　解放の神学、革命の神学、カリスマ運動、狂信、不可知論、修辞学、善意、つぶやき、独自の偶像崇拝に忙しい知性派クリスチャンのもがき。それらすべてをもってしても、エジプトでベニヤミンの身代わりとなって捕らわれていたシメオンを解放した、ヨセフの兄弟たちの愛の行為ほどの価値はありません。

> あなたの夫はあなたを造られた方。
> その名は万軍の主。
> あなたの贖い主はイスラエルの聖なる方で
> 全地の神と呼ばれている。

イザヤ書 54:5

イザヤ書およびホセア書で、神はご自身を、ご自分の民の夫そして恋人として描いています。このようなイメージは、ユダヤ人が体験している神を理解する、非常に良い手がかりになります。ある現代の聖書学者は、「神が受肉して人となったことは、預言者ホセアが属していた宗教的伝統においてはそれほど驚くべきことではない」と述べています。

神がホセアを通してしたことは、夫婦が性的に一つになるイメージを、神とその民に当てはめることでした。神は、夫と妻のようにイスラエルと親密に関わりました。イスラエルは模範的な妻ではなかったのにもかかわらず、です。

イスラエルは娼婦で、夫に不誠実であり、偽りの神々と淫行していました。しかし、神の花嫁に対する情熱はあまりに強く、花嫁を諦めることができませんでした。花嫁がどれだけ不貞を働いても、神は花嫁を強く求めました。花嫁が娼婦になったときでさえ、神の花嫁に対する愛の激しさは増すばかりでした。

神は自分の花嫁に夢中でした。愛するあまりに、何度裏切られても、神の情熱は決して冷めることはありませんでした。

8月6日　私は何者か

> 私にとって、生きることはキリストであり、死ぬことは益なのです。
>
> フィリピの信徒への手紙 1:21

　洗礼者ヨハネは、自分が何者で、何のために使命を与えられたかを知っていました。「『私はメシアではなく、あの方の前に遣わされた者だ』と私が言ったことを、まさにあなたがたが証ししてくれる。花嫁を迎えるのは花婿だ。花婿の介添え人は立って耳を傾け、花婿の声を聞いて大いに喜ぶ。だから、私は喜びで満たされている。あの方は必ず栄え、私は衰える。」

　私は何者でしょうか。私は何のために生きるのでしょう。私の目標は、夢は、望みは、欲することは何でしょうか。何が私の心に湧き起こり、動き、表れてくるのでしょう。

　詩人ソローの言葉を言い換えて言うなら、私は死の間際になって初めて、自分が生きてはいなかったことに気付き、愕然とするのかもしれません。

私はもはや、あなたがたを僕とは呼ばない。僕は主人のして
いることを知らないからである。私はあなたがたを友と呼んだ。
父から聞いたことをすべてあなたがたに知らせたからである。

ヨハネによる福音書 15:15

フランシスコ会の修道士仲間が、次のように問いかけてきたことがあ
ります。

「主イエスが君を誇りに思っている、と真剣に考えたことがあるか。
主は、主が与えた信仰を君が受け入れたことを、主を友として、主とし
て選んだことを、誇りに思っている。君が信じることを諦めていないこと、
主を信じているからつまずいても何度も挑戦することを、主が君を助け
ることができると君が信じていることを、主は誇りに思っている。

主イエスは、主を求める君、主から引き離す多くのことを拒む君のこ
とを大切に思っていると、今までに考えたことがあるか。

触れられたいと願っている主の子どもに、君が立ち止まって慰めを与
えたとき、主イエスは君に感謝している。このことを考えたことがあるか。
君が主のことをもっと学び、人に主の真実をもっと深く伝えることができ
るなら、主は君に感謝するだろう。こう考えたことがあるか。

主イエスが君を完全に赦したことを信じない君に、主が怒ったりがっ
かりしたりすることがあるということに、思いをはせたことはあるか。主は
『私はもはや、あなたがたを僕とは呼ばない。私はあなたがたを友と呼
んだ』と言った方だ。友人どうしの間に存在しうるあらゆる感情は、今こ
こにいる主と君の間にも、あるはずなのだ。」

8月8日　子どものようになる

群衆を外に出すと、イエスは中に入り、少女の手をお取りになった。すると、少女は起き上がった。　　マタイによる福音書 9:25

　子どもたちは不思議なほど開放的で、人生から学ぼうとする飽くなき欲求があります。開かれた態度とは、私たちと同じようにこの世を旅して私たちの家の扉を叩く旅人たちを、二十四時間三百六十五日いつでも歓迎する姿勢のことです。

　旅人たちの中には、意地悪で、薄汚く、身なりがだらしなく、髪はぼさぼさの人もいるかもしれません。私の中の洗練された大人は怖気づいて、旅人たちをもてなすことをためらってしまいます。この人たちは、ぼろの下に貴重な賜物を持っているかもしれないのに。それでも私は、きちんとした服装をした、立派な家柄のクリスチャン、私の考えを支持し同調し、私をおだて、気分を良くしてくれる、小ぎれいなクリスチャンのほうが好きなのです。しかし私の内なる子ども（インナーチャイルド）は抗議します。「自分と同じような人はもういい。新しい人と仲良くなりたい」と。

　私たちの内なる子どもが育まれず、養われないままだと、私たちの心は次第に閉ざされます。そして、新しい考え方、自分の利益にならない仕事、聖霊の驚くべき働きを、拒んでしまいます。福音信仰は、当たり障りのない、まったりとした信仰に取って代わられます。そのようなクリスチャンは度胸がなく、危険を冒そうとしません。神は単なる採点係へとおとしめられ、恵みの福音は、行動の自由を制限するための、ただの宗教規範に成り下がります。

　「心を入れ替えて子どものようにならなければ、決して天の国に入ることはできない」と主は言いました。私たちが皆子どものようになるならば、天の国はいっぱいになるでしょう。

心は清められて、良心のとがめはなくなり、体は清い水で洗われています。信頼しきって、真心から神に近づこうではありませんか。

ヘブライ人への手紙 10:22

　経験から言いますが、クリスチャンの結婚も、大抵は順風満帆とはいきません。私たちは、未熟ながら互いを赦し、和解し、相手の立場になって考えようとします。恐れ、孤独、不安といった気持ちを共有するための試みを手探りで行い、時には憐れみをもって伴侶の心の旅路を一緒にたどろうとします。それでもうまくいかないのが、私たちの常です。

　相手の人生の物語と同じように、自分の人生も取るに足りない出来事の連続です。相手の変なところや傷に共通するものが、自分自身の中にもあるでしょう。司祭ヴァンサン・ド・ポールは言いました。「憐れみを持ちなさい。そうすればあなたは聖人になる。」

8月10日　神と一つになる········

私が主に願った一つのこと
私はそれを求め続けよう。
命のあるかぎり主の家に住み
主の麗しさにまみえ
主の宮で尋ね求めることを。

詩編 27:4

　私はもっと愛することができるはずで、もっと愛するべきです。それなのに、そうしていません。合図を見逃すのです。例えば、誰かが言うことの真意に気付かず、真の問題ではないことに賢人ぶった助言をしてしまいます。またある時は、気がかりな電話に気を取られたまま修道院を出て、刑務所の受刑者に講演しに行き、「今日はこんなに多くの皆様にお目にかかれて光栄です」と、とんでもない挨拶から講演を始めてしまいました。

　このような失敗は、ほかにいくらでもあります。私は支離滅裂で、制御不能です。これは私の人として弱い部分です。この哀れな男が何とか自分と折り合いをつけていられるのは、ご自身を貧しくされる主の霊のお陰です。

　誰か心の貧しい人に祈りの生活について尋ねるなら、「神との交わりを願って祈っても、神の存在を感じられないことがほとんどです」と答えるかもしれません。その人は、特別に豊かに恵まれ、神秘的な体験をしていないかもしれません。しかし、恵みを実感できないからといって、そこに体験がないというわけではありません。戦場の兵士がヘルメットに忍ばせた妻の写真をこっそり見るとき、妻はそこにはいませんが、兵士は妻を感じています。

　霊的生活のゴールは、宗教的体験ではなく、愛によって神と一つになるということです。このことに、私という哀れな男は何とか気付きました。

私が、「もう主を思い起こさない

その名によって語らない」と思っても

主の言葉は私の心の中

骨の中に閉じ込められて

燃える火のようになります。

押さえつけるのに私は疲れ果てました。

私は耐えられません。

エレミヤ書 20:9

　エレミヤは、神の召命とは、「神が望まれることすべて」であると私たちに教えています。神の召命とは、神が造られたままの自分を受け入れることです。私たちの才能、気質、性格、あるいは欠けた部分も含めてです。

　神が私たちに与える賜物や召しはさまざまです。例えばある人には、教師としての才能を少しばかりと、ほかの人に対する憐れみをその五倍、与えてくださるかもしれません。また、ある人に神が要求することは、あまりに平凡なことかもしれません。

　しかし、私たちはただ神の御心に平安を見いだすことができます。たとえ神の御心が私たちに隠されていても、それに従うことが成功なのです。預言者エレミヤの働きは、一見すると失敗でした。けれどもエレミヤこそ、「失敗した成功者」の輝かしい例です。

8月12日　成長への決意……………………………………

主よ、あなたは苦しむ人の願いを
聞いてくださいました。
彼らの心を確かなものとし
耳を傾けてくださいます。

詩編 10:17

　クリスチャンの霊的な成長のために必要なのは、「より高い意識へと成長したい」と願うことだけです。強く求める思い、これが何よりも重要です。内なる強い決意がなければ、その人は単にスピリチュアルなゲームで遊んでいるにすぎません。

　天の国を求めることを、あなたの人生で最も大切な価値としましょう。たゆみなく祈り、解放者である主イエスを通して神にすべてを委ねる恵みを求めましょう。奇跡の癒やしを求めましょう。教会に癒やしの力が与えられることを祈りましょう。

　そうすれば、あなたの人生に奇跡が起こります。あなたの内なる人が透けて見えるようになるでしょう。あなたは愛することのできる者となるでしょう。そしてあなたは、神と一つになるでしょう。神の御心は、私たちが聖なる者となることです。真理は私たちを自由にします。その喜びを私たちから奪い去る者はいません。

兄弟たち、この方による罪の赦しが告げ知らされたことを知っていただきたい。そして、モーセの律法では義とされえなかったあらゆることから解放され、信じる者は皆、この方によって義とされるのです。

使徒言行録 13:38-39

パウロは、キリスト者は律法から解放されたと宣言しています。それならばなぜ、キリスト教には律法が含まれているのでしょうか。この問いに対して、パウロは、テモテへの手紙の中で、律法は正しい者のためにあるのではないと答えています。律法は義とされていない人のためにあります。義とされていない人の中には聖霊が宿っていません。よって、その人を導くために律法が必要なのです。

罪人は、神の戒めを通して、自分の罪深さに気付きます。自分は惨めで不幸な存在だという自覚が、神を求めるように導くのです。このように、律法の目的は、内なる愛の律法へと罪人を導くことにあります。

8月14日　愛のまなざし

主は憐れみ深く、恵みに満ち
怒るに遅く、慈しみに富む。…
父が子らに憐れみをもたらすように
主を畏れる者らに憐れみをもたらす。

詩編 103:8, 13

　ある夫妻の結婚四十五周年記念日を祝う会で、私は神の霊の憐れみを体験しました。その夫妻は途中で静かに退席しました。トイレに行く途中、私があずまやを通り過ぎると、夫婦はそこで二人掛けソファに座り、男性はじっと妻を見つめていました。妻の長所も短所も、時折見せる機嫌の悪さもユーモアのセンスも、情けないところも寛大なところも、夫はすべて知り尽くしているのでしょう。

　夫の表情から、夫が妻を無条件に受け入れ、しっかりと赦し、尽きることなく忍耐し、そして過去の失敗を記憶にとどめていないという優しい愛が伝わってきました。妻はそっと息をつき、涙を流しました。二人は一言も言葉を交わすことなく、抱き合いました。

　この夫の妻に対するまなざしは、父なる神の愛のまなざしに気付かせてくれます。夫の憐れみを無限に大きくしたものが、神の憐れみです。憐れみを受け取る、このことの霊性は、マニュアルも自己陶酔も目標も計画もストレスも苦痛もない霊性、ただ贈り物を喜ぶだけの霊性です。それは、憐れみをもたらす聖霊の働きです。

主は苦しむ人の苦難を侮らず、いとわず
顔を背けず、その叫びを聞いた。

詩編 22:25

きょうだいの皆さん、主イエスは私たちの神です。主と父なる神は一つです。主イエスは、目に見えない神のかたちです。

主イエスは、主を人生の主とする私たちが貧しくなり、傷つき、悲しむことを望まないでしょう。けれども、主イエスはあえてそれを許すかもしれません。そのような状態にあるほうが、私たちは主に依り頼むこと、私たちがより豊かに、幸せに、全き者になれることを、主はご存じだからです。

もし、本当の主イエスを自分の人生に受け入れるなら、つまり、あなたが幸せで満ち足りていることを至上の望みとする神を受け入れるなら、あなたは神の国に到達するのを邪魔するものはすべて捨て去りたいと思うことでしょう。目をえぐり出せ、手を切り取れという残酷で大げさな表現も、理解できるようになります。手段はほかにないのですから。主イエスの教えは荒々しい誇張に満ちています。主は荒々しい男だからです。そして主は、「あなたがたの父は喜んで神の国をくださる」と、私たちに言ってくださる方です。

8月16日 なぜ眠っているのか……………………

ほかの人々のように眠っていないで、目を覚まし、身を慎んでいましょう。
テサロニケの信徒への手紙一 5:6

救いは、「ますます意識がはっきりしていく継続的なプロセス」と呼ぶことができます。私たちの多くは、生涯を通じて精神的に無感覚の状態のまま生きています。空港の動く歩道に乗っている疲れ果てた歩行者のように、私たちは皆、夢の中を歩いているかのようです。

主イエスはいつも、私たちに目を覚ますように呼びかけています。「なぜ眠っているのか。」私たちを完全な覚醒へと導くのは、日々の祈りです。私たちは黙想を通して、自分という存在の現実と、神という現実に対して、目覚めることを学びます。

霊的に成熟するとは、シンプルに、自分自身そして神と調和して生きるということです。祈るとき、私たちの意識は自分から離れます。自分の完璧さや知恵、幸福にさえも関心がなくなります。私たちは主イエスから目を離しません。そして、私たちが競争を走り抜くために必要なもの、私たちが抱える困難を軽くすることができるものをすべて、主イエスから受け取ります。

黙想することで、私たちの心は軽やかになります。人生にとって不可欠なことはただ一つ、神との一致、そして自分自身との調和の中に、とどまることだからです。私たちに起こるすべてのことは、私たちに聖性を教えるために神が計画したことです。このことが一度理解できたなら、あなたはもう二度と、それを見失うことはありません。

恐れに捕らわれる日
私はあなたに信頼します。
神によって、神の言葉を賛美します。
神に信頼し、恐れることはありません。
肉なる者が私に何をなしうるでしょう。

詩編 56:4-5

　神の憐れみを受け取るという叡智の中で生きること、それは、心配や懸念を手放し、目的を達成する手段を考えず、神の憐れみの中に生きることだけを意識し、その一瞬一瞬にただ身を置くことです。パウロが書き送ったテトスへの手紙を、心で聞いてみましょう。

　私たちの救い主である神の慈しみと、人間に対する愛とが現れたとき、神は、私たちがなした義の行いによってではなく、ご自分の憐れみによって、私たちを救ってくださいました。 (テトスへの手紙 3:4-5)

　私たちの過去は、神の摂理です。過去は恵みであり、過去があったからこそ私たちの人生は美しいものとなりました。このことを知るなら、私たちは自分の人生の物語の全体を受け入れることができます。過去には、道を誤ったり、回り道をしたりしました。失敗も、倫理上の過ちもありました。取り返しのつかない、見苦しい、思い出すと痛みを伴うことも、してしまいました。けれども、これらすべてのことは、神から受け取る憐れみの暖かい光の中で、溶けてなくなります。

　神学者ケビン・オシェイは書いています。「今どのような状態にあろうと、過去に何をしようと、癒やしに対して恐れることなく心を開くなら、その人は喜び躍る。」

8月18日　服従と降伏

> キリストは、万物を支配下に置くことさえできる力によって、私たちの卑しい体を、ご自身の栄光の体と同じ形に変えてくださるのです。　　　　　　フィリピの信徒への手紙 3:21

服従と降伏は同じではないことに注意しましょう。服従とは、無意識ではなく、意識的に現実を受け入れることです。表面的には屈していても、緊張は続いています。聖霊に服従する私は、「自分が何者であるかを受け入れる」と言います。しかし完全に受け入れてはいないので、真の自分自身であることに基づいて行動しようとは思わず、自分を演じてしまいます。

対して、降伏とは、抵抗する無意識の力が機能しなくなっている状態です。キリスト者はもう、聖霊の呼びかけを逃れることをやめ、受け入れています。精神科医ハリー・S・ティーバウトは、書いています。「降伏という心の状態とは、持続的に現実を受け入れることができる状態である。それは実に前向きで、創造的な状態である。」

キリスト者が無意識のレベルで聖霊に降伏するとき、闘いは終わり、緊張や葛藤から解放され、平安がもたらされます。一方、服従とは、中途半端に受け入れることです。中途半端な受け入れは、諦め、追従、容認、譲歩などといった言葉と同じ意味です。受け入れても、疑念や拒否の方向への強い引きが残っています。降伏とは、聖霊を心から受け入れ、すべてを委ねるということです。

> あなたの道を主に任せよ。
> 主に信頼せよ。主が成し遂げてくださる。
>
> 詩編 37:5

　私たちは皆、上の空でも、気が散っていても、空腹でも、いつも夢を持っているものです。夢とは、自分の信念に基づいた人生のビジョンです。夢には、私たちの個性が出ます。また、それぞれの人生にとって大切なことが表れています。

　利他的な夢であろうと人に言えないような夢であろうと、夢は人生に意味を与え、私たちの決断、行動、口にする言葉に影響を与えます。私たちにとって安心が最優先なら、保険会社と契約を結ぶかもしれません。娯楽が最優先なら、快楽に時間とお金を使うことでしょう。学問を優先するなら、王道の学術的環境に身を置くでしょう。

　その夢は、非現実的なものかもしれません。どうしようもない事情で、一時的に保留になるかもしれません。たとえそうでも、夢は私たちの意識を突き動かし、想像を膨らませ、「意味への意志」を求める人間の根源的な心の働きを、無意識のうちに支えています。

　主イエスの夢は、神の国の実現です。道を主に任せるクリスチャンは、主の夢に自らの夢を重ねるでしょう。

8月20日　キリスト教の中心 ・・・・・・・・・・・・・・・・・・・・・・・・・・

> みなしごや、やもめが困っているときに世話をし、世の汚れに
> 染まることなく自分を守ること、これこそ父なる神の前に清く
> 汚れのない宗教です。　　　　　　　　　　ヤコブの手紙 1:27

・・・

　宗教には、三つの要素があります。知識の要素、儀式の要素、そして
神を個人的に体験する神秘主義の要素です。

　知識の要素とは、宗教が信じるもの、すなわち信条や教義です。儀式
の要素とは、犠牲や礼拝を指します。神秘主義の要素とは、私たちと神
との個人的関係のことです。キリスト教では、イエス・キリストがこれら
の中心にいます。

　主は知識の要素です。主は、私たちが信じる教義そのものだからです。
主は、儀式の要素でもあります。キリスト者は集まって、主の体であるパ
ンを分け合います。

　そして主は、神の神秘に満ちた私たちの人生の中心です。私たちは
主にあって生き、動き、存在します。主にあって生きることをしないならば、
私たちは神と個人的に交わることはできず、神秘に満ちた人生を送るこ
ともありません。

　私たちは、ただキリスト・イエスにおいてのみ、父なる神の子どもです。
キリストにおいて、私たちは神の国を受け継ぐ者となります。キリスト教
神秘主義とは、本質的に、主イエスの内に現れた永遠の神と人との
間の、一対一の個人的な関係なのです。

彼は立ち上がり、主の力と
その神、主の名の威光によって群れを治める。
彼らは安らかに住み
彼は今、大いなる者となって地の果てにまで及ぶ。　ミカ書 5:3

　聖書において、「父」は、主であり支配者という意味です。完全な主権と権威は、神にあります。「神の子どもとしての自己認識を核として生きる」とは、主イエスが経験している父なる神との親密な関係に、私たちクリスチャンもあやかるということです。

　主は、天の父に絶対的な主権があることを認識していました。主は、世にあらゆる混乱や痛みや悲劇があることについて、神に代わって説明しようとはしませんでした。

　ルカによる福音書で、ピラトに殺されたガリラヤ人のことを人々が主に告げた場面を思い出してみましょう。主は神を擁護したり、人が苦しむのを神が許すことを正当化したりはしませんでした。それどころか、シロアムの塔が倒れて死んだ十八人のことを、人々に思い出させました。

　主は、神をかばったり、神が造った世界に悲劇が存在することを正当化したり、それを矮小化することもありません。神の容疑を晴らそうともしません。主イエスは、神の無限の知恵と偉大さに、無条件に自分を委ねます。

> 互いに重荷を担いなさい。そうすれば、キリストの律法を全うすることになります。
>
> ガラテヤの信徒への手紙 6:2

夜中に泣いている子どもの枕元に駆けつける母親には、律法や義務感は頭にありません。母性に自然に反応しているだけです。

同じように、キリスト者にとっても、律法と自由は完全に両立できるものです。キリスト者であること、それは、私たちが変えられたことを意味します。内に住む聖霊を通して、私たちはキリストにあって生きます。キリスト者にとって、生きるとは、「神から超自然的な方法で伝えられることを行う」ということです。新しくされた私たちの在り方は、私たちの本当の自己の表れとして、私たちの行動に自然に溢れ出るはずです。

「霊によって歩みなさい。そうすれば、肉の欲望を満たすことは決してありません」とパウロは言います。重要なことは、私たちはキリスト者だということです。キリストの新しい律法が、私たちの内側から働いています。

自分の肉に蒔く者は、肉から滅びを刈り取り、霊に蒔く者は、霊から永遠の命を刈り取ります。　ガラテヤの信徒への手紙 6:8

　パウロが律法を否定するのは、律法が罪の原因となるからです。律法は人に、隣人のものを欲する貪欲を禁じています。しかし律法は、貪欲を避けるためには全く役立ちません。パウロはここでモーセの律法について述べていますが、実際にはすべての律法について述べています。規則や規制は、罪を犯すための新たな機会を罪人に与えるだけです。規則で肉を食べることを禁じられても、私はハンバーガーの魅力に勝つことはできません。

　それでは、律法から解放されたキリスト者は、罪を犯してよいのでしょうか。パウロの答えは明確に「否」です。「この自由を、肉を満足させる機会とせず、愛をもって互いに仕えなさい」とパウロは言います。

　では、キリスト者が自分の行動の指針とするための規範はあるのでしょうか。善悪の判断基準は何でしょうか。パウロは、命の霊の法則が、罪と死との法則に取って代わったのだと答えます。パウロはさらに、命の霊の法則とは、恵みの法則なのだと言います。私たちは律法の下ではなく、恵みの下にいるのです。

8月24日 焦点を合わせる

私には言葉が溢れている。
腹の中で霊が私を駆り立てている。

ヨブ記 32:18

　　意識で焦点を合わせる訓練をすることで、クリスチャンは心理的に、自分自身と周囲の世界から距離を置くことができます。離れた所から人生という舞台で俳優の演技を見るかのように、意識の中で自分の振る舞いを眺めましょう。この際、自分を褒めることも、非難することもしません。公平に自分自身の全体を見ます。神の前で、平和に、穏やかに、自分が今までどこにいたのか、そして今どこにいるのかを見極めます。

　　このように焦点を合わせることで、自己破壊的な感情から自分を解放することができます。自分の意識を低レベルの関わりから解放すると、ますます、聖霊が私たちの意識を支配するようになります。こうして、クリスチャンは、眠っている状態から目覚めている状態へと移ります。ロボットのように動くクリスチャンから、キリスト・イエスにある自由を喜ぶ人へと変えられます。意識で焦点を合わせる訓練の締めくくりには、一日を通して聖霊に身を委ねることができるよう神に願い、賛美の祈りを献げましょう。

主はこう言われる。

公正を守り、正義を行え。

私の救いが到来し、私の正義が現れる時は近い。イザヤ書56:1

　イエス・キリストの教会は、約束と可能性の地であり、冒険と発見の場であり、前進する愛の共同体です。私たちは、麗しのエルサレムへ向かう途上の異国の地にいる旅人です。地上の宿に一晩泊まって、荷物をまとめて出発する準備ができている巡礼者です。

　旅の群れを編成し直すとか、誰を仲間に入れるとか入れないとか、無駄な時間をかけて議論することは、主イエスの生き方ではありません。「狐には穴があり、空の鳥には巣がある。だが、人の子には枕する所もない。」

8月26日　ただ受け取る

> わが主よ、私の唇を開いてください。
> この口はあなたの誉れを告げ知らせます。
>
> 詩編 51:17

　今日、最も根本的な問いを自分に対して発するとすれば、おそらく次のようなものです。私は、イエス・キリストの福音を本当に信じているでしょうか。私の心に語りかける主の言葉を、私は聞いているでしょうか。

　「平安でいなさい。私はあなたの恐れや失敗、傷ついた心を知っています。完璧である必要はありません。私も同じことを経験しました。心配は要りません。ここにあなたへの愛があります。そのために何も支払う必要はありません。その愛にふさわしいあなたになることはできません。あなたはただ、心を開いて、私の愛を受け取ればいいのです。私の愛は、あなたの知的な理解や想像を超えています。」

イエスが家に入ると、盲人たちがそばに寄って来たので、「私にできると信じるのか」と言われた。二人は、「はい、主よ」と言った。

マタイによる福音書 9:28

　ヨハネによる福音書の後半は、「栄光の書」と呼ばれています。その主なテーマは、神と一つになるということです。ぶどうの木の美しいたとえ話を通して、主イエスはすべての人に「私につながっていなさい。私に頼りなさい、私のもとに来なさい」と呼びかけています。重要なことは、主イエスは「修養会や祈祷会や礼拝に来なさい」と言っているのではないことです。「私のもとに来なさい」です。

　「私は道であり、真理であり、命である。私は世の光である。私が命のパンである。このパンを食べる者は永遠に生きる。私を信じる者は永遠の命を得る。私を信じる者は裁かれない。」主イエス以外に、このようなことをあえて言う人はいないでしょう。

8月28日　ばらばらになった私……

あなたがたの父が慈しみ深いように、あなたがたも慈しみ深い者となりなさい。

ルカによる福音書 6:36

神の圧倒的な赦しと限りない忍耐を経験したクリスチャンは、自らも他者を赦し、忍耐できるようになります。主イエスから与えられるこのしるしは、その人の人生が「聖霊の中にある」ことを表すしるしです。

フランシス・マクナット司祭は言います。「主イエス・キリストがご自分の血であなたを洗い、すべての罪を赦してくださったにもかかわらず、あなた自身はなぜ自分を赦すことができないのですか。」

自己嫌悪は罪です。キリストの体を分割するものは、すべて罪です。私の中が一つになっていないとき、自分の罪や自己中心的な考えに拘泥しているとき、道徳上の失敗に気を取られているとき、私には他者の苦悩の叫びが聞こえなくなります。これは、私が自らの関心や心配の中心に、主ではなく自分を置いているということです。聖書的に言うならば、それは偶像崇拝です。

体は一つでも、多くの部分から成り、体のすべての部分は多く
ても、体は一つであるように、キリストの場合も同様です。

コリントの信徒への手紙一 12:12

　クリスチャンの中で、続けて悔い改めることに導かれていない人はい
ません。クリスチャンなら誰しも、キリストと同じかたちに変えられていく
という人生の目標を、日々掲げなければなりません。
　パウロは、各地の信徒に向けて次のように書いています。コリントには
「むしろ、自分の体を打ち叩いて従わせます。他の人に宣教しておきな
がら、自分のほうが失格者とならないためです。」コロサイには「主キリス
トに仕えなさい」、ガラテヤには「思い違いをしてはなりません。神は侮
られるような方ではありません。人は、自分の蒔いたものを、また刈り取
ることになるのです。」

> 私は、彼らと永遠の契約を結び、彼らから離れることなく恵み
> を与える。また私を畏れる心を与え、私から離れることのない
> ようにする。
>
> エレミヤ書 32:40

　神学校最後の年、私はひどい花粉症になりました。毎朝五時半、教師が六十人の神学生を導いて祈り始めると、私は咳とくしゃみの発作を起こしました。ある日、先生は私を執務室に呼び、私が反抗的で朝の祈りをわざと妨害していると非難しました。そして、今後の私の行動を監視する、四か月後に迫った司祭叙階式は危うくなると、私に警告したのです。

　私は怒りと恐怖を感じ、自己憐憫と混乱でいっぱいになりながら、先生の執務室を後にしました。そして、聖堂まで歩いて行き、膝をついて、主イエスの名を何度も何度も静かにささやきました。すると、不思議なことが起こりました。真実と自由を瞬時に感じ、叙階は全く重要なことではないと悟ったのです。主イエスは、おびえておどおどした司祭よりも、花粉症持ちのありのままの私を喜んでくださると、私には分かりました。私は聖堂を出て、それ以来決してびくびくすることはありませんでした。数か月後、私はまだくしゃみをしたまま叙階されました。

　キリストの弟子として生きてきた中で、この小さな出来事は、殉教者や聖人の英雄的行為に並ぶものではありません。しかし、この出来事は私に、キリストにあって生き、神の子どもとしての自由を体験する機会を与えてくれました。

私が来たのは、正しい人を招くためではなく、罪人を招いて悔い改めさせるためである。　　　　　　　ルカによる福音書 5:32

　御言葉に従って行動することができないのは、ほとんどの場合、無知と傲慢のゆえです。あるいは、御言葉である主イエスを、十分に敬っていないからです。私たちは、福音が求めるようにラディカルに悔い改めて古い自分に死ぬ代わりに、この世を選んでしまいがちです。私たちは、自分を変えてしまう神を望んでいません。

　まことのキリスト教信仰とは、このような信仰です。「ユダヤ人はしるしを求め、ギリシア人は知恵を探しますが、私たちは十字架につけられたキリストを宣べ伝えます。すなわち、ユダヤ人にはつまずかせるもの、異邦人には愚かなものですが、ユダヤ人であろうがギリシア人であろうが、召された者には、神の力、神の知恵であるキリストを宣べ伝えているのです。」

　悔い改めへの呼びかけや、それを果たすための力について語る言葉は、クリスチャンに届いているでしょうか。もし届いていないなら、それは私たち御言葉に仕える者が、説教壇から別のキリストを説いているからではないでしょうか。

9

September

「これは私の愛する子、私の心に適う者」と言う声が、天から聞こえた。

マタイによる福音書 3:17

　主イエスと父なる神の関係は、直接的で絶え間ない、ますます親密になっていく関係でした。主の自己認識と、宣教への衰えを知らない熱意を理解するには、主と神とのこのような関係を理解する必要があります。

　主は宣教を大切にし、激しい情熱を持って神の国を宣べ伝えていました。その原動力は、神学的な内省でも、他人を教化したいという望みでもなく、流行のスピリチュアルでもありませんでした。その情熱の源泉は聖なる神であり、神の子としての主の自己認識でした。ここには、論理的なつながりがあります。これは、単に表現上のことでも、敬虔な感情の問題でもなく、燃えるような神の真実なのです。

　主イエスはどのようにして、神の子としての自己認識の中心にとどまっていられたのでしょうか。福音書は、主が宣教を始めるにあたって社会的活動から身を引き、祈りの場にこもったことを何度も強調しています。これは、極めて大切なことです。

　聖書が伝えているのは、主イエスが父なる神との特別な親しいつながりを必要としていたということです。主の内面の成長は、こうした祈りの時に支えられていました。そして、主の宣教の在り方とその方向性は、祈りによって決定づけられました。

> 強く、雄々しくあれ。彼らを恐れ、おののいてはならない。あなたの神、主があなたと共に進まれる。主はあなたを置き去りにすることも、見捨てることもない。
>
> 申命記 31:6

‥‥‥‥‥‥‥‥‥‥‥‥‥‥‥‥‥‥‥‥‥‥‥‥‥‥‥‥‥‥‥

　神の子どもとしての自己認識を核として生きることで、私たちは同調圧力から自由になります。主イエスのように、父なる神を喜ばせるために生きること、それが、キリスト者が生きる原動力です。それは人を喜ばせることより大切なことであり、このためには、徹底して自由である必要があります。

　主イエスは人の意見を恐れず、他人が何を思うかとおびえることもありませんでした。社会の中で見捨てられた人や罪人、そして底辺の人のために生きるには、自分が自由でいる必要があります。このために、主は、権威ある人物の望むことや、品行方正な人々が押し付けてくる道徳的規範から、距離を置かなければなりませんでした。

　エリコの路上で悪名高いザアカイと共に歩いているとき、主は人の非難めいたつぶやきに動揺することはありませんでした。主は不安そうに辺りを見渡すことも、人に何を言われるかを心配することもありませんでした。主は、人に拒否されることを恐れず、人の気に障るのではないかと気をもむこともありませんでした。

　主は、罪人ザアカイも父なる神の子どもであるという理由で、ザアカイの家に向かいました。ただそれだけです。

愛する人たち、互いに愛し合いましょう。愛は神から出るもので、愛する者は皆、神から生まれた者であり、神を知っているからです。

ヨハネの手紙一 4:7

　自分が貧しい者であることを知っている人は、幸いです。私たちは、自分が何者かを知らなければなりません。正直であることは、なんと難しいことでしょうか。

　受け入れ難い自分の姿を受け入れること、自分を正当化することをやめること。自分が僅かばかり祈ったとか、霊的洞察力があるとか、聖書の知識があるとか、伝道で成功したといったことのために、自分は神に喜ばれる存在なのだという馬鹿げた見せかけをやめること、それらはどれも難しいことです。

　神は、私たちを飾る美点などには無関心です。私が愛すべき存在なのは、神が私を愛しているから、それだけです。自己嫌悪から自由になりましょう。その最初の一歩は、自分への幻滅という闇から、神の真理という光へ移ることです。

9月4日　誰の意見に影響されるか ....

遠方の人々が来て、主の宮を建てる。こうして、あなたがたは
万軍の主が私をあなたがたに遣わされたことを知るように
なる。もしあなたがたの神、主の声を心して聞くならば、そのよ
うになる。

ゼカリヤ書 6:15

エフェソにある教会に対する神の言葉は、こうです。「あなたに言うべ
きことがある。あなたは初めの愛を離れてしまった。それゆえ、あなたが
どこから落ちたかを思い出し、悔い改めて、初めの行いをしなさい。」
パウロは、コリントの信徒の信仰の在り方にも、同様の不快感と懸念を
示しています。「あなたがたの思いが汚されて、キリストへの真心と純
潔とから離れ去ってしまうのではないかと心配しています。」

パウロは、真の意味で神の言葉に従って行動した人でした。パウロは、
自分の行いへのイエス・キリストの評価は気にしていましたが、人の評
価は気にしませんでした。パウロは、自分の周りの人に承認されることよ
りも、神に喜ばれるか否かを心配しました。見えざる神の真実を勇敢に
証しするパウロは、私たちの模範です。

私たちは他人の意見には大きく影響されるのに、神の目に映る自分の
姿にはあまり注意を払いません。周囲の人の目を気にして、あるべき自
分のイメージを保とうとします。自分が属する集団の人に好かれ、受け
入れられ、承認されることばかりを望みます。そのような私たちは、神だ
けが見ておられるようなこと、例えば、独りで祈ることや人知れず親切
な行いをすることを、おろそかにするのです。

きょうだいたち、それではどうすればよいでしょうか。あなたがたが集まるときには、それぞれほめ歌を歌い、教えを説き、啓示を語り、異言を語り、それを解き明かしますが、すべては教会を造り上げるためにすべきです。　コリントの信徒への手紙一 14:26

　西欧では教会が二千年も続いているのに、いまだに多くの人がキリスト教に無関心です。なぜでしょうか。それは、一部の数少ないクリスチャンを除いて、全体としてのクリスチャンの中に、聖霊を通して存在するキリストの姿がもはや見えないからです。

9月6日　聖霊の力で動く

> 信じた人々の群れは心も思いも一つにし、一人として持ち物を
> 自分のものだと言う者はなく、すべてを共有していた。

使徒言行録 4:32

　私たちは、聖霊の力で動くのではなく、自分の力で何かをしようとしが
ちです。そうしようとする背景に、承認を得たい、批判や拒否されること
を避けたいという気持ちがあります。私たちは、職場や教会で褒められ
たいがために、他人との関係において、かわいい良い子の自分という役
割を演じることがあるのではないでしょうか。

　神学者ディートリッヒ・ボンヘッファーはこう書いています。「悪魔は、
私が奴隷のように自分自身に捕らわれて、共同体の中で有害な存在に
なることを願っている。キリストは、それとは逆の方向に進むよう、強く私
に働きかける。主は、私が愛を生み出す力となるように、私がもっと自由
になることを願っている。悪魔は自己中心的な霊、主は開かれた霊を与
える。開かれた霊とは、他者の益となるために、自己犠牲をもいとわない
霊のことだ。」

　もう一度言います。自分が聖霊の力で動いているのか、自分の力で動
いているのか、両者を見分ける心を持ち続けることができるようになりま
しょう。

祈りを聞いてくださる方よ
すべての肉なる者はあなたのもとに来ます。

詩編 65:3

祈りには、その人が神のために生きているかどうかが最も強く表れます。キリスト者であることの核心は、どれほど本気で神と関わり、礼拝するかにあります。その人がどれほど内省し、理論や学説に通じているかということは二の次なのです。

主イエスの霊は、外面的には日常生活を送りつつも同時に深い人生を生きる道を、私たちに教えてくれます。それは、完全にその場にありながら、同時に心の深いところで聖霊に注意を払うことができる生き方です。考えたり、人と話したり、計画を立てたりといった、日々必要なことをしながら、いつも祈り、礼拝し、感謝することのできる人生です。このように生きるとき、私たちの心の秘密の場所はまるで、騒がしい空間の中の、賛美に満ちた聖域となります。

内面的な生き方をする人たちは、一日を通して、「センタリングダウン（自分自身を自分の中心に納め、自分のいちばん足元に落ち着かせる）」をすることを勧めています。センタリングダウンとは、静かに、絶え間なく、自分の中心にいる神に心を向けることです。運転中も、料理中も、会話中も、書き物をしている間もずっと、です。

何週間、何か月もセンタリングダウンを実践し、後戻りしてがっかりしては、また神のおられる自分の中心に戻るという訓練を繰り返すうちに、それは習慣になります。十七世紀カルメル会のラウレンシオ修士はこれを、「神の現存の体験」と呼んでいました。

　ソロモンは主の祭壇の前に立ち、イスラエルの全会衆に向かい、天に向かって両手を広げ、祈った。「イスラエルの神、主よ。上は天、下は地のどこにもあなたのような神はおられません。あなたは心を尽くして御前を歩む僕（しもべ）たちに契約と慈しみを守られる方です。」

列王記上 8:22-23

　神学者ロマーノ・グアルディーニに、ある学生が尋ねました。「先生はなぜ、アッシジのフランチェスコをそれほど尊び、愛しているのですか。」グアルディーニは「フランチェスコの人格の中に、キリストが透けて見えるからです」と答えました。

　フランチェスコの信仰は、十三世紀のヨーロッパ中に、宗教的な改革と呼べるほどの影響を及ぼしました。なぜでしょうか。それは、フランチェスコがキリストの写し鏡だったからです。フランチェスコは、優れた祈りの人でした。

　今日でも、ウンブリアの丘には、フランチェスコが何週間も、時には何か月も祈りの時を過ごした遺跡や洞窟が点在しています。フランチェスコが最も時間と関心と愛と注意を注いだ対象が神であったということを、これらの静かな場所は物語っています。

　アッシジの町を訪れる人がフランチェスコの精神を見いだし、その影響力の秘密を探ろうとするなら、行かなければならない場所があります。人里離れた寂しい山の中にある、フランチェスコが祈りの時を過ごしたカルチェリの庵です。

どうか、平和の神ご自身が、あなたがたを全く聖なる者として
くださいますように。また、あなたがたの霊と心と体とを完全
に守り、私たちの主イエス・キリストが来られるとき、非の打ち
どころのない者としてくださいますように。

テサロニケの信徒への手紙一 5:23

　私一人だけに関わることではないでしょうが、見た目や体重を始終気
にする私たちの社会の在り方は、悪魔が巧妙に仕組んだ策略の成果で
しょう。

　健康のためにはもっと大切なことがあるのにもかかわらず、私たちは
当たり前のように、膨大な時間とエネルギーを、ほっそりとした体形を手
に入れ、維持することに費やします。気ままにおやつを食べることはなく、
決まった食事しかとらず、摂取カロリーは全部計算、食べた物はいちご
の数まですべて記録します。人々は専門家の指導を求め、本や雑誌を
つぶさに読みます。健康ランドは公的補助を受け、公共放送でプロテイ
ンダイエットの効果を議論します。

　霊的な喜びと、モデルのような見た目になるという喜びは、比較にもな
りません。自分の腰回りを気にするように神に仕えることができたら、
どれほどすばらしいことでしょうか。

心を尽くして主に信頼し
自分の分別には頼るな。

箴言 3:5

　世が与えることのできない、神が約束する平和は、神との正しい関係の中にあります。「主は自分をありのままに受け入れてくださる」ということをラディカルに信じないなら、自分を受け入れることはできません。自分の中にいる偽りの自己やファリサイ派をも、自分として受け入れましょう。それは、自分自身との和解の始まりです。

　主イエスの腕の中で、私たちの中にある悪は、善へと形を変えます。ルカによる福音書に登場する、主イエスの足に香油を塗った罪深い女は、欲望から解放され、その欲望は主に近づきたいという情熱に形を変えました。私たちの富への欲望も、畑に隠された宝、すなわち天の国を熱心に求める気持ちへと変化するでしょう。

　私たちの内なる殺意は、差別や偏見や先入観を殺す力へと姿を変えるでしょう。私たちの執念深さや憎しみは、神を狭量な採点係にしてしまうことを許さない、激しい怒りへと変わります。慢性的に良い人として振る舞う習慣も、道を失った人への心からの憐れみへと、形を変えます。

　そして、「見よ、私は万物を新しくする」という神の言葉の意味が、はっきりと分かるようになります。

あなたは、あなたの神、主の声に聞き従い、私が今日命じるすべての戒めを守り、あなたの神、主の目に適う正しいことを行いなさい。

申命記 13:19

　愛を行為ではなく理論上の概念として捉えるなら、楽な人生を送ることができるかもしれません。しかしそのような人生は、真に生きることからは遠い人生です。何かをすることよりも、存在することのほうが大切なことです。しかし、「すること（愛を行動に移すこと）」よりも「存在すること（キリスト者であること）」に重きを置くことには、悪い面もあります。主イエスが非難したのは、そのような、愛を具体的な行為に変えない信仰ではないでしょうか。

　キリスト者が負っている責務は、抽象的なものではありません。キリスト者は、この世において、具体的で目に見えて分かる在り方をするよう、求められています。それは、勇気を要する、簡単ではない生き方です。毎日の選択によって造られていく、内なる真理と矛盾することのない生き方です。

　キリスト者の責任が、へりくだって仕え、弟子として苦しみ、創造的に愛するという形で果たされないならば、そのような信仰は幻想です。イエス・キリストは、私たちの信仰が幻想に終わることに耐えられません。そして世は、抽象的なものに関心がありません。「私のこれらの言葉を聞いても行わない者は皆、砂の上に自分の家を建てた愚かな人に似ている。」主のこの言葉が聞こえない振りをするなら、私たちの霊的生活は単なる夢物語にすぎなくなるでしょう。

　語ること、特に神に向かって語りかけることも大切です。しかし、行動する人の本気の在り方のほうが、より多くのことを物語ります。信仰を具体的な行為に変えて、日々を生きましょう。

9月12日　霊か肉かを選ぶ ……………………………………

勝利を得る者を、私の神の神殿の柱としよう。彼はもう決して外へ出ることはない。そして私は彼の上に、私の神の名と、私の神の都の名、すなわち、神のもとから出て天から降って来る新しいエルサレムの名を、そして、私の新しい名を書き記そう。

ヨハネの黙示録 3:12

………………………………………………………………………………

　現代人の霊性の危機は、「霊か肉か」の間で自己が分裂していることにあります。私たちは、霊と肉との両方に自己を分け、両方を注意深く監視します。自分はキリストにある神の子どもなのだという自己意識を絶えず保とうとしないならば、「霊的な分裂」という恐ろしい病が起こります。

　私は、自分が何者であるかを語ることを恐れているのではありません。そもそも自分が何者であるかを知らないので、語ることができないのです。私は、内面の深いところで、キリスト者としての自分のアイデンティティをまだ受け入れていません。

　私は命を失うことが怖いのです。それは、本当の自分自身に出会ってしまうことが怖いからです。真の自分は、私がキリスト者としてのアイデンティティを受け入れるまでは、存在することができません。神は私を名指しで呼んでいますが、私は答えていません。自分の本当の名前を、私は知らないのです。

私は誰に対しても自由な者ですが、すべての人の奴隷となりました。より多くの人を得るためです。

コリントの信徒への手紙一 9:19

　大衆は、世の中に迎合しない人を好まないものです。私たちが神の子どもとしての自己認識を核として生きようとするとき、それを妨げる最大のものは、仲間から軽蔑されることです。嘲られることを恐れる気持ちは、あからさまに反対されるよりももっと、私たちの動きを止めてしまいます。こうした恐れのために、どれほどの良いことがなされないままになっているでしょうか。

　皮肉なことに、私たちは、実は、自分が本当に尊敬している人々の意見をそれほど恐れてはいません。「世間」こそ、私たちが認めたいと思う以上に、私たちの人生と生活に影響を与えています。世間の人に気に入られたいという思いがあると、私たちは実に平凡で、恐ろしいほどに不自由な者になります。神の子どもとしての自己認識に根ざして生きることで、私たちは自由なキリスト者として形づくられます。

　アルベルト・カミュはかつて、このように述べました。「不自由な世界に対処する唯一の方法は、あなたの存在自体が抵抗となるほどに、徹底的に自由になることだ。」大衆にとって、自由な人間ほど腹立たしいものはありません。

9月14日　仮面をかぶって ....

愛には恐れがありません。完全な愛は、恐れを締め出します。
恐れには懲らしめが伴い、恐れる者には愛が全うされていな
いからです。 　　　　　　　　　　　　　ヨハネの手紙一 4:18

　自己嫌悪と闘おうとするとき、私たちは自分の目に映るものを好ましく
思わないようです。耐え難いほどではないにしろ、自分の本当の姿に正面
から向き合うことは、心地良いものではありません。私たちはそのために、
自分の現実から逃げ、偽物の自己を作り上げます。偽りの自分は大抵、
立派で好印象を与え、表面的には幸せに見えます。

　ここで都合よく、防衛機制が働きます。人や自分の目をだます、この無
意識の手口は、私たちの現実を見る目をゆがませ、恐れや喪失や心の
痛みから、自分を守ってくれます。

　防衛機制には、さまざまな種類があります。合理化（自分を正当化す
る言い訳）、投影（自分の抑圧された思いを自分以外の人の中に見る）、
置き換え（本来違う相手に向けたかった感情を別の誰かに向ける）、
隔離（自分を外の世界から隔離する）、知性化（感情的に受け入れ難
いことに対して、知識を用いて感情に触れることなく対処する）、一般化
（限られた情報から決めつけて判断する）などです。

　防衛機制は、見たくないものを見ないようにする煙幕のようなものです。
自分を守るためのこうした反応を続けるなら、私たちは否定と偽りの悪
循環から抜け出ることができません。この戯れに興じてきた私たちは、
恐れている自分の顔を隠すために、何千という仮面をかぶっています。

　私は、こう祈ります。あなたがたの愛が、深い知識とあらゆる
洞察を身に着けて、ますます豊かになり、本当に重要なことを
見分けることができますように。そして、キリストの日には純粋
で責められるところのない者となり、イエス・キリストによって
与えられる義の実に満たされて、神を崇め、賛美することがで
きますように。　　　　　　　　　　　　フィリピの信徒への手紙 1:9-11

　使徒パウロは、テサロニケの信徒に次のように書き送っています。
「私たちの宣教は、迷いや不純な動機から出たものでも、策略によるも
のでもありません。私たちは神に認められて福音を委ねられたので、
このように語っています。人に喜ばれるためではなく、私たちの心を吟
味される神に喜んでいただくためです。」

　真に誠実な行動とは、神の判断のみを気にして行うことです。周囲の
人に合わせて態度を変えることをせず、自分の本来の意見とは違う意
見を言わないということです。私たちの心の奥底を見ることのできる神
の観点から発言し、行動するということです。

　誠実であることとは、ただ自分に真実であることによって、外面の自分
を内面の自分そのものに変えていこうとすることです。人の歓心や尊敬
を得ようとするために、偽の自分となってはなりません。

熱くも冷たくもなく、生温いので、私はあなたを口から吐き出そう。

ヨハネの黙示録 3:16

‥‥‥‥‥‥‥‥‥‥‥‥‥‥‥‥‥‥‥‥‥‥‥‥‥‥‥‥

　ニューヨークにあるコニーアイランドでのある晩のこと、私たちのグループは、名物のホットドッグをほおばりながら屋外に立っていました。少し離れた遊歩道の真ん中で、一人の男が、十五歳くらいの妊娠している少女の頭にビールをかけ、服を濡らしてしまいました。男は、その少女に加えた、また加えようとしている虐待について、不気味ほど詳しく、大声で語っていました。少女は少し酔っているようでしたが、とにかく泣いていました。

　「なんて所だ！もう帰ろう。」グループの一人が言い、私たちは車の方へ向かって歩き始めました。その時、私の心の深くで、「あなたは何者か」という鐘のような声が聞こえました。私はまるで道に靴が張り付いてしまったかのように立ち止まり、「父よ、私はあなたの子どもです」と言いました。「あの子も、私の子どもだ。」私は引き返し、その少女を道の横に連れて行くと、ほんの数分の間、少女と話をしました。道行く人が、「ポン引きめ！売春婦のヒモが！」と罵ってきました。

　その夜、私は泣きました。少女に同情したためではなく、私自身のためにです。最も小さな者の中に主イエスの存在を見てしまうことを恐れて、黙って見ていただけだったことが、これまでに数えきれないほどあったからです。私は何度、人間の尊厳が踏みにじられるのを目撃しながら、その状況を正当化し、立ち去ってきたでしょうか。ヤコブはその手紙の中で書いています。「なすべき善を知りながら行わないなら、それはその人の罪です。」

愛は忍耐強い。愛は情け深い。妬まない。愛は自慢せず、高ぶらない。礼を失せず、自分の利益を求めず、怒らず、悪をたくらまない。

コリントの信徒への手紙一 13:4-5

ちょっと考えてみてください。伝道したいというあなたの動機が本質的に自己中心的なものであることに気付いてしまったとしたら、前の晩酔った勢いで姦淫を犯してしまったら、助けを求める声に応えなかったためにその人が自殺してしまったら、あなたはどうしますか。

罪悪感と自責の念と自己嫌悪に溺れてしまうことを選びますか。それとも水に飛び込んで、主のもとへと猛スピードで泳いで行きますか。自分が無価値だという思いにさいなまれ、闇に打ちのめされてしまいますか。それとも、救い主である主に頼ることを選びますか。主は、あなたの間違いを数えて点をつけることをしない、限りない憐れみと忍耐と愛の神です。

「イエスの愛しておられたあの弟子がペトロに、『主だ』と言った。シモン・ペトロは『主だ』と聞くと、裸だったので、上着をまとって湖に飛び込んだ。」弟子たちは主を愛していたので、主のもとへと泳いで行きました。主イエスは、その行動で愛を示した人、主に従った者たちに深く愛された人だったと、ヨハネは書いているようです。

主に愛されたこの弟子は、恥の意識でいっぱいの私たち罪人に、救いの知らせを送ってきます。また、手ぬるい教会だと思われることを恐れて、態度があやふやで赦すに遅い私たちの教会にも、福音のメッセージを送ってきます。

教会が甘すぎると言って去った人のことは気にするに及びません。しかし、教会が寛容さに欠けるという理由で人が去って行ったのなら、問題として認識する必要があるでしょう。

私は、あなたの行い<ruby>と<rt>おこな</rt></ruby>労苦と忍耐を知っている。また、あなたが悪しき者たちに我慢できず、自ら使徒と称して実はそうでない者たちを試し、その偽りを見抜いたことも知っている。

ヨハネの黙示録 2:2

　天の父は私たちのことを気にかけています。神は、私たち一人一人の名前を知っています。私たちそれぞれの人生の小さな出来事にも、神は深く関わっています。「あなたがたの髪の毛までも一本残らず数えられている。」

　キリスト者は、確信を持って、天の父の御心を知ることを求めましょう。神を信頼する人がする決定は明確で、その人の行動は、信じる心から泉のように湧き出してきます。そうした決定や行動の結果は、確かなものです。

　人の思いが神の思いと共鳴するとき、その人の心には、平安で調和のとれた音が響きます。しかし、神と調子を合わせることなく自分の歌を歌おうとするなら、互いにぶつかり合う、一致のない音が鳴るでしょう。

主は私を緑の野に伏させ
憩いの汀に伴われる。

みぎわ

詩編 23:2

　神の子どもとしての自己認識を核として生きることで、私たちは、恐れよりもずっと大きなものと調和し、静まって、神が神であることを知ることができます。これは、私が理解することも、分析することもしないということを意味します。

　神の子どもとして生きるとき、私たちはただ、「信じる者の一人として自分が生きている」という経験の中に我を忘れます。ただそこにいることを、良しとします。「そこ」がどこかを知らなくても、なぜ「良い」のかを知らなくてもです。

　心に静けさがあるなら、自分自身の中心に今いること、イエス・キリストの内にあることだけで十分だと、私たちは信じ、感謝することができるでしょう。この感謝の心こそ、生きている心、祈りの心です。

苦しむ人と共にへりくだることは
高ぶる者と戦利品を分け合うのにまさる。

箴言 16:19

　アルコール依存症の私は、風呂場や鉢植えなどいろいろな場所に
ウォッカの瓶を隠す度に、私の人生は無益だと思っていました。

　私の人生が失敗なのは、私がしたことのためだけではありません。
すべきだったのにしなかったことが多くあるからです。また、最も小さな
者たちの中にいるキリストに対して、私がちっぽけで、つまらない、しみっ
たれたことをしてきたからです。

　アルコール依存症という病気は、長い冬のような、満たされない心と
罪悪感と恐れと恥と偽善の日々でした。脳への影響、手足の震え、
入院、早死にといった、寒々しい未来しか想像できませんでした。

　しかし、神の子どもとしての自己認識を核として生きることで、私は、
どんな失敗も何らかの形で成功へと変わりうると学びました。失敗する
ことで、私たちは謙虚になります。そればかりでなく、ほかの人の失敗に
寄り添うことができるようになります。私たちの人生が汚れ(けが)のない成功
物語であり、途切れることなく聖性へと向かう上昇スパイラルであった
なら、私たちは決して、人の心を理解することはできないでしょう。

福音の真理があなたがたの内に常にとどまるように、私たちは、一時も彼らに屈服することはありませんでした。

ガラテヤの信徒への手紙 2:5

　パウロは、フィリピの信徒たちに向けて書いています。「何度も言ってきたし、今また涙ながらに言いますが、キリストの十字架の敵として歩んでいる者が多いのです。彼らの行き着くところは滅びです。彼らは腹を神とし、恥ずべきものを誇りとし、地上のことしか考えていません。」

　パウロは今も泣いているのではないでしょうか。今日のクリスチャンも、神の言葉を知らず、なまぬるく、言行不一致で、霊的な姦淫を犯し、祈ることに無関心で、自分が快適でいられる程度に信心深く、弟子として怠け者だからです。

　主イエスは、生きて働くご自身の創造的な言葉に、私たちが自発的に反応することを求めます。主は、私たちがこれまでと同じように生きることを望んではいません。神学者エドワード・オコナーは書いています。「信仰をもって、粘り強く、聖霊の働きや意志に反する一切のものを私たちの中から取り除くことを、主は求めている。」

あなたがたは、敵を愛し、人によくしてやり、何も当てにしない
で貸しなさい。そうすれば、たくさんの報いがあり、いと高き方
の子となる。いと高き方は、恩を知らない者にも悪人にも、情け
深いからである。あなたがたの父が慈しみ深いように、あなた
がたも慈しみ深い者となりなさい。　　　ルカによる福音書 6:35-36

　信仰の形成は、しばしば、抽象的な概念や倫理、決まりきった公式を
中心としてきました。それは、「人は、人を愛することで、神を愛すること
を学ぶのだ」ということを、誰も信じていなかったからです。

　使徒パウロが言う「互いに重荷を担いなさい。そうすれば、キリストの
律法を全うすることになります」という言葉は、真剣に受け取られてきま
せんでした。しかし本来、私たちが社会生活を送るということは、共に生
きる人たちと対話を重ね、自発的に人を愛する行為を、徹底的に自分の
ものとしようとするということです。

　ヨハネが語る光は、闇を照らしています。「いまだかつて神を見た者
はいません。私たちが互いに愛し合うなら、神は私たちの内にとどまり、
神の愛が私たちの内に全うされているのです。」私たちが互いに愛し
合っているなら、それは、私たちの中で神の愛が完全に成長したしるし
です。

あなたへの賛美をすべて語り告げよう。

娘シオンの門で、あなたの救いに喜び躍ろう。　　　　　詩編 9:15

　　主イエスは次のように、主に反する者たちを鋭く批判しました。

　　「自分が正しい者だと信じていない徴税人たちは、神の国で舞い踊ることになるでしょう。しかし徳があると主張するあなたがたは、その徳と共に火に焼かれることになります。

　　よく聞きなさい。私は新しい時代の夜明けを伝えに来ました。それは、信じ難いほど気前のよい神の時代です。

　　神の愛は、失われた者たちに向けられています。神の大きな愛に捕らえられ、喜び、驚きなさい。自分を正しい者とするあなたの人生には、喜びも愛も感謝もありません。そんなあなたの人生よりも高いところに、神の愛を置きなさい。

　　あなたの貧弱な知識で、神を理解しようとすることをやめなさい。道徳というものを、あなたの限りある認識で捉えることをやめなさい。正しい方向に一歩を踏み出しましょう。愛のない在り方をやめて、憐れみ深くなりなさい。失われた者が家に帰ったことを喜びなさい。天の父が気前のよい方であることを、大いに喜びなさい。」

9月24日　喜びを抱いた心·····························

心が喜びを抱くと体を健やかに保ち
霊が沈み込むと骨まで枯れる。

箴言 17:22

　喜びを抱いた心は、伝道の効果を高めます。十六世紀の神秘家アビラのテレサの祈りを思い出しましょう。「主よ、くだらない祈りとしかめ面の聖人から、私たちをお守りください。」

　喜びを抱くということは、表面的な笑顔を作ることでも、つらくても笑ってこらえることでも、心を強く持つということでもありません。喜びとは、「私は、私のあるべき姿ではなく、私のままで神に愛されている」という信仰に基づく確信に、しっかりと根ざしたものです。

　心に喜びを抱いたクリスチャンがそこにいれば、福音を信じる人生は価値があると、人は思うことでしょう。他者のことを、あるべき姿ではなくそのままの姿で受け入れる、心に喜びを抱いたクリスチャンは、それだけで伝道者です。熱心ではあっても喜びに欠けた伝道者は、人にこう言わせてしまいます。「キリスト教がそんなものなら要らない。あっちに行け。」

> 主にあって召された奴隷は、主によって解放された者であり、
> 同様に、召された自由人はキリストの奴隷だからです。
>
> コリントの信徒への手紙一 7:22

　偽りの自分は、ファリサイ派の顔をしています。しかし本物の自己は、内なる子ども（インナーチャイルド）の顔をしています。その子どもは私たちの本来の姿であり、ファリサイ派は偽の姿です。深層心理学と霊性が、ここに結びつきます。

　精神分析は、クライアントの神経症を明らかにします。そして、クライアントを助けて、外見的にはきちんとしているが真実ではない自分を生きることをやめることができるようにします。そして、子どものように現実に向かって開かれるよう、クライアントを導きます。主が「子どものように神の国を受け入れる人でなければ、決してそこに入ることはできない」と言うように、です。

　内なる子どもは、自分の感情に気付いています。そして、それを表したい放題に表します。対してファリサイ派は、自分の感情を作り変え、人生のさまざまな局面に「するべき」反応をします。

　ジャクリーン・ケネディがバチカンを訪れた際のことです。ローマ教皇ヨハネ二十三世は、秘書のモンティーニ枢機卿に、大統領夫人にどのように挨拶するのがふさわしいのかを尋ねました。「マダム、もしくはケネディ夫人がよろしいかと思います」と枢機卿は答えました。秘書が立ち去った数分後、当の大統領夫人がドアの前に立ちました。教皇は目を輝かせてゆっくりと歩み寄り、腕を広げて叫びました。「ジャクリーン！」

最後に言います。皆思いを一つにし、同情し合い、きょうだい
を愛し、憐れみ深く、謙虚でありなさい。　ペトロの手紙一 3:8

神の子どもとしての自己認識を核として生きるということは、雲の上で
ぼんやりしているということではありません。この自己認識に根ざして生
き始めて以来、私は、それまでは隠されていた神の言葉を理解すること
ができるようになりました。

主イエスは、自分自身を小さな者と見なしなさいと言いました。主はまた、
私たちが最も小さなきょうだいにすることは、主のためにすることなのだ
と言いました。最も小さな者にしたのは、すなわち、主にしたのだと、
主は言われたのです。それならば私たちはまず、自分自身を憐れまなけ
ればなりません。

苦しんでいる人に憐れみを示すことを求められる前に、私たちは、
自分の人生に主イエスの憐れみを受け入れるよう求められています。
主の憐れみによって変えられ、失敗した自分や傷ついた自分をいたわり、
思いやり、自分の苦しみや必要に応えるようにと、私たちは導かれてい
ます。

主の愛は、私たちがどのような者であり、何をするかによって左右さ
れません。主は、私たちの業績が何であれ、私たちに恵み深く、憐れみ
深い方です。それは、イエスの名が「救い主」という意味だからです。

神の子どもとしての自己認識に根ざして生きる者は、自分が貧しく罪
深い者であることを、骨の髄まで知っています。しかしその人は、自分の
ことを心配したり自分に拘泥したりするのではなく、自分を受け入れて
います。自分自身に対して優しく、憐れみ深くあること、これこそが福音
の心髄です。

あなたがたはキリストの体であり、一人一人はその部分です。

コリントの信徒への手紙一 12:27

　弟子は師を超えるものではありません。弟子たちが喜々として宣教から戻って来ると、主イエスは「さあ、あなたがただけで、寂しい所へ行き、しばらく休むがよい」と言いました。主は、弟子たちが人間性を保ち、自らの中心である神の子どもとしての自己意識に戻るために必要なこととして、寂しい所で休むことを命令しました。そこで弟子たちは舟に乗って、自分たちだけで寂しい所へ行きました。

　主イエスは活動的で多忙な生涯を送りましたが、その静と動のリズムにおいて、寂しい所で休む時を持つことは大切なことでした。そのような祈りの時は、主が活動的に生きること、世にあることのためにありました。主は、重大な決断の前の晩には、必ず山に行き、独りで過ごしました。友として親しく交わり、宣教の働きを分かち合うこととなる十二人を選んだ際もそうでした。

　クリスチャンが神を信頼し、神と親しく交わりながら、物事を決定する過程をキリストの導きに委ねることができたなら、と考えずにはいられません。そうするなら、結婚や就職や人間関係の間違い、そしてそれに伴う苦痛の数々を、避けることができるはずです。

9月28日　食卓の交わり

> 一同はひたすら、使徒たちの教えを守り、交わりをなし、パンを裂き、祈りをしていた。
>
> 使徒言行録 2:42

　私がコロラド州で出会った牧師は、毎週日曜の午後、牧師館に一家族を招き、家庭料理を振る舞っていました。招待される客は、教会にいられなくなった人や、以前教会に通っていた人たちです。

　私が訪問したとき、食事は質素なものでしたが、交わりや会話は刺激に満ちたものでした。招かれていた家族は、かつての牧師に傷つけられ、結果教会に行かなくなってしまったことを話してくれました。

　その午後、一家は、予想していた非難の代わりに温かい共感を、「有罪判決」ではなく慈しみ深い「無罪判決」を受け取りました。次の週、一家は教会に戻って来ました。

　一家は、ごく平凡な日曜の食事に癒やされました。牧師は食事を分かち合うことで、一家を神の家族との交わりに連れ戻したのです。

イエスが二人の目に触れ、「あなたがたの信仰のとおりに
なれ」と言われると、二人は目が見えるようになった。

マタイによる福音書 9:29-30

　信仰とは何でしょうか。ただの気持ちの問題でしょうか。古くさい教義に、知的に合意するということでしょうか。原罪や、マリアが聖霊によって身ごもったことや、聖徒の交わりなどの教義を、概念として認識するということでしょうか。信仰とは、「私は神を信じる」という決まり文句に表れる、一連の抽象的な見解なのでしょうか。イスラム教徒も仏教徒も神道の信者も、神を信じています。キリスト教信仰に、何か特別なことがあるのでしょうか。

　マタイによる福音書6章は、信仰とは、キリストに現れた神の愛を無条件に受け入れることだと語っています。私たちが救い主なる主の真実に信仰をもって自らを委ね、信仰の確信という錨につながれて生きることをしないならば、私たちはキリスト者として信仰告白をしたとは言えません。

　マタイの福音書6章には、「父」という言葉が十一回登場します。この「父」こそが、私たちが揺るぎない信頼を置く相手です。神は、私たちが必要なものをすべてご存じで、空の鳥や野の花を養ってくださる方です。この神に信頼しないなら、そのようなキリスト者は「信仰の薄い者たちよ」と呼ばれるでしょう。

9月30日　現れ出る子ども

> この子どものように、自分を低くする者が、天の国でいちばん偉いのだ。また、私の名のためにこのような子どもの一人を受け入れる者は、私を受け入れるのである。
>
> マタイによる福音書 18:4-5

霊的生活は、「信仰や恵みの領域における自己開発」だと定義されるかもしれません。クリスチャンとしての私は、ただ受動的な存在ではありません。私は、私自身の考えと感情を持つ、光り輝くただ一人の人間です。世間に迎合して、決まりきった人生を生きる存在ではありません。

私の中から子どもが現れ出てきます。その子どもは、私が自分の顔を持つ存在であることを思い出させてくれます。そして、私が自分自身でいる勇気をくれます。ほかの皆と同じであろうとすることから私を守り、私の中にいる生きたキリストの姿を呼び起こします。私の中の主は、解放され、外に向かってご自身を表現することを待っています。

10

October

イエスは来て、パンを取り、弟子たちに与えられた。魚も同じようにされた。

ヨハネによる福音書 21:13

　主イエスがなぜ、一世紀のパレスチナのユダヤ社会で物議を醸したのか、今日の私たちが正しく理解することは難しいでしょう。当時の社会は厳密な階級社会でした。律法の外にいる罪人と交流することは、律法で禁じられていました。物乞い、徴税人、娼婦と食事を共にすることは、宗教的、社会的、文化的なタブーだったのです。

　残念なことに、今日の社会では、食事を共にすることの意味の大部分は失われています。誰かと食事を分かち合うことは、平和、信頼、仲間意識、兄弟愛、赦しの証明です。食卓を共にすることは、人生を共にすることなのです。

　正統派ユダヤ人にとって、「あなたと食事をしたいです」と言うことは、「あなたと友人関係になりたいです」ということを意味します。今日でも、ユダヤ人が人を家の食事に招待するということは、こう言っているのと同じことです。「私のシナゴーグ、私の小さな至聖所、私の食卓へお越しください。そして私たちの麗しい友情を祝いましょう。」

　いちじく桑の木の下から主イエスに呼ばれたザアカイが聞いたのは、これと同じ言葉でした。主は、その働きの最初から、敵意のこもった批判を受けました。それは主が、友情のしるしとして罪人たちと食卓を囲むことを実践したためでした。

10月2日　霊性への罠······

すべて世にあるもの、すなわち、肉の欲、目の欲、見栄を張った生活は、御父から出たものではなく、世から出たものだからです。

ヨハネの手紙一 2:16

主イエスに対するサタンの誘惑は、すべて霊性に対する試みでした。サタンはまず、主イエスの内にある神格に力を及ぼそうとしました。実際に、サタンはいつも、私たちの中にある霊的な力や神の性質を誇張して見せることで、私たちを攻撃します。「あなたは神のようになれる」は、悪魔のスローガンです。サタンは実にさまざまな方法で、私たちが人間であるという真理を受け入れないよう、私たちを誘惑します。

それは、私自身の人生にも当てはまります。人間として生まれ持った自分の限界を超えて私が高く飛ぼうとし、天使の振りをしようとすると、私はいつも、獣になってしまいます。私が抱えているアルコール依存症が良い例です。依存は、貧しさ、孤独、欲求不満という、人から切り離せないものから逃げ出そうとする無駄な試みです。麻薬にも同じことが言えるでしょう。本質は変わりません。

知的なプライドもそうです。自分の知性など限られているのに、私は限界を否定することで、創造主から被造物を隔てている巨大な溝を埋めようとします。そして私は、自分を重要だと見なし、他人よりも優れていると感じます。台所で料理をしているあの人よりも、自分のほうが神の目にはより重要だと思うのです。サタンは知らぬ間に、私の霊の賜物が実際よりも良いものだと主張し、私の霊性を罠にかけます。

> 思うに、今この時の苦しみは、将来私たちに現されるはずの栄光と比べれば、取るに足りません。　　ローマの信徒への手紙 8:18

　きょうだいたち、神の子どもとしての自己認識を核として生きるなら、あなたは勝利します。ひどく気落ちするようなことがあった日にも、あなたの人生がキリストの陰にあるなら、あなたは勝利します。天井が崩れ落ち、帝国が崩壊し、あなたが孤島に放り出されるようなことがあっても、栄光の主キリストと共にいるなら、あなたは勝利します。

　あなたが聖なる場所で低俗なこと（例えば、説教者の髪型がどうか、大統領が電話をかけてきたらどうしよう、自分の名前を選べるとしたら、電気ショックで拷問されてもキリストを証しできるか、少し体を鍛えればランボーになれるか…）を考えていても、あなたは勝利します。

　途切れ途切れでも、自分の核に戻って来ることを繰り返しながらその日を生きるなら、あなたは勝利します。わが家の台所にある木製の古い額には、こう書いてあります。「神はあなたのメダルや学位や受賞歴ではなく、心の傷を見ている。」あなたの手に残っているものは、心の傷と僅かな希望だけかもしれません。しかし、よみがえりの勝利者である主イエスがあなたの人生の中心にいるなら、あなたは勝利します。

　初代教会時代のキリスト者が持っていたものは、主だけでした。しかしキリスト者は、エルサレム、ローマ、アテネに対して勝利しました。これは誇張した表現ではありません。史実です。キリスト者に必要なのは主だけです。それなのに、私たちは主以外のものも必要だと考え続けてしまうのです。

10月4日　私を何者だと言うのか

私たちは、はばからずにこう言うことができます。
「主は私の助け。私は恐れない。
人間が私に何をなしえようか。」　　　　　　　ヘブライ人への手紙 13:6

　私たちは、主イエスと、主が持っている夢、そして人や自分自身のこと
をはばかることなく信じ、それぞれに忠実に生きることができます。その
ために、必要なことがあります。私たちは、自己嫌悪という忌まわしい捕
らわれから解放されなければなりません。そして、完璧主義、道徳主義、
律法主義、不健全な罪悪感、防衛機制の一種である投影（自分の抑圧さ
れた思いを自分以外の人の中に見てしまうこと）といった、自分を縛るも
のから自由にされなければなりません。真実に対して忠実に生きる自由
を得るためには、奴隷状態から自由にならなければならないのです。

　その答えは、主イエスです。これは、使い古された決まり文句やうわべ
だけのスローガンに聞こえるかもしれません。しかし、これは福音の真理
です。あなたを解放し、自由を与えることができるのは、主イエスだけです。

　主イエスの問い「あなたがたは私を何者だと言うのか」は、私たちの頭
から離れることがありません。この問いに個人的に応答する特権を、
あなたは与えられています。主はそのために、途方もなく大きな代価を
支払われました。

神の霊によって礼拝し、キリスト・イエスを誇りとし、肉を頼みとしない私たちこそ真の割礼を受けた者です。

フィリピの信徒への手紙 3:3

聖霊による啓示を受け、霊感を与えられた聖人たちは、ラディカルな信仰という霊の賜物を持っています。パウロは、フィリピの信徒への手紙4章13節で、一心に、涙ながらに言います。「私を強めてくださる方のお陰で、私にはすべてが可能です。」それは、徹底的で激しい確信です。

主イエスは、「私を信じなさい。勇気を出しなさい。元気を出しなさい」と言ってくださる方です。主は、私たちが過去の罪を無条件に神の憐れみの御手に委ねるよう、私たちを召しています。そして主は、私たちが赦されているという確信のみならず、「自分の罪は完全に忘れられている」という揺るぎない確信を持つようにと、私たちに呼びかけています。

イエスはお答えになった。

「『人はパンだけで生きるものではなく

神の口から出る一つ一つの言葉によって生きる』と書いて

ある。」

マタイによる福音書 4:4

・・・

　主イエスは、ヨルダン川で洗礼（バプテスマ）を受け、自らが神の子であるという確信を深めました。その後、荒れ野では、その体験の真価が問われるような試みを受けました。

　悪魔は再三、誘惑を繰り返します。主イエスは本当に、御子であり僕であり愛されている神の子なのでしょうか。ヨルダン川での体験は、幻覚だったのでしょうか。主が聞いた声を、ほかの誰かも聞いたのでしょうか。悪魔は主のアイデンティティを正面から攻撃してきました。福音書は人間イエスの心の苦悶や激しい葛藤を詳しく描いてはいません。しかし、それは苛烈さを極めていました。

　ジョージ・アッシェンブレナー神父はこう述べています。「神が主に求めたことは、神を信頼し、父なる神と自身の関係を認め、自分の使命となすべきことを受け入れることだった。」

　広大な、何もない荒れ野で、主は、世にある自身の存在と自分の使命を、新しく、決定的なレベルで理解しました。それから主は、父なる神の息を受け、荒れ野から立ち上がりました。

神は人を分け隔てなさいません——、実に彼らは私に何も
課すことをしませんでした。　　　　ガラテヤの信徒への手紙 2:6

　少数者への嫌悪と差別は、この時代の最も深刻で厄介な問題です。そして教会も社会も、両極端の選択肢しかないと思っているかのようです。

　宗教的・政治的左派の何でもありの道徳は、右派の聖人の振りをする道徳主義と、何ら変わりのないものです。どの派閥の主義主張であっても、それを無批判に受け入れるなら、それは偶像礼拝です。私たちの核にある「父なる神の子ども」としてのアイデンティティを放棄することだからです。左派も右派も「人間の尊厳」を口にしますが、しょせんは人の考える「人権」であり、神が把握している人の尊厳の理解には、はるかに劣るものです。

　キリスト者には、左右いずれでもない、三つ目の選択肢があります。私たちは神の言葉によって、それのみによって、導かれなければなりません。すべての宗教・政治体制は、右派も左派も等しく、人間の作ったものです。キリスト者は、保守であれリベラルであれ、つまらないもののために神の子どもとしての権利を売ってはなりません。時の低俗な文化や気まぐれな政治、人を傷つける宗教という名の偽善に汚染されることなく、キリストにある自由にしっかりととどまり、福音に生きましょう。

　性的少数者や、その他の差別の対象となっている人たちを迫害する人は、キリスト教倫理を語る資格はありません。人を不幸にする者は宗教の本質を堕落させると、主イエスも語りました。排他的で分断をもたらす宗教は、キリスト教ではありません。それは、道から外れた場所、人であることの本質から霊的に疎外され、孤独な思いをしている人たちのいる教会にすぎません。

10月8日　父なる神の御業 ・・・・・・・・・・・・・・・・・・・・・・・・・・・

イエスは言われた。「私の食べ物とは、私をお遣わしになった
方の御心を行い、その業を成し遂げることである。」

主イエスには、父なる神と神の国へのひたむきな思いがありました。
「私があなたがたに言う言葉は、勝手に話しているのではない。父が私
の内におり、その業を行っておられるのである。」「父よ、できることなら、
この杯を私から過ぎ去らせてください。しかし、私の望むようにではなく、
御心のままに。」神殿の境内で、主は母マリアにそっけなくこう言いました。
「どうして私を捜したのですか。私が自分の父の家にいるはずだという
ことを、知らなかったのですか。」

私たちは、これらの主の言葉を、単なる寓話として解釈してはなりま
せん。神の御心は、現実です。それは、父なる神から主イエスに降り注ぐ
命の川のようなもの、血の流れです。主はその流れの深いところから、
力強く命を引き出します。神の御心を行う用意のある者は誰でも、この
血流の一部となり、キリスト・イエスの命に深く、強く、完全につながります。

ここには、人間的な感傷が全くありません。主の宣教の二つの焦点は、
天の父と主自身でした。もう一度言います。焦点は、神と主イエスだけな
のです。

新約聖書の時代はカイロス（神の時、救いの時）です。その本質的な
道筋は、イエス・キリストを通して、救いの源である神に至る道筋です。

割礼の有無は問題ではなく、大事なのは、新しく造られること
です。　　　　　　　　　　　　ガラテヤの信徒への手紙 6:15

　私たちの内なる子ども（インナーチャイルド）は、伸び伸びと感情を表す力を持っています。しかし、内なるファリサイ派がそれを抑圧します。問題は、その人が自分の本当の感情を、表に出しているか、あるいは抑圧しているかということです。その人が感情的か抑制的かという問題ではありません。

　ジョン・パウエルという人が、自分の両親の墓碑銘には「お互いを知らなかった二人、ここに眠る」と書かなければならないと、悲しげに言ったそうです。ジョンの父親は自分の感情を人と分かち合うことができない人で、そのためにジョンの母親は父親を知ることができませんでした。

　他者に心を開きましょう。「自分は孤独ではない」と、嘘をつくのをやめましょう。恐れがない振り、傷ついていない振りをすることを、やめましょう。あなたの愛を、隠すことなく表しましょう。そして、相手が自分にとってどれほど大切な存在であるかを、ほかの人たちに伝えましょう。内なる子どもはこうして、ファリサイ派に勝利します。そこには、聖霊のダイナミックな働きがあります。

> イエスは、何が人の心の中にあるかをよく知っておられたのである。
>
> ヨハネによる福音書 2:25

　主イエスは、並外れた洞察力と鋭い感受性を持っていました。主は、刺し貫くように人の心を見通すことができました。主は人の中にある傷を知っていました。地上におられたときも、今も、主は私たちが何に傷ついているかをご存じです。主は私たちを、人の理解を超える深さをもって愛してくださるからです。

　数年前、友人の牧師がどん底に落ち、教会を辞め、家族を捨てて、ニューイングランドのキャンプ場に逃げ込みました。ある冬の日、その友人がアルミ製のトレーラーの中で震えながら座っていると、携帯用の電気ストーブが突然止まって壊れてしまいました。友人は状況を呪いながら、「神よ、私はあなたが嫌いです」と叫び、泣きながらがっくりと膝をつきました。すると、真っ暗な闇の中で、キリストが「分かっているよ。大丈夫だよ」と言うのが聞こえました。打ちのめされた心の中で、主が泣いている声がしました。牧師は立ち上がって、家路に着きました。

　主は、私たち一人一人の違いに合わせて、私たちの憎しみや愛、失望や喜び、恐れや悲しみ、傷や癒やされた部分を、そっと取り扱ってくださいます。

　主は、何が人の心を傷つけるかをよくご存じでした。このことは、主の地上での宣教の働きを見れば分かります。主の足元で泣いていた、打ちひしがれたマグダラのマリア。命の危険にさらされていた姦淫の女。異性との関係で失敗を重ねていたサマリアの女。ゴルゴタへの道で嘆き悲しんでいた女たち。この人たちそれぞれの傷を、主は知っていました。

> 恐れるな、私があなたと共にいる。
> たじろぐな、私があなたの神である。
> 私はあなたを奮い立たせ、助け
> 私の勝利の右手で支える。
>
> イザヤ書 41:10

　かつて、アメリカ先住民には、若い勇士を訓練するための習わしがあったそうです。少年が十三歳になる日の夜、狩りやサバイバル術などでその子の忍耐力と成熟度を測る試験が行われます。その後、少年は深い森の中に置かれ、一晩中たった独りで過ごすのです。これは、ユダヤ教のバル・ミツワーやキリスト教の堅信礼、すなわち成人式に相当する通過儀礼です。

　月明かりも届かない深い森の中で、少年は暗闇の恐怖に身を任せます。小枝が折れる度に、野生動物が飛びかかって来るように思えます。一晩中、少年は夜明けを待ちながら、不安そうに東の方を見ています。一晩というより一か月は経ったように思われた頃、太陽の光が森の奥を照らし、少年の目に、徐々に茂みや花、道などが見えるようになります。そして驚いたことに、すぐ近くの木の陰に弓と矢で武装した父親が立っているのが見えます。

　少年は、「お父さんがそこにいると知っていれば、何も怖くなかったのに」と思ったのではないでしょうか。その何百年も前に、主イエスはガリラヤ湖で、沈んでいくペトロとおびえている弟子たちにこう言いました。「なぜ怖がるのか。まだ信仰がないのか。天の父は昼も夜もあなたたちの近くにいて、どんな危険も追い払ってくださることを知らないのか。」

10月12日　新しい人 ·········

主よ、思い起こしてください
あなたの憐れみと慈しみを。
それはとこしえからあるもの。

詩編 25:6

· ·

主イエスは、さまざまなものを捨てるようにと、私たちを招いています。
偽りの顔、つまらないうぬぼれ、いらだたしい虚栄心、馬鹿げた見せか
けといったものです。主はその上で、複雑で面倒な人間の社会の正式
な一員になるようにと、私たちを励まします。そして、ご自分が柔和であ
るように、私たちにも互いに柔和でありなさいと呼びかけます。

主は、救われた罪人の交わりに私たちを招いています。そこでの私た
ちのアイデンティティはキリストにある「新しい人」にあり、新しい人は、
神の家族であるきょうだいたちと固く結ばれています。私たちの栄光は
新しい人にあります。肩書き、きらびやかな物、名誉、学位、あると思い
込んでいる互いの違いの中にはありません。

ペトロの手紙一にあるように、私たちは神ご自身の命そのものに捕ら
えられ、「聖なる方に倣って」生きる者です。私たちは、知らず知らずのう
ちに他人に対して恐れや偏見や嫌悪感を抱いているものです。しかし
主に倣って生きるとき、私たちはそのすべてから自由になります。

獅子であり、小羊である主は、容赦のない厳しさと向こう見ずなほど
の憐れみをもって私たちと関わる方です。私たちにも、主と同じように、
強くたゆみなく人を憐れむ力が与えられます。

主の慈しみに境界線はありません。主の御手は、誰に対しても差し伸
べられます。私自身に対しても、です。

聖なる者にふさわしく、あなたがたの間では、淫らなことも、
どんな汚れたことも、貪欲なことも、口にしてはなりません。

エフェソの信徒への手紙 5:3

　肉体的な快楽を追求する現代の文化の中で、肉欲への執着は、本、
映画、ゲーム、テレビなど、至るところに見られます。このような社会には
びこるポルノに対して、キリスト者の多くは否定的です。それでもひそか
に、そうした肉欲を刺激するものに手を出してしまい、自分の人生に働く
聖霊の力を止めてしまいます。

　「分別ある肉欲」とは、矛盾した言葉です。「分別ある肉欲」をもって実
態を金箔で覆い隠すように、私たちの自己は肉と霊の自己に分裂し、
両方を注意深く監視します。このような人たちは、聖霊は受けているの
ですが、霊的に赤ん坊のまま成熟していません。なぜなら、聖霊の支配
に完全に服従していないからです。この人たちは、性欲やその他の衝
動に屈し、幼稚な霊性に閉じこもってしまいます。大人になることができ
ないこのような人を、パウロは固い食物を口にすることができない乳児
にたとえています。

　神学者ジャン・ムールーは書いています。「完璧なキリスト者とは、
普通にしていても肉欲の要求に屈することなく、普通にしていても内に
働く聖霊の力に従順な人のことである。」

知恵のない者ではなく、知恵のある者として、どのように歩んでいるか、よく注意しなさい。時をよく用いなさい。今は悪い時代だからです。　　　　　　　　　　　エフェソの信徒への手紙 5:15-16

　　父なる神の子どもとしての私のアイデンティティは、抽象的なものでも、宗教熱のようなものでもありません。私の存在の核である真実です。神の慈しみを受け取って生きることは、私の現実認識に、そして他者やその人生への私の関わり方に、深く影響しています。

　　私が日々、民族的背景の異なるきょうだいにどう接するか、罪にまみれた道行く酔っぱらいにどう反応するか、嫌いな人からの横やりにどう応じるか、ごくありふれた日に、ごくありふれた信仰のない人にどう関わるか。こうしたことこそ、私が何者であるかについての真実を物語るものです。

　　私たちはいと高き方の子であり、憐れみの中で成熟していく者です。そして私たちは、他者（例外なくすべての他者）のために存在することができるようになります。私たちにとって見知らぬ人がいなくなり、愛ゆえに他者の手に触れることができ、自他の垣根がなくなるほどに、私たちは人を憐れむことができるようになります。

もしあなたがたが、聖書に従って、「隣人を自分のように愛しなさい」という最も尊い律法を実行しているのなら、それは結構なことです。しかし、人を分け隔てするなら、あなたがたは罪を犯すことになり、律法によって違反者と定められます。

ヤコブの手紙 2:8-9

キリスト教は本来、共同体を重んじる宗教です。しかし今は、キリスト教の公共性が深刻に損なわれている時代です。それは、礼拝というものが「私たちを天の父のもとへと導かれる長兄（主イエス）の周りに集う、家族の集まり」なのだという意識を、私たちが見失っているからです。現代において、信仰は直通電話のようなものになってしまいました。それは神と私の間の個人的なコミュニケーションであり、私のきょうだいとは何の関係もありません。

「世が地獄に向かおうとも私は礼拝に行く」とばかりに、うわべだけで律法に従おうとするならば、私たちの心は麻痺し、苦しむきょうだいの叫びを聞くことができなくなるでしょう。

自分が豊かな生活を送るすぐ近くで貧困にあえいでいる人たちがいても、礼拝に出ることで自分の後ろめたさを慰めるクリスチャンがいます。国家の貧困対策予算をはるかに上回る金額が、国民の娯楽のために費やされています。これでは、カール・マルクスの言うとおり、「宗教は大衆のあへん」です。

主は富んでいたのに、あなたがたのために貧しくなられました。それは、主の貧しさによって、あなたがたが豊かになるためでした。
　　　　　　　　　　　　　　　　　　　　コリントの信徒への手紙二 8:9

　金持ちの青年に対する主の答えを読むなら、主イエスの霊的な貧しさがどのようなものであったかを知ることができます。「なぜ私を『善い』と言うのか。神おひとりのほかに善い者は誰もいない。」主のこの姿勢に、父なる神の心は狂喜しました。「子は、父のなさることを見なければ、自分からは何もすることができない。」

　主イエスは、すべては神からの愛の贈り物であると認めることが、御国に入るための基本的な態度であると言います。私たちが主のように自分の貧しさを知り、人としての限界を受け入れるとき、神は喜ぶのです。

　私たちが人間としての弱さにしっかりととどまることを、悪魔は喜びません。悪魔は荒れ野で主に苦しめられました。それは、主が自分の弱さをよく知っていたためです。悪魔は主に、自分の貧しさ、人としての性質を、認めてほしくなかったのです。

　主イエスが人としての貧しさを受け入れたとき、救いの歴史の物語はクライマックスに向かいました。主は、何一つ包み隠さず、何にも（自分の本当の出自にさえも）しがみつくことをしませんでした。このために、悪魔は怒り狂っています。

　　キリストは
　　神の形でありながら
　　神と等しくあることに固執しようとは思わず
　　かえって自分を無にして
　　僕の形をとり
　　人間と同じ者になられました。（フィリピの信徒への手紙 2:6-7）

キリストは、私たちがまだ弱かった頃、定められた時に、不敬虔な者のために死んでくださいました。正しい人のために死ぬ者はほとんどいません。善い人のためなら、死ぬ者もいるかもしれません。しかし、私たちがまだ罪人であったとき、キリストが私たちのために死んでくださったことにより、神は私たちに対する愛を示されました。　　　　　　ローマの信徒への手紙 5:6-8

··

　敵を愛することは、赦しを経験したキリスト者の揺るぎないしるしです。これは神から与えられる霊の賜物であり、聖霊の働きです。

　教会にとって、十字架のキリストは、単に模範として崇拝する対象ではありません。主は神の力です。その言葉を通して私たちの人生を変える、生きた力です。

　「あなたがたは、敵を愛し、人によくしてやり、何も当てにしないで貸しなさい。そうすれば、たくさんの報いがあり、いと高き方の子となる。いと高き方は、恩を知らない者にも悪人にも、情け深いからである。」「父よ、彼らをお赦しください。自分が何をしているのか分からないのです。」

10月18日　私たちの内に働く主

> ザアカイは立ち上がって、主に言った。「主よ、私は財産の半分を貧しい人々に施します。また、誰からでも、だまし取った物は、それを四倍にして返します。」　ルカによる福音書 19:8

　私たちの内には、主イエスの憐れみ深い愛が働いています。私たちには、世界中の人たちと共に苦しみ、共に耐え、共に闘い、食事を共にする力が与えられています。人々は苦しんでいます。食べ物や着る物がないことに、孤独や痛みに、選択を誤ったことや夢が破れたことのために、苦しんでいるのです。

　私たちは、コルカタのマザー・テレサや、開発途上国の医療宣教師たちの活動に参加する必要はありません。キリストは、私たちの地域社会や家庭で、霊的・肉体的な苦悩にある人の内で、今日も十字架につけられています。

　主イエスは、漠然とした得体の知れない何かではなく、現実に存在している方です。私たちが最も小さな者たちのためにすることは、主イエスのためにすることです。すぐ隣のゴルゴタの丘、キリストが今も十字架で苦しんでいる場所で、私は私の救い主と私の神に仕えます。

あなたがたは皆、真実によって、キリスト・イエスにあって神の子なのです。キリストにあずかる洗礼〔バプテスマ〕を受けたあなたがたは皆、キリストを着たのです。　　　ガラテヤの信徒への手紙 3:26-27

　主イエスは自由をもたらす方です。主は私たちを、富や権力や快楽を得るための策略から解放します。そして、私たちの引き裂かれた良心を苦しめる自己嫌悪からも、私たちを自由にします。

　主は、私たちの想像をはるかに超えた思いをもって、世がもたらすことのできない平和と喜びをもたらします。「来なさい。そうすれば分かる。」「ただ、神の国を求めなさい。そうすれば、これらのものは添えて与えられる。」

　これこそ、私が人生の中で垣間見た主イエス、私の内なるキリストです。主の魅力に引かれて、私はたまらなく、主に付いて行きたくなります。主がハーメルンの笛吹き男であるかのように、私の孤独な心は、主を追って行きます。

　私の生きる目的はイエス・キリストです。私のこの言葉は、敬虔ぶったたわごとではありません。パウロはこのように表現しています。「キリストがすべてであり、すべてのものの内におられるのです。」

10月20日　恐れからの解放・・・・・・・・・・・・・・・・・・・・・・・・・・・・

彼らのまねをしてはならない。あなたがたの父は、願う前から、
あなたがたに必要なものをご存じなのだ。

マタイによる福音書 6:8

・・

　主の言葉は、キリスト者の人生から恐れと心配を完全に締め出します。
「心を騒がせてはならない。」「小さな群れよ、恐れるな。あなたがたの
父は喜んで神の国をくださる。」「自分の命のことで何を食べようか何を
飲もうかと、また体のことで何を着ようかと思い煩うな。」

　使徒ヨハネは、その人生の黄昏時に、叙情的な一節を記しています。
「神は愛です。愛の内にとどまる人は、神の内にとどまり、神もその人の
内にとどまってくださいます。」「愛には恐れがありません。完全な愛は、
恐れを締め出します。恐れには懲らしめが伴い、恐れる者には愛が全う
されていないからです。」

　主イエスは、明日を思い煩うことをはっきりと禁じています。ですから、
疑いや不安はキリスト者にふさわしくありません。「求めなさい。そうすれば、
与えられる。探しなさい。そうすれば、見つかる。叩きなさい。そうすれば、
開かれる。誰でも、求める者は受け、探す者は見つけ、叩く者には開か
れる。」

　主イエスが言うように、すべては天の父が与えてくださいます。天の
父の許しがなければ、雀は空から落ちることはありません。天の父は鳥
を養い、野の花を装ってくださる方です。今日の糧を願うとき、明日を主
に委ねるとき、あなたは、この天の父に祈っているのです。

貧しい人々はいつもあなたがたと一緒にいるから、したいときに良いことをしてやれる。しかし、私はいつも一緒にいるわけではない。

マルコによる福音書 14:7

あまり知られていない、地味で小さな憐れみの働きがあります。それは、人に食べ物や住まいを提供すること、病人や獄中の人を訪問すること、人を教育したり正したりすること、人の癒やしとなるような言葉をかけること、人の過ちを受け入れること、想像力をもって人の話に耳を傾けること、助言すること、汚れた足を洗うこと、人々と共に祈ることです。こうしたことはすべて、憐れみの働きです。大切でないことなどありません。

主イエスは、「あなたがたは、天の父が完全であられるように、完全な者となりなさい」と言っています。この主の言葉と同じ意味のことが、別の御言葉でも表されています。「あなたがたの父が慈しみ深いように、あなたがたも慈しみ深い者となりなさい。」

10月22日　見えないものへの確信

最後まで耐え忍ぶ者は救われる。　　マタイによる福音書 24:13

　アルジェリアで殉教したド・フーコー神父はよく、神と主イエスのことを「私たちの愛する主と兄」と言っていました。神父にとって、このように呼ぶことは、大見栄を切ることでも飾り立てることでもありませんでした。神父は口先だけで神を信じていたのではなく、日々の必要を満たしてくださる神を、向こう見ずなほどに大胆に、無限に信頼していました。

　神父の人生にはもはや、恐れも心配も挫折も存在しませんでした。「主は私たちのために、その御子をさえ惜しまず死に渡された方だ。それ以外のあらゆるものも、主は必ず与えてくださる」という思いが、神父の祈りの霊性を形づくっていました。神父は、今この瞬間に生き、神だけを見つめて、自分が望むことのみに没頭していました。今ここに完全に忠実であるために、ほかの一切を神の摂理に委ねていました。

　12月の寂しい暗い夜、アルジェリアで、神父は勇敢に、冷静に死に臨んだに違いありません。神父は、復活の主が死に打ち勝ったことを固く信じていたからです。「私たちはもはや、死んでも滅びることはない。復活によって、私たちの朽ちる体は朽ちないものになった」というアレクサンドリアのアタナシオスの言葉も、神父は揺るがずに信じていました。この信仰によって、神父の死は命へと変わり、終わりではなく始まりになりました。

> あなたには、私をおいてほかに神々があってはならない。
>
> 出エジプト記 20:3

主イエスの神への理解は、革命的でした。主は、神の憐れみと愛が途方もなく大きいことを語りました。この神の前に、その他すべての像は吹き飛びます。

投影（自分の抑圧された思いを自分以外の人の中に見てしまうこと）は偶像です。父なる神は、和解を心から喜ばれる方です。この神以外を偶像とし、祈る対象とすることは、幻想であり、卑劣な行為であり、迷信です。

キリスト者には、人となって私たちの間に来られた主イエスをおいて、ほかに神はいません。

10月24日　自分の感情を見つめる・・・・・・・・・・・・・・・・

主の前でダビデは力の限り踊った。彼は亜麻布のエフォド を身に着けていた。

サムエル記下 6:14

・・

　夕食に出かける前、妻のロズリンはよく「ちょっとだけ、お化粧をする時間が欲しいわ」と言います。ファリサイ派は常に、信心深そうに見える化粧をしていなければなりません。ファリサイ派には、注目と称賛を浴びたいという貪欲な欲求があります。そのため、徳を高め、間違いや失敗を慎重に避けなければなりません。「良くない」感情も持つべきでないものとして抑え、見ない振りをします。しかし、意識しないようにしている感情は、大きな問題を引き起こす可能性があります。

　私たちが自分自身や周囲の世界について何かを認識するとき、感情は、抑えようとしても最も直接的な反応として出てくるものです。肯定的であれ否定的であれ、自分の中にある感情をしっかりと見ることを通して、私たちは本当の自分自身に触れます。感情は、良いものでも悪いものでもなく、単に、自分の中で起こっている真実です。自分の感情をどう扱うかによって、誠実な人生を送るか、それとも欺瞞に満ちた人生を送るかが決まります。

　あなたの感情を、信仰によって形づくられた知恵の判断に委ねましょう。そうするなら、感情は、あなたが適切な行動をするため、あるいは行動しないことを選ぶための、信頼できる道しるべとなりえます。

私たちは神に認められて福音を委ねられたので、このように語っています。人に喜ばれるためではなく、私たちの心を吟味される神に喜んでいただくためです。

テサロニケの信徒への手紙一 2:4

キリストは人の歓心を得ようという気持ちから自由であり、他人に依存することがなく、不屈の勇気がある方でした。主は、誰よりも正直な自分自身を生きました。このことに、私は恐れを覚えると同時に、触発され、魅了されます。

説教者としての私は、「神の言葉は何にも束縛されず、妥協したり水で薄めたりするようなものではない」ことを、知識と確信をもって語ることができます。そして、そのことによって恵まれてきました。

しかし私生活では違います。恐れと不安から他人の承認を求め、不当に非難されると自分を守ろうとし、それが何であれ他人の要求を断ることに罪悪感を覚え、他人の期待に応えることに執着します。使徒パウロでも嫌がると思われるほど、すべての人に、すべてのものとなろうと必死になります。

人に喜ばれるためではなく、私たちの心を吟味される神に喜んでいただくために、私たちは生きなければなりません。

> あなたがたは、人を奴隷として再び恐れに陥れる霊ではなく、
> 子としてくださる霊を受けたのです。この霊によって私たちは、
> 「アッバ、父よ」と呼ぶのです。　ローマの信徒への手紙 8:15

　赤ちゃんが生後に話し始める最初の言葉の一つは、「パパ」だそうです。一世紀のパレスチナのユダヤ人の赤ちゃんは、アラム語で「アッバ」と言ったことでしょう。

　主イエスが神に向かって「アッバ」と呼びかけたことは、まさに革命的なことでした。父親の膝の上でくつろぐ小さな子どものように、私たちも、親しみと愛と敬意を込めて神に話しかけてよいのだと、主イエスは示したのです。

　その神とは、宇宙を造った神、どれほど美しい景色よりもすばらしい神、いかに破壊力のある爆弾も無に等しいほどの力を持った神です。神を前にしたモーセが履物を脱がなければならなかったほどに、限りなく聖なる神です。その神が、私たちのアッバなのです。

三度目にイエスは言われた。「ヨハネの子シモン、私を愛しているか。」ペトロは、イエスが三度目も、「私を愛しているか」と言われたので、悲しくなった。そして言った。「主よ、あなたは何もかもご存じです。私があなたを愛していることを、あなたはよく知っておられます。」イエスは言われた。「私の羊を飼いなさい。」

ヨハネによる福音書 21:17

キリストは、「私を愛しているか」という大切な問いを発しています。教会は、信徒がこの問いに答えるために必要な場所と時間を、提供しなければなりません。信徒がイエス・キリストとの間に個人的な関係を築くことは、何よりも切迫した、大切なことだからです。

いかなる信条も規則も、主と私たちの間の関係に取って代わることはできません。イエス・キリストが私の人生の主でないのなら、急進的な教会改革をしようと社会変革のために福音を実践しようと、望みはありません。「私を愛しているか」という大切な問いを放置したままに、徳や哲学を実践したり、神でない神のための新しい神殿や組織を築いたりしてはなりません。

10月28日　キリストにある平和 ....

> 私たちは信仰によって義とされたのだから、私たちの主イエス・キリストによって神との間に平和を得ています。このキリストのお陰で、今の恵みに信仰によって導き入れられ、神の栄光にあずかる希望を誇りにしています。　　　　ローマの信徒への手紙 5:1-2

より高い意識に向かう途上にあるクリスチャンに、朗報があります。あなたがより高い意識に至るなら、あなたの日々の生活から消えるものがあります。あなたの中に組み込まれている、安楽や権力に依存する気持ちです。感覚や感情に頼ることもなくなります。そして、それらが引き起こしていた苦しみはおおかた消えうせるでしょう。

あなたは、人の目を欺き操るために、お金、安定、恋愛や結婚の相手、権力、知識、専門性など、さまざまなものを獲得しようとしてきました。そのためにしてきた低次元の駆け引きや計画を、あなたはすべて捨て去ることができます。

あなたは、他人に対して自分をシンプルに表現するようになるでしょう。「これが私です。」誤った自己像から解放されたあなたは、こう言います。「これだけが私のすべてです。」

イスラエルよ、主を待ち望め。

主のもとに慈しみがあり

そのもとに豊かな贖いがある。

詩編 130:7

自殺には三つの方法があります。自分の命を絶つこと、自分自身を死なせること、望みのない人生を自分に許すことです。三つ目の自滅のしかたは目立たないので、自分でも気付きにくく、そのためにそれに抗うこともできません。それは大抵、退屈で単調な生活を送る、ただ糊口をしのぐために仕事をする、平凡な人生に打ちのめされてしまうといった形の死です。

私たちはまず、心の奥底で、「キリスト者の召命は厳しすぎる、キリスト・イエスにある人生は畏れ多い」と思ってしまいます。そして、使い古されたいつものやり方に落ち着き、福音の偉大さを感じることができなくなって、ほかの皆と同じようになります。

個々のキリスト者そしてキリスト者の共同体の中には、命に溢れ、活気に満ちたキリストと同じかたちがあります。それは、私たちの中で表現されることを待っています。私たちの本当の命を生きる機会を、みすみす失ってはなりません。

人を裁くな。裁かれないためである。あなたがたは、自分の裁く裁きで裁かれ、自分の量る秤で量られる。

マタイによる福音書 7:1-2

....

　ホセア書によれば、神は、たとえ配偶者である私たちが姦淫をしても、婚姻関係を維持することを望んでいます。新約聖書の時代になっても、これは変わりません。

　ホセアから学んでいない、権威を持つ者は、姦淫の女が連れて来られると、神に代わって女を裁こうとします。神のように振る舞う指導者は、女に石を投げることでしょう。ファリサイ派の神は律法を好みます。このような神の概念は原始的です。原始的な神は、何よりもまず正義を欲し、律法のためならば女を殺します。このような神のためには、人は犠牲になってもかまわないのです。

　しかし主イエスの内に、旧約聖書の神の本当の顔が見えます。主は正義よりも人を大切にする方です。主が望むのは、シナイ山の律法を書き直すことではなく、愛をもって女を救うことです。

　神の愛は、「神は父」と宣言したイエス・キリストにあって成就します。主は、ご自分と同じように天の父と子の関係に入るよう、すべての人を招いています。パウロは、ローマの信徒に向けて、この教えを繰り返し語っています。「神の霊に導かれる者は、誰でも神の子なのです。あなたがたは、人を奴隷として再び恐れに陥れる霊ではなく、子としてくださる霊を受けたのです。この霊によって私たちは、『アッバ、父よ』と呼ぶのです。」

神は天から人の子らを見下ろし
神を求める悟りある者はいないかと探られる。　詩編 53:3

　人の論理や正義を神に適用することはできません。人の論理は、人の経験や人の性質に基づくものです。神は、このような秩序に従う方ではありません。

　たとえイスラエルが背信しても、神は真実であり続けます。この方は、人のあらゆる論理と限りある正義に反して、忠実であり続けます。神は「私はいる」という方、変わらない方だからです。

　神のすることは不条理です。神の根気強さも、不条理です。それは神の愛のゆえです。愛とは不条理なものです。愛は、相手の不貞があっても相手を求めます。愛は、嫉妬や怒りになります。怒るということは、相手に強い関心があるからです。

　愛という概念を理解するとき、私たちは、神の性質をより完全に理解することができます。そして、私たちの理解を、神の情熱、怒り、熱心といった概念にまで広げていくとき、神のことをさらに深く、広く理解することができます。

　聖書の中の神の像を、より複雑で、より感情的な神として理解できればできるほど、私たちの中で神の存在は大きくなります。そして、逆説的なことに、不可解な神の神秘に、私たちはさらに近づいていきます。

11

November

主よ、私に耳を傾け、答えてください。
私は苦しむ者、貧しい者です。
私の魂を守ってください。
私は忠実な者です。

詩編 86:1-2

　本当に人間らしいクリスチャンとは、本当に心の貧しい人のことです。私たちが毎日を生きる中で、この心の貧しさは、どのような形で表れるものなのでしょうか。

　人と会話するとき、心の貧しい人はいつも「あなたと話して人生が豊かになった」という思いを相手に残します。そして実際に、相手の人生は豊かになります。心の貧しい人は、人から得るばかりで相手には何も与えないということがなく、逆に人に与えるばかりということもありません。心の貧しい人は、人に自分を押し付けることをしません。豊富な見識で相手を圧倒することもしません。例えば、相手を回心させようと、聖書の言葉を次から次へとぶつけたりはしません。

　心の貧しい人は、自分の心が貧しく、他人から学ぶべきことがたくさんあることを自覚しているからこそ、よく耳を傾けます。心の貧しさゆえに、相手の生きている世界に、たとえ自分が共感できなくても入り込むことができます。心が貧しいからこそ、受け取る方法を知っており、たとえそれが小さなものであっても、その価値を分かって感謝することができます。

　原子物理学者でクリスチャン作家のピーター・ヴァン・ブリーマンはこう書いています。「心の貧しい人とは、自分を受け入れている人のことだ。その人は、自分の限界を明確に知っている。自己像を持ってはいるが、そのために憂鬱にはならない。このように、自己嫌悪に陥ることなく自分の至らなさを自覚しているということが、心が貧しいということである。」

主よ、恵みと慈しみのゆえに答えてください。

深い憐れみにふさわしく御顔を向けてください。　　詩編 69:17

　内なる人が透けて見えるようなキリスト者になるための行程は、真実と正直に向き合うことから始まります。その真実とは「何か」ではなく、神です。

　まず初めに、自分が安定や感覚や権力といったものに捕らわれ過ぎているということを、神に対して謙虚に、また穏やかに認めることが必要です。

　また、他人が何かの依存行為にふけったり、感情的に何かを要求をしたりしているのを見たとき、その人への真の思いやりを持つことが必要になるでしょう。その人は、私たち自身を映す鏡なのです。その人の問題は、今、または過去の私たち自身の問題です。

　人と同じ闇が自分の中にもあることを認め、その闇の中で互いに一致することで、私たちは自分を正当化することから少しずつ自由になり、人にいらだつことが減ります。そして、人を思いやることができるようになるのです。

神よ、私の心は確かです。

私は歌い、ほめたたえよう。

私の栄光よ
　　　　　　　　　　　　　　　　　　　　　　　　　　詩編 108:2

··

　心は体の目です。多くのクリスチャンは、不安でそわそわした、かすんだ目をしています。それは、その人の心が、この世の虚栄に曇っているからです。

　一方、透き通るような目をしたクリスチャンもいます。世の光であるイエス・キリストにしっかりと根ざした、素朴で喜びに溢れた心を持ち、その目は輝いています。

　ヘブライ人への手紙は、内なる人が透けて見えるようなクリスチャンになるための方法を、こう語っています。「信仰の導き手であり、完成者であるイエスを見つめながら、走りましょう。」聖書はこれに加えて、自分の価値観全体を見直すことを強く勧めています。

　あなたがたの宝のあるところに、あなたがたの心もあるのだ。(ルカによる福音書12:34)

見よ、神は私の救い

私は信頼して、恐れない。

主こそ私の力、私の歌。

私の救いとなってくださった。

イザヤ書 12:2

　私たちがどんなに従順で、よく祈っていたとしても、自らを救うことはできません。これこそが、私たちの悩みの核心であり、ジレンマの根源なのでしょう。私たちは、自分自身を非難することと褒めることの間を行き来します。それは、自らを救うことができると錯覚しているからです。

　私たちは、善行をしたり、律法を徹底的に守ったりすることによって、誤った安心感を得ます。しかし次第に、自分の「後光」が頭を締めつけるようになります。気を付けて道徳的に優れている自分を装っても、やがて化けの皮は剥がれます。

　私たちは自分自身の矛盾に愕然とし、自分への高い期待に応えられなかったことに打ちのめされます。まるでジェットコースターに乗っているような、明るい気分と暗い気分のアップダウンが続きます。これはどのようなことでしょうか。

　それは私たちが、神の前で自分が無であることを知ろうとしないからです。結果、私たちは神との関係の最も深い現実に、足を踏み入れることができません。しかし、私たちが自分の無力さと救いようのなさを自分のものとして受け入れるとき、また、自分が神の慈しみを乞うほかはない者であることを認めるとき、神は私たちの内から美しいものを引き出してくださいます。

イエスは答えて言われた。「よくよく言っておく。あなたがたが私を捜しているのは、しるしを見たからではなく、パンを食べて満腹したからだ。」

ヨハネによる福音書 6:26

自己充足の精神、「すべては自分次第」という考え方は、イエス・キリストの福音とは似ても似つかぬものです。主イエスがパンを増やす奇跡を目の当たりにした弟子たちは、ただ呆然としていました。主の内に働いている、不可能を可能にする聖霊の力に対して、弟子たちの心は開かれていなかったのです。

自分に頼る人は、自分自身の限られた資源に頼ってしまいます。これは、パウロの語る霊性ではありません。パウロはエフェソの信徒への手紙にこう書いています。「心の目が照らされ、神の招きによる希望がどのようなものか、聖なる者たちの受け継ぐものがどれほど豊かな栄光に輝いているか、また、私たち信じる者に力強く働く神の力が、どれほど大きなものかを悟ることができますように。」

初代教会の時代の人たちは、自らを超人だと考えていましたが、その人たちに超人的な意志の力があったからではありません。聖霊の超自然的な力に頼っていたからです。

11月6日　私を変える主 ·····

> 目の見えなかった人‥は答えた。「あの方が罪人かどうか、私に
> は分かりません。ただ一つ知っているのは、目の見えなかった
> 私が、今は見えるということです。」　ヨハネによる福音書 9:24-25

　私たちは、自由な神が肉となった主イエスをほめたたえます。しかし主
はそれに満足することなく、私たちを変えてくださいます。

　最近キリストを信じた人が、信仰を持たない友人から聞かれたそうです。

　「あなたはクリスチャンになったそうですね。」

　「そうです。」

　「それなら、キリストについて詳しいのでしょうね。どこの国で生まれた
のですか。」

　「知りません。」

　「何歳で亡くなったのですか。」

　「分かりません。」

　「説教は何回したのですか。」

　「分かりません。」

　「クリスチャンになったと言う割には、あなたはほとんど何も知らない
のですね。」

　「あなたの言うとおりです。キリストについてほとんど知らないことは
恥ずかしく思っています。でもこれだけは知っています。三年前、私は大
酒飲みで、借金を抱えていました。家族は私の姿を見る度におびえ、
家庭が崩壊しかけていました。でも今、私は酒を断ち、借金もなくなりま
した。わが家は幸せな家庭です。子どもたちは毎晩、私の帰りを心待ち
にしています。すべて、キリストが私のためにしてくださったことです。
私がキリストについて知っているのは、これだけです！」

　何かを知っているとは、そのことによって変えられているということです。

神の霊に導かれる者は、誰でも神の子なのです。

ローマの信徒への手紙 8:14

　聖書を通してご自身を明らかにする神は、私たちの神です。神はその民を愛しておられるだけでなく、イエス・キリストを通して、ご自身の全存在を惜しみなく私たちに与えました。

　神はご自身の明瞭な知識と自由な愛を私たちに与え、三位一体の神と生きる無上の喜びを教えました。私たちに与えられた神ご自身の存在、それは聖霊です。

　荒れ野でイスラエルの民を養った神は、私たちという新しいイスラエルを招いて、主イエスと共に食卓を囲む仲間として宴に参加させてくださいます。エフライムの愛を切に望んだ神は、今、私たちの愛を欲しています。

　救いの歴史を始めた神は、天の国で、救いの歴史を輝かしい結末に導くことを望んでいます。御国では、太陽の光が要らなくなります。そこには小羊イエスがいて、私たちを照らし温めてくださるからです。

主よ、私はあなたの僕
私はあなたの僕
あなたの仕え女の子
あなたは枷を解いてくださった。　　　　　　　　　　詩編 116:16

　道徳主義や律法主義によってキリスト者にかけられた「自己嫌悪」という呪いは、どのようにしたら解けるのでしょうか。その人が、人の優劣に関する世の基準を捨て、仕えられるよりも仕えることを望む主イエスのように、生き方を変えることです。

　福音は、赤裸々な現実です。ロマンチックな理想でも薄っぺらな感傷でもありません。僕として生きることとは、感情や気分や感覚ではなく、主イエスの人生そのものを生きようと決意することです。

　それは、私たちが何を感じるかということではありません。私たちが何をするか、つまりへりくだって仕えると決心するということです。聖霊の力によって、この悔い改めが私たちの人生にもたらされるとき、その最初の実りは、自己嫌悪という抑圧からの解放です。

　この自由を得させるために、キリストは私たちを解放してくださいました。
　ですから、しっかりと立って、二度と奴隷の軛につながれてはなりません。
（ガラテヤの信徒への手紙 5:1）

愛する人たち、私たちは今すでに神の子どもですが、私たちが
どのようになるかは、まだ現されていません。しかし、そのこと
が現されるとき、私たちが神に似たものとなることは知ってい
ます。神をありのままに見るからです。神にこの望みを抱^{いだ}く人
は皆、御子が清いように自分を清くするのです。

ヨハネの手紙一 3:2-3

　自分を義とする者が自分を赦すなら、その人は非難されます。一方、
罪人が自分自身をとがめるならば、その人は無罪になります。自らの内
なるファリサイ派の存在を否定することは、死につながります。私たちは
そのファリサイ派と親しくなり、対話し、「お前はなぜ、平安と幸福を神の
国の外に求めなければならないのか」と尋ねなければなりません。

　私が参加したある祈祷会で、熟年の男性が最初に発言しました。
「今日は何も悔い改めることがないので、神に感謝したいと思います。」
すると、男性の妻がうめき声を上げました。男性が言いたかったことは、
自分は十戒に反するような横領も冒瀆も姦淫も犯していないということ
でした。男性は、偶像崇拝、アルコール依存、性的放縦などとは距離を
置いていましたが、神の子どもが持つ内なる自由には至っていませんで
した。

　私たちは、人格的にも行動においても、罪人にも聖人にもなりえます。
しかしファリサイ派と神の子どもの間には、大きな違いがあります。この
ことを無視し続けるなら、私たちの霊的成長はそこで止まってしまうで
しょう。

11月10日　百人隊長の例 ·····················

> マルタは言った。「はい、主よ、あなたが世に来られるはずの神の子、メシアであると私は信じています。」　ヨハネによる福音書 11:27

　聖書の物語に登場する登場人物に自分を重ねながら、主イエスを知ることがあります。私は海兵隊の軍曹だったので、百人隊長に親しみを覚えます。主が百人隊長の子を癒やした話を思い出してください。隊長は懇願して言いました。「主よ、私はあなたをわが家にお迎えできるような者ではありません。ただ、お言葉をください。そうすれば、私の子は癒やされます。」

　ただし、この話の中で最も意味があるのは、「イエスはこれを聞いて驚き」という一節です。「よく言っておく。イスラエルの中でさえ、これほどの信仰は見たことがない」と、主は付いて来た人々を振り返って言いました。主は、自分のことを理解してくれる人がついに現れたと思ったことでしょう。

　主はこう思っているのではないでしょうか。「私は私を信じる人たちを無限に慈しみ、耐え難い苦しみを耐えてでも赦し、果てしなく忍耐し、癒やし、愛を与えたい。私を信じない人たちも、私がどうあるべきかについて、あなたたちの小さく愚かで自分よがりな考えを押しつけるのをやめてほしい。私は私らしくありたい。」

あなたは、適格な者、恥じることのない働き手、真理の言葉を
まっすぐに語る者として、自分を神に献げるよう努めなさい。

テモテへの手紙二 2:15

　私たちは、聖書の御言葉を通して、神の無条件の愛を体験する必要
があります。神が語った言葉は、イザヤとエレミヤ、エゼキエルそしてホ
セアを捕らえました。私たちも、神の書かれた御言葉に捕らえられなけ
ればなりません。キリストの語った言葉が、マタイとマグダラのマリアを
魅了し、シモン・ペトロとサマリア人の女をとりこにしたのと同じように
です。

　私たちが学ぶ御言葉は、私たちの祈りとならなければなりません。
私が神のとどまるところを知らない優しさを個人的に体験したのは、
解釈学や神学の専門家、または霊的な著作の作家を通してではありま
せんでした。生ける御言葉の前にじっと座って、「御言葉を頭と心で理
解できるよう助けてください」と主に祈ったときでした。

　単に学ぶことからは、恵みの福音を知ることはできません。本や教会
や指導者の権威が、イエス・キリストを個人的に、直接知ることに取っ
て代わることを、私たちは決して許してはなりません。

　私たちは、自分で体験する救い主イエスと、自分自身との間に、キリス
ト教についての他人の意見や考えを入り込ませてはなりません。そうす
るなら、私たちは、自分が行ったことのない観光地のパンフレットを手渡す、
説得力のない旅行業者になってしまいます。

11月12日　健全な罪の意識

悲しむ人々は、幸いである

その人たちは慰められる。

マタイによる福音書 5:4

　健全な罪の意識は、自己嫌悪とは違うものです。私たちは、自分の罪深さを確信することで、自分の現実に向き合い、手加減することなく正直に自分の姿を見つめ、自己を知ることができます。そしてその確信は、自分が罪人であることを私たちが深いところで認め、神と和解したいと願い、その結果、心の平和を得ることにつながります。

　けんかして仲直りした恋人どうしは、過去から解き放たれるだけでなく、二人の間の信頼と安心感が深まるものです。神との仲直りも同じです。自分の強さではなく、弱さを相手に差し出すことのほうが、大切なことなのです。

　神に赦されるとき、私たちは、罪悪感の支配から、無償で、無条件に解放されます。神は私たちの過去を見とがめることなく、過去の罪が現在または未来に及ぼす影響を、取り去ってくださいます。そして私たちは、「幸いなる罪よ！」と叫びます。

　いなくなった息子は、罪を犯しましたが悔い改め、父の家に帰って来ました。砕かれ、傷ついたその中で、息子は父と親しく交わる喜びを知りました。それは、自らを罪のない者とする兄が決して知ることのできない、親しさと喜びでした。

私たちが知っているように、すべて律法の言うところは、律法の下（もと）にある者たちに向けられています。それは、すべての口が塞がれて、全世界が神の裁きに服するようになるためです。なぜなら、律法を行うことによっては、誰一人神の前で義とされないからです。律法によっては、罪の自覚しか生じないのです。　　　　　　ローマの信徒への手紙 3:19-20

自分にこだわり過ぎることは、必ず不健全な罪の意識を生み、自分を非難し続けることにつながります。それは破壊的なほどに私たちの感情をかき乱し、「自己」という頑丈な要塞に閉じこもらせ、鬱々とした思いと絶望をもたらし、憐れみ深い神から私たちを引き離します。

不健全な罪の意識にまつわる言葉遣いは、とげとげしいものです。それは、要求し、罵倒し、批判し、拒絶し、非難し、責め、とがめ、叱りつける、不寛容で懲罰的な言葉です。クリスチャンは、失敗するとひどく動揺し、恐怖を抱（いだ）きます。

不健全な罪の意識は、大きく膨れ上がり、まるで天が落ちてくるような感覚になります。頭に木の実が落ちてきたのを天が落ちてきたと勘違いするひよこの話（イギリスの寓話『チキン・リトル』）のようです。

私たちは罪に対して罪の意識を抱きます。しかし、健全な罪の意識とは、犯した過ちを認め、自責の念に駆られながらも、差し出された赦しを受け入れる自由を得るということです。それは、「すべてが赦され、過ちが贖われた」という実感に、焦点を当てることなのです。

人よ、何が善であるのか。
そして、主は何をあなたに求めておられるか。
それは公正を行い、慈しみを愛し
へりくだって、あなたの神と共に歩むことである。　　ミカ書 6:8

　道徳主義は、信仰を価値のないものにします。破ってはならない道徳を自己責任で守ることより、愛に満ちた神の呼びかけに個人的に応答するほうが、はるかに大切なことです。

　道徳主義とその義理の子に当たる律法主義は、神の民に対する愛の物語を、義務や律法の順守へとおとしめてしまいます。義務も律法も、負担が大きく、抑圧的なものです。キリスト教信仰の形を変えてしまう律法主義者は、信仰の実体ではなく、その影を見ています。

　葬儀場で、友人が故人への弔辞を読んでいるところを想像しましょう。「ジョンはすばらしい信者でした。日曜日の礼拝を欠かすことはなく、結婚は一度だけで、もちろん下品な冗談も言いませんでした。」ここでは、聖性の基準、神に従っているか否かの基準は、律法を守ることにあります。これでは、ファリサイ派の人々と同じです。

ファリサイ派のある人々が、群衆の中からイエスに向かって、「先生、お弟子たちを叱ってください」と言った。イエスはお答えになった。「言っておくが、もしこの人たちが黙れば、石が叫ぶだろう。」

ルカによる福音書 19:39-40

アウグスティヌスは言っています。「被造物自体が神を示す。万物は語っている。」

アッシジのフランチェスコは、「人が知覚する物の美しさとは、その物が神を告げる声である」と感じていました。フランチェスコにとって、被造物は、「私を美しいものにしたのはあなた。私ではなく、あなたです」と叫んでいました。被造物の中に隠れているものをフランチェスコが発見した瞬間に、被造物は美しいものになりました。フランチェスコが被造物の中の美に目を留めた途端、被造物は声を上げて「私たちを造られた方はなんとすばらしいのでしょう！」と叫んだのです。

フランチェスコは、鳥たちと仲良く話し、近隣を騒がせたグッビオの狼を叱り、神の小羊を思いながらポルツィウンクラで羊を飼い、叙情的な太陽の賛歌を書きました。宇宙とつながる、その優れた感性で、自然の中にある神と交わりました。

11月16日　人の両義性を受け入れる ······················

地上には
罪を犯さずに善のみを行う正しき者はいない。

コヘレトの言葉 7:20

······················

　完璧主義者は、弱さを「凡庸」、矛盾を「腰砕け」と解釈します。完璧主義者が完璧を求める気持ちは、神を求める気持ちを上回っています。自分が楽になるための小さなことを泣く泣く犠牲にしてきたという思いと、自分がしている小さな妥協の数々が、完璧主義者を深く苦しめます。

　自分を慈しみ、受け入れることは、完璧主義者にとっては到底不可能です。「同じ人の中に罪と恵みが同時に存在しうる」という考え方は、受け入れられません。「不完全さと霊性が両立しうる」という考え方も、霊的な高みを目指す完璧主義者にとっては感傷的な譲歩にすぎません。それでも、使徒パウロは書いています。

　私は、自分の内には、つまり私の肉には、善が住んでいないことを知っています。善をなそうという意志はあっても、実際には行わないからです。私は自分の望む善は行わず、望まない悪を行っています。（ローマの信徒への手紙 7:18-19）

　バーナード・ブッシュ神父はこう述べています。「使徒パウロは、自分の罪深さをしっかりと見つめても、そこに神の御手を見いだし、賛美で応答している。」

どうして、今の時を見定めることができないのか。

ルカによる福音書 12:56

　Nowhere（どこでもない場所）という語は、now（今）とhere（ここ）の二つの単語から成っています。どこでもない場所に住むということは、今という瞬間を生きるということです。今ここに与えられているものに注意を払う技術は、霊的生活で最も大切なものの一つです。

　今を生きるとは、どのようなことでしょうか。生きるうえで最も重要なのは「今ここ」であると、深く信じることです。私たちは、過去に起こったこと、あるいは未来に起こるかもしれないことに、常に気を取られています。今に集中し、今の瞬間という神殿に住まうことは、簡単なことではありません。私たちの心は制することが難しく、今という時に深く関わることから私たちを引き離そうとします。

　主イエスは、私たちに「心を入れ替えて子どものようにならなければ、決して天の国に入ることはできない」と言います。子どものようになるとは、過去のことを忘れ、将来の心配をするのをやめるという意味です。私たちが神の前にいるのは、「今」だけです。

11月18日　不変の神と反抗する民 ⋯⋯⋯⋯⋯⋯⋯⋯⋯

> 人とは何者なのか、あなたが心に留めるとは。
> 人の子とは何者なのか、あなたが顧みるとは。　　　詩編 8:5

神は預言者を立て、預言者の心に自分の生きた姿を焼き付けて、神の民のところへ派遣しました。それは、温かく情熱的な方法でご自身を明らかにするためでした。イスラエルは不誠実で、恩知らずで、偶像に身を売る娼婦のようでした。それにもかかわらず、預言者たちは、人間の不誠実さを前に、神が変わらない方であることを叫び続けました。

聖書には、神が失望しながら反抗的な民を扱っているイメージが次々と描かれています。収穫のための働き手が一日の労働に疲れ果て、ぐったりした様子で家に帰るイメージ。神が独りで搾り桶を踏み、その衣がぶどうの汁で赤く染まっているイメージ。イザヤは、神がその召命に値する民を生み出すために苦悩する様子を、陣痛に耐える女という大胆なイメージを用いて描きました。

ホセアの預言では、神が涙を流しながら苦悶の叫びを上げます。

エフライムよ
どうしてあなたを引き渡すことができようか。

イスラエルよ
どうしてあなたを明け渡すことができようか。

どうしてアドマのようにあなたを引き渡し
ツェボイムのように扱うことができようか。（ホセア書 11:8）

人間であれば、こう言うでしょう。「あなたは契約を破った。だからあなたには何の借りもない。」「もう、限界だ。これ以上あなたを赦すことはできない。もう私は弱みにつけ込まれまい。」そのようなときも、神の圧倒的な慈しみと耐え忍ぶ愛が押し寄せ、「私は神である。人ではない」という勝利の声が響き渡るでしょう。

**主の前にへりくだりなさい。そうすれば、主があなたがたを高く
してくださいます。** ヤコブの手紙 4:10

アッシジのフランチェスコを抜きにして、美を語ることはできません。フランチェスコの人柄には、神の麗しさが豊かに映し出されていました。神が無限の美の海であるなら、フランチェスコは噴き上がる小さな泉のような存在でした。フランチェスコの心は、その振る舞いに表れていました。

ある日、フランチェスコは村の広場に着きました。群衆が追ってきます。その村の司祭の生活が清廉潔白でないことは周知の事実でした。フランチェスコが広場に着くと、偶然にも司祭が教会から出てきます。群衆は息をのんで見守っています。フランチェスコはどうするでしょう。司祭の醜聞を糾弾し、村人たちに人の弱さと思いやりの必要性を説教するのでしょうか。または司祭を見なかったことにして、そのまま歩き続けるのでしょうか。いいえ、フランチェスコは一歩前に進み、泥の中にひざまずいて司祭の手を取り、口づけします。たったそれだけです。すばらしい振る舞いです。

フランチェスコは、生涯の終わりに二本の枝を手に取りました。一本はバイオリン、もう一本は弓の代わりです。フランチェスコの奏でるメロディはなんとすばらしいのでしょう。もちろん、それは内なる演奏でした。モーツァルトとバッハの音楽でさえ、このすばらしいメロディに値するほどのものではなかったでしょう。

フランチェスコは、神に完全に心を委ねており、その結果がフランチェスコの言葉や振る舞いでした。フランチェスコの心から流れ出る美しいものを見るとき、「人生の唯一の悲しみは、聖人でないこと」という小説家レオン・ブロワの言葉が真実であることに、私は改めて気付かされます。

11月20日　愛の応答

神は憐れみ深く、私たちを愛された大いなる愛によって、過ちのうちに死んでいた私たちを、キリストと共に生かし――あなたがたの救われたのは恵みによるのです――キリスト・イエスにおいて、共に復活させ、共に天上で座に着かせてくださいました。

エフェソの信徒への手紙 2:4-6

クリスチャンは、献身に伴う厳しい要求に直面することがあります。私たちは、自然な反応として、苦しみや恐れ、そして不安を覚えます。

しかし、神の愛に包み込まれ、神の生きた真実に向き合うとき、不安は神の愛が与える安心感に飲み込まれます。そして、苦しみは希望に、恐れは願望に変わります。

神は、寛大であることを民に求める前に、神の側から無限の愛を注いでくださいます。神は、その愛に私たちが応えることを切に求めています。そしてそのために、神は聖霊の賜物を通して、私たちに応答する力を与えてくださいます。

私はあなたの口に私の言葉を入れ
私の手の陰にあなたを隠し
天を広げ、地の基を据え
シオンに、「あなたはわが民」と言う。　　　　　イザヤ書 51:16

　主イエスは穏やかな自信と権威をもって言いました。「神の国は、栄光がまばゆいばかりに、また劇的に介入するようなものではありません。いいですか。その始まりは、からし種のように小さなものです。成長するには時間がかかるから、辛抱しなさい。」

　また主はこう言います。「農夫が種を蒔いて立ち去り、後で芽が出るようなものです。」ペンシルベニア州やバーモント州の農家の誰にでも尋ねてごらんなさい。小麦を植える時期は「9月下旬から10月上旬」と答えるでしょう。収穫までの間、何をしているのかと尋ねれば、「何もしません。放っておいても自然に成長しますから」という驚きの答えが返ってきます。

　神の支配はそういうものです、と主イエスは説明しました。神の国はおのずから成長するのです。父なる神が植えたものは収穫され、それを阻むものは何もありません。異端や分裂、教会の失策や離反、道徳上の失敗、また迫害や兵器による攻撃でさえ、神の国の到来を妨害することはできません。これは確かなことです。人間の努力は、神の不変の計画に比べれば、無に等しいのです。

敵を愛し、迫害する者のために祈りなさい。天におられるあなたがたの父の子となるためである。父は、悪人にも善人にも太陽を昇らせ、正しい者にも正しくない者にも雨を降らせてくださるからである。

マタイによる福音書 5:44-45

　神はとがめるのではなく、赦す方です。罪人は、悔い改める前から受け入れられています。赦しはその人に与えられており、その人はただ、その贈り物を受け入れるだけでよいのです。これは本物の恩赦であり、無償のものです。

　イエス・キリストの福音は、神と私たちの愛の物語です。それは、無条件の赦しから始まります。その唯一の条件は、私たちが神を信じることです。

　キリスト教信仰は、主イエスを知り、揺るぎない信仰と無謀なまでの確信を経験したときから始まります。この神に対しては、用心することも、慎重になることも、恐れる必要もありません。「愛には恐れがありません。完全な愛は、恐れを締め出します。恐れには懲らしめが伴い、恐れる者には愛が全うされていないからです。」

私の言葉にとどまるならば、あなたがたは本当に私の弟子である。あなたがたは真理を知り、真理はあなたがたを自由にする。

ヨハネによる福音書 8:31-32

霊的生活は、信仰と恵みにおける人格の成長だと言うことができるでしょう。キリスト者としての私は、単なる静的な存在ではありません。私は、自分なりの考えと感情を持つ、唯一無二の存在なのです。

私の中から立ち現れてくる子どもは、私には自分自身の顔があることを思い出させてくれます。その子どもは、他人にただ同調するだけの、型にはまった存在として生きるのではなく、自分らしくいる勇気を、私に与えてくれます。そして、人と同じにならないように守ってくれます。私の中で命を持ち、外に表れ出るのを待っているイエス・キリストを、子どもは呼び起こします。

> よくよく言っておく。私の言葉を聞いて、私をお遣わしになった方を信じる者は、永遠の命を得、また、裁きを受けることがなく、死から命へと移っている。　　ヨハネによる福音書 5:24

　私たちがこれまでずっと親しんできた信仰の定義のすべてを、少しの間忘れましょう。そうすれば、「聖書的な信仰の本質は神を信頼することにある」ということを、驚きをもって発見するかもしれません。教理（受肉、救い、贖いなど）を信じる信仰と、神を無条件に信頼する信仰とは、大きく異なります。

　神への揺るぎない信頼があるなら、私たちの病気や憂い、自己嫌悪の多くは解決します。恐怖にむしばまれていた心は、変わらない主の赦しを信じて変えられ、救われます。主イエスが自分を受け入れてくださると信じることは、究極の行為です。それはあまりにすばらしく、その意味を語り尽くすことはできません。

　贖いの神の慈しみに信頼しましょう。その信仰は、疑いや皮肉な思いや自責感や絶望に致命的な打撃をもたらします。「神を信じ、また私を信じなさい」という主イエスの呼びかけに、応答するのです。

　「もし神が私のことを考えるのをやめたら、神は存在しなくなるだろう」という詩人アンゲルス・ジレージウスの言葉は、全くの正論です。神はその定義上、私たちのことを考えているのです。天の父の子どもはこの言葉を信じ、歓喜の声を上げます。

私たちは自らの道を探し、調べて

主のもとへ帰ろう。

哀歌 3:40

　福音を律法主義でゆがめるならば、礼拝する者の前に「信心深さ」という壁が立ちはだかり、主ご自身と人生が変わるような出会いができなくなります。神の言葉はもう、私たちの乾いた魂に雨のように降り注ぐことがなくなります。福音は、遠い昔、ユダヤ人の大工が語った敬虔ぶった決まり文句にすぎなくなります。

　良い例を挙げましょう。モーセの律法に代わる新しい律法をもたらした主イエスが、その働きを開始するにあたり、いわば「就任演説」を行うために山に登ったとき、主は次の言葉で説教を始めました。

　　心の貧しい人々は、幸いである

　　天の国はその人たちのものである。(マタイによる福音書 5:3)

　これは、神の子どもたちのために主が用意している、通常とは革命的に異なる生き方についての行動指針です。

　主は私たちに、絶え間なく祈る人生、完全に無私に、軽やかで創造的な優しさを持って生きる人生を、生きてほしいと望んでいます。何にも縛られることなく、物質的そして霊的な幸福を受け取る人生を、主は私たちに与えようとしています。

11月26日　正義を貫くことの難しさ ···················

主よ、私は水溜めの底から
御名を呼びました。
あなたは私の声をお聞きになりました。
救いを求める叫びに耳を塞がないでください。
私があなたを呼び求めるとき
あなたはそばに来て、「恐れるな」と言われました。
主よ、あなたは私の魂の訴えを取り上げ
命を贖ってくださいました。

哀歌 3:55-58

自分が傷ついても、人の尊厳のために闘ったことがありますか。また、以前は味方だった友人たちが、あなたの行動を止めようとしただけでなく、やりすぎだと非難してきたことはありますか。このようなことを経験する人は誰でも、人と違うことによる貧しさがもたらす孤独を感じることでしょう。

たとえ小さなことであっても、良心の声に従うことを選んだ人がそのために苦しむことは、日々起こります。その人は孤立するでしょう。そのような責任を喜んで果たす人に、会ってみたいものです。

主よ、誰があなたの幕屋にとどまり
聖なる山に宿ることができるのでしょうか。
それは、全き道を歩み、義を行い
心の中で真実を語る者。

詩編 15:1-2

人と違うことによる貧しさとは、どのようなものでしょうか。主イエスは、自分が自分であることを犠牲にして妥協するよりは、むしろたった独りで立つことに、私たちを召しています。

独りで立つこと、それは、私たちの本物の自己のささやきを肯定することです。仲間や共同体の賛同や支援が得られなくても、自分の核となるアイデンティティにとどまって離れないということです。自分がこうあるべきだと思う自分、または他人が望む自分ではなく、たとえ人と違っていても、自分自身にとって真実の決断を勇気をもって下すということです。

独りで立つこととは、間違うことを恐れずに主イエスを信頼し、何があっても自分の中で主の命が脈打ち続けると信じることです。また、何も握りしめることなく、胸をえぐられるような思いをしてでも、本物の自己を生きるということです。本物の自己を生きるということは、唯一無二かつ神秘に満ちた、自分という人間の貧しさを、徹底的に認めるということです。つまり、自分の足で立つということは、大きな勇気を要する愛の行為なのです。

11月28日　神の愛を個人的に知る······

あなたがたがこれらの法に聞き従い、それを守り行うなら、あなたの神、主は、あなたの先祖に誓われた契約と慈しみを守り、あなたを愛し、祝福し、数を増してくださる。また、あなたに与えると先祖に誓われた土地で、あなたの胎から生まれた子、土地の実り、穀物、新しいぶどう酒、新しいオリーブ油、牛の子、羊の子を祝福される。

申命記 7:12-13

最近、バージニア州で、六人の女性のために、黙想をする三日間の合宿を開催しました。合宿が始まると、私はそれぞれの女性と面接し、「あなたが何よりも主から受けたいと願っている恵みを、一つだけ紙に書いてください」と言いました。ノースカロライナ州から来た、祈りと奉仕の経験が豊かな四十代の既婚女性ウィンキーは、「一度でよいから、神の愛を実際に体験してみたい」と言いました。私はそのために一緒に祈ると伝えました。

翌朝、ウィンキーは夜明け前に起き、海岸を散歩しました。すると、十代の少年と女性が前方から歩いてくるのが目に入りました。少年はさっと通り過ぎましたが、女性のほうは突然、九十度回転してウィンキーにまっすぐ近づき、ウィンキーを深く抱きしめて頬にキスをし、「愛してる」とささやいて、そのまま歩いて行ってしまいました。ウィンキーはその女性を見たことがありませんでした。ウィンキーはさらに一時間ほど海岸を歩き回ってから、宿に戻りました。

ウィンキーが私の部屋のドアをノックしました。ドアを開けると、ウィンキーはほほ笑んで、短く言いました。「私たちの祈りが通じました。」

父ご自身が、あなたがたを愛しておられるのである。あなたが
たが、私を愛し、私が神のもとから出て来たことを信じたから
である。 ヨハネによる福音書 16:27

··

　私は主イエスが神であることだけに目を留めて、人である主から距離
を置いていました。私の救い主を、親しい友として信頼していませんで
した。私の不安は、信じることへの奇妙なためらいから来ていました。
神は遠くにおられる方で、はっきりと理解できないと感じていたのです。
　ヨハネは、主イエスの胸に寄りかかって偉大なラビの鼓動に耳を傾け
るうちに、単なる知識を超えた形で、主を知るようになりました。
　ある人「について知っている」ことと、その人「を知っている」ことの間
には、なんと大きな違いがあることでしょう。名前、出身地、学歴、習慣、
外見など、その人のことをすべて知っているとしましょう。しかしそれら
の履歴からは、その人がどのように神を愛し、神と共に生き、歩んでいる
かについて、何一つ知ることはできません。
　ヨハネは、人の顔をした愛なる神である主イエスを直感で理解し、
体験しました。偉大なラビが誰であるかを知るにつれ、ヨハネは自分が
誰であるかを知ることになりました。ヨハネが知ったのは、主イエスが愛
した弟子としての、自分のアイデンティティでした。

主人は言った。「よくやった。良い忠実な僕だ。お前は僅かなものに忠実だったから、多くのものを任せよう。主人の祝宴に入りなさい。」

マタイによる福音書 25:21

　私たちは、圧倒的な神秘の前に物を言うこともできず、震えながら立ち尽くす時があります。真実の瞬間です。その時、私たちは、たった独りで唯一の方と向き合い、私たちに対する神の優しい憐れみを、単なる知識以上のものとして知ります。

　私は、人生の旅路において、あまりにも長い間、あまりにも頻繁に、説教を称賛されることや、知性による聖書研究の中に逃げ込んできました。私は感謝することなく知識を得、熱意なく事実を受け取ってきました。しかしながら、学問研究が終わったとき、私はそのすべてが無意味であることに気付きました。どうでもいいことのように思えたのです。

　しかし、夜の闇が暗く、心が乱れるとき、無限の方が語りかけてきます。全能の神が、御子を通して私への思いを語り、その愛が私の魂にきらめくように入り込んで、私は神秘に包まれます。それは私の救いの瞬間、カイロス、神の決定的な介入の時です。

　私は独り、五十九年間私を包んできた自己満足というぼろきれの中で震えながら、懐疑と知識に逃げ込むか、それとも「自分は神に愛されている」という真実に信仰をもって身を委ねるか、という重大な決断を迫られています。

12

December

「見よ、おとめが身ごもって男の子を産む。
　その名はインマヌエルと呼ばれる。」
　これは、「神は私たちと共におられる」という意味である。

マタイによる福音書 1:23

　クリスマスは年に一度、聖と俗の両方ですさまじい力でやって来て、イエス・キリストが突然、あらゆる場所に登場します。およそ一か月の間、主の存在は避けられなくなります。主を受け入れるか拒否するか、認めるか否かは自由ですが、無視することはできません。

　すべての教会で、主は、説教や賛美やクリスマスの飾りに現れます。それだけでなく、主は赤鼻のトナカイに乗り、あらゆるプレゼントの背後に潜み、宗教色を抜いた「年末のご挨拶」の中にいます。あちらでもこちらでも、主はクリスマス気分を高めるお酒の中にいて、皆が主に乾杯します。ひいらぎの枝は聖なる主の象徴、宿り木は、主がここにいるしるしです。

　イエス・キリストは、私たちの絶対的な未来です。主の名を呼ぶ私たちにとって、クリスマスは、この明らかな真理を告げる季節です。この聖なる季節は、深い希望に満ちています。ベツレヘムで解放された神の力によって、主が生まれました。この主にある神の愛から私たちを引き離すものは何一つありません。光と命と愛は、私たちの味方です。

12月2日　私の信仰は私のものか ·····························

> 私の愛する人たち、いつも従順であったように、私がいたとき
> だけでなく、いない今はなおさら、恐れおののきつつ自分の救
> いを達成するように努めなさい。　　　　フィリピの信徒への手紙 2:12

···

　中年期に入った今、私が学んでいることがあるとすれば、それは、アブラハムのハランからカナンへの旅は、私個人のものでもあるということです。私たちは皆、自分のこととしてキリストの呼びかけに応じ、個人的に主に献身する責任を負っています。

　私は主イエスを信じているのでしょうか。それとも、主について語った説教者、教師、証人たちを信じているのでしょうか。私の信じるキリストは本当に私自身のものでしょうか、それとも神学者や牧者や親や伝道者のものでしょうか。

　主イエスがペトロに尋ねた「あなたがたは私を何者だと言うのか」という問いは、主の弟子であるはずのすべての人に向けられています。この問いにどう答えるか、この究極かつ個人的な決断をせずに済むキリスト者はいません。親も友人も教会も、私たちの代わりはできないのです。

神に従い、悪魔に立ち向かいなさい。そうすれば、悪魔はあなたがたから逃げ去ります。

ヤコブの手紙 4:7

　「イエスは主である」という初めの信仰告白は、抽象的な神学的命題ではなく、極めて個人的な言葉です。私が自分に正直であるためには、この言葉に忠実でなければなりません。この言葉は、キリストの誕生を祝う準備をするアドベントの四週間を、私がどのように祝うかということに、深く影響します。

　主は私の人生と私のクリスマスの主です。そうであるならば、私は「イエスは主である」という根本的な事実に基づいて、自分の私生活と職業生活のすべての優先順位を決めなければなりません。

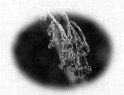

12月4日 大きな喜び

その日には、喜び躍りなさい。天には大きな報いがある。この人々の先祖も、預言者たちに同じことをしたのである。

ルカによる福音書 6:23

クリスマスは、自分の人生の悲劇を超えたところにあるものを見せてくれる幻です。クリスマスは、私たちが世の中を深刻に考え過ぎないために、神の笑いが必要だということを思い出させてくれます。キリスト教は楽観的です。それは、地に落ちたものは何であれ、再びよみがえるという原則です。キリスト者の笑いは、私たちの中にあるクリスマスの喜びがこだましたものです。

もしあなたがベツレヘムの神秘、天使が告げた「大きな喜び」を本当に受け入れるなら、あなたの心は父なる神の笑いで満たされるでしょう。「このように、あなたがたにも、今は苦しみがある。しかし、私は再びあなたがたと会い、あなたがたは心から喜ぶことになる。その喜びをあなたがたから奪い去る者はいない。」

　人知をはるかに超えたキリストの愛を知ることができ、神の満ち溢れるものすべてに向かって満たされますように。

エフェソの信徒への手紙 3:19

―――――――――――――――――――――――――――――――――

　「私たちの中で主イエスがお生まれになるとは、どのようなことだろうか。私たちキリスト者がいることで、人が自身に正直でいられるということだ。また、私たちがそこにいないと、希望や喜びが減ったように感じるということだ。」

　これは、数年前、私が独り過ごす中で日記帳に走り書きした言葉です。すばらしい希望の時であるクリスマスの季節が始まるとき、この言葉は、私にとって預言的な力をもって私の心を捕らえます。

　ほかの人たちがキリスト者の中に力と喜びの源を見いだすことができる、そのかぎりにおいて、私たちは希望の民です。もしそうでなければ、「主は聖霊によって宿り、おとめマリアから生まれ人となった」という私たちの信仰告白は、単なる観念上の、あやふやで絶望的なものに終わります。それでは、「明日から酒はやめます」と約束する、私のようなアルコール依存症者と同じです。

12月6日　クリスマスの恵み

> その日には、あなたがたが私に尋ねることは、何もない。よくよく言っておく。あなたがたが私の名によって願うなら、父は何でも与えてくださる。
>
> ヨハネによる福音書 16:23

「自分にはもう何もない」という悲観的な状況にあっても、クリスマスは、私たちにはすべてがあるということを告げてくれます。私たちには、主と歩む旅路が、そして夢があります。

イエス・キリストにあるきょうだいの皆さん。クリスマスの恵みに心を打たれていますか。主は私たちを受け入れてくださる方です。その愛を受け入れる勇気を、主は与えてくださいましたか。クリスマスの意味とは、神の情熱的な愛が、主イエスを通して私たちの世界に決定的に介入したのだということです。これを確信していますか。神が約束に忠実であること、つまり始めたことを成し遂げる方だということを信じますか。驚くべき恵みが今まさに働いていることを、信じますか。自分は地上の一晩の宿に泊まっているにすぎず、天のエルサレムへの途上にあるのだと信じますか。

もしまだクリスマスの恵みに心を打たれていないなら、求めましょう。そうすれば、与えられます。

主はその民を訪れて、これを贖い
我らのために救いの角を
僕ダビデの家に起こされた。　　　　ルカによる福音書 1:68-69

　キリストは、世界を後戻りできないほどに変えました。主の言葉が純粋に語られるなら、聞く者は高揚し、恐れ、衝撃を受けます。そして、私たちが誠実であるなら、自分の人生全体を見直すことを余儀なくされます。

　福音は、私たちの思考回路を壊し、一見すると敬虔な、安楽な信仰を打ち砕き、真理を覆っていた殻を破ります。イエス・キリストの霊は閃光のようにきらめいて、至るところに新しい道を開きます。

　キリストの語る言葉は、かすかに揺れる炎の剣のように立っています。なぜなら、主は平和ではなく革命をもたらすために来られたからです。福音は、人畜無害な人のための楽天的な物語ではありません。主の言葉は、人間の霊的領域の最先端を行き、雷鳴のようにとどろき、地鳴りのように響きます。

　人間の歴史の中に入って来た神は、神とはどのような方であり、人間はどうあるべきかということに関して、これまでの概念をすべて打ち砕きました。主がキリスト者のために計画した人生とは、キリストが生きたとおりの人生です。

　主は、私たちが豊かになるために貧しくなったのではありません。私たちが栄誉を得るために嘲られたのではありません。私たちが称賛されるために笑われたのでもありません。それどころか主は、キリスト者が本来あるべき姿、つまりあなたや私のあるべき姿を明らかにしました。パウロが言うように、私たちは「喜んで苦しみを受けており、キリストの体である教会のために、キリストの苦難の欠けたところを、身をもって満たして」いる者であるはずです。

12月8日　自由が人となって……………………

天使たちが離れて天に去ったとき、羊飼いたちは、「さあ、ベツレヘムへ行って、主が知らせてくださったその出来事を見ようではないか」と話し合った。 ルカによる福音書 2:15

「あなたがたは私を何者だと言うのか」という主イエスの問いかけが、繰り返し心に浮かびます。近年、私は波乱に満ちた私生活を送りました。その中で起きたさまざまな出来事から、この問いへの答えが出て来ました。「主よ、あなたは、父なる神の自由が人となった方です。あなたは、神の愛に対する、自由で創造的な応答です。」

宇宙の王は、人々の予想を裏切り、全く無名で生まれることを選びました。主の誕生日は、非正統的であることの自由を祝う日となりました。主イエスは、人の想定に反したために、同時代の多くの人のつまずきの石になりました。（「ナザレから何の良いものが出ようか」と言ったナタナエルは、「救い主がナザレ人だって？」と驚いたに違いありません。）

よくしつけられたユダヤ人の限られた想像力では、「飼い葉桶に寝かされた赤ちゃんの救い主」など、ぞっとするような概念でした。みすぼらしい、何をしでかすか分からない神は、本物の救い主とは思えませんでした。「ぼろを着た王」など、ファリサイ派の鋭い知性と律法学者の理性的な思考に対する侮辱でした。律法を知らない単純な羊飼いや民衆はだまされるかもしれない、だが聖書に詳しい学のある者たちは惑わされるはずがない、というわけです。ここに働いているのは、宗教心の強い人を魅了する行動指針「救い主よ、あなたが私たちの期待に応えてくれるなら、あなたに忠誠を尽くします」です。

終わりに、きょうだいたち、喜びなさい。初心に帰りなさい。励ま
し合いなさい。思いを一つにし、平和に過ごしなさい。そうす
れば、愛と平和の神があなたがたと共にいてくださいます。

コリントの信徒への手紙二 13:11

クリスマスの恵みを十分に体験するために、とても大切なことがあり
ます。私たちが主イエスと正しい関係にあるとき、私たちはキリストの平和
の中にいます。

あなたの中に、深刻な不信仰があり、それが意図的で、しかもそれを
意識しているなら、これを認めて悔い改めなければなりません。しかし、
平和の感覚のありなしは、霊的生活の潮の満ち引き、通常の流れです。
物事が平凡で単調な時期、宗教的体験の頂点ではなく停滞期やどん
底にあることは、自分を責める理由にはなりません。信仰生活の大部分が、
そのような時期であるはずです。それでも、神との関係が崩壊している
と考える必要はありません。

不満やいらだちがあったり、疲れていたりすると、一時的に不安にな
るかもしれません。けれども、キリスト・イエスの平和のうちに生きる人
生が奪われることはありません。劇作家イヨネスコはかつて、恐慌のさな
かにこう述べました。「私を落胆させるものは何もない。落胆でさえも。」

12月10日　新しい人生

> わが主よ、あなたこそわが希望。
> 主よ、私は若い時からあなたに信頼し
> 母の胎にいるときから
> あなたに支えられてきました。
> あなたが母の胎から
> 私を取り上げてくださいました。
> 私は絶えずあなたを賛美します。
>
> 詩編 71:5-6

　キリスト者の希望は、アドベントとクリスマスの季節に満ちている精神です。それは、来るべきすばらしい未来までお預けの希望ではありません。希望は、どこかよその世界の話ではなく、死後に天で受けることが約束されている報いでもありません。

　主イエスは、私たちに「もっと後まで待つように」とは言いません。「助けと癒やしは終わりの時まで得られない」とも言いません。希望とは、今、人を変える、恵みの良き知らせです。

　私たちは、死の恐怖だけでなく、生きることの恐怖からも解放されています。私たちには、信頼と希望と憐れみに満ちた、新しい人生を得る自由があります。

その時、私たちの口は笑いに
舌は喜びの歌に満ちた。
その時、国々で人々は言った
「主は、この人たちに大きな業(わざ)を
成し遂げられた」と。

詩編 126:2

　ずっと前、ペンシルベニア州ロレットの神学校で、イサク(ヘブライ語でイツハク)の意味は、「彼は笑う」だと教わりました。アブラハムと妻サラは、年を取ったため、神が子どもを授けてくださるという約束を諦めていました。もうすぐ妊娠すると聞かされたサラは、信じられないとばかりに笑いました。しかし、最後に笑ったのは神でした。年老いた夫婦に息子が生まれ、人の「絶望」という陰気な笑いは、神の「愛」という笑いに変わりました。

　神がアブラハムに約束した息子イサクは、主イエスによって約束が成就することを預言する存在でした。主イエスは、神の最後の笑いです。笑いは、矛盾や不一致があり、調和がないところに生まれるものです。ユダヤの伝統において、おとめが赤ん坊を産むことほど不自然なことはなかったでしょう。

　クリスマスは、人生の悲劇の向こう側を見ることを可能にする、信仰の体験です。私たちは世界を深刻に捉え過ぎ、妄想にすぎない世界を本気にし、死ぬまで競い合い、自分が重要だという幻を見ています。そのような私たちには神の笑いが必要であることを、クリスマスは気付かせてくれます。神の笑いは、ベツレヘムで始まった、愛に満ちた救いの御業です。

12月12日　信仰の実践 ··································

キリストにあって、私たちは、キリストの真実により、確信を
もって、堂々と神に近づくことができます。

エフェソの信徒への手紙 3:12

────────────────────────────────

　クリスチャンの歩みには、本質的な条件があります。いくつもの例を挙
げる必要はないでしょう。私たちは、信仰によって救われます。信仰とは、
イエス・キリストという方に、たゆまず、揺るがずに付いて行くということ
です。

　あなたの信仰の献身の深さと質を決めるものは何でしょうか。信仰は
話し方や考え方ではなく、生き方です。哲学者モーリス・ブロンデルは、
「その人が本当に信じていることを知りたければ、その人が言うことを
聞くのではなく、その人がすることを見るのがよい」と述べています。

　私たちが信じていることが真実であると証明できるのは、信仰を実践
したときだけです。信仰はあなたの人生全体を満たしているでしょうか。
信仰は、死や成功についてのあなたの価値判断を形成し、新聞の読み
方に影響を与えていますか。あなたには、人や出来事の向こうに神が
展開する計画を見抜く、ユーモアのセンスがありますか。

　人生が表面的に荒れ狂っているとき、あなたはしっかりと究極の真実
にとどまり、静かな落ち着きを保っているでしょうか。フランスの修道女リ
ジューのテレーズが言ったように、「何ものにも邪魔されず、何ものにも
おびえてはなりません。すべてのものは過ぎ去ります。神だけが変わり
ません。」あなたの信仰は、今年のアドベントを形づくっていますか。

しかし私には、神に近くあることこそが幸い。

私は主なる神を逃れ場とし

あなたの業をことごとく語り伝えよう。

詩編 73:28

キリスト教界において、クリスマスは危機にあります。これは、まさに信仰の危機です。私たちの多くは、招きを無視し、真理をごまかし、現実から逃避し、救い主なる主に真の意味で向き合うという決断を先送りしています。

しかし、クリスマスは神の子が誕生した日です。このクリスマスに、子どもと大人、神秘主義者とロマン主義者を分けるものは、主イエスに対する私たちの情熱の深さと質です。

鈍感な人は、食べて、飲んで、陽気に過ごすでしょう。表面的な人は、社会の慣習に従って宗教行事をこなすでしょう。敗者は、過去という亡霊に悩まされるでしょう。

では、勝利者である少数派は、どのようにクリスマスを祝うでしょうか。主を信じない多数派は、毎年そうしているように、型どおりのクリスマスを祝うでしょう。しかし少数派は、まるで主が今ここにいるかのようにクリスマスを祝います。主は、私たちが思うこと、言うこと、することを、見ておられる方だからです。

私の祈りがあなたの前に
香として供えられますように。
高く上げた両手が夕べの供え物となりますように。　詩編 141:2

　「キリストが私たちを愛している」と知っていることと、それを実感していることとは別のことです。祈るとき、私たちは人間らしいテンポまで速度を落として、神の声を聞く時間を作ります。祈りの中で、私たちは、自分がすでに持っているものを発見します。私たちは自分がいるところから祈りを始めますが、すでに行くべき場所に到達していることに気付きます。

　私たちはすでに、すべてのものを持っています。けれども多くの人はそのことを知らないので、それを体験することもできません。すべてのものは主イエスを通して、神から私たちに与えられています。今私たちに必要なのは、自分がすでに持っているものを体験するということです。そのために最も大切なことは、祈りの中で、主に愛されていることに身を任せるということです。

　クリスマスの季節には、私たちは祈りの中で神を求める必要はありません。私たちはすでに神を見いだしているからです。神である天の父も主イエスも聖霊も、これまでもずっとそこにおられました。シトー会のトマス・マートンは「私たちは祈ることを通して、祈りを学ぶ」と言いました。神が私たちにご自分を知らせてくださる機会を、祈りの中で作りましょう。

苦難の中で主に叫ぶと
主は彼らを苦しみから導き出した。
嵐を沈黙させたので、波は収まった。　　　　　詩編 107:28-29

　科学技術が進む現代において、神秘主義者という言葉は苦境に陥っています。主に侮蔑的に使われるこの言葉は、夢心地で浮世離れした霧の中で、ぼんやりしている人のことを意味するようになっています。

　しかし、本物の神秘主義者とは、幻覚や恍惚状態や空中浮遊を伴う異常な祈りをする人のことではありません。神学者カール・ラーナーいわく、神秘主義者とは、何かを体験している人です。

　神秘主義者は、イエス・キリストへの熱い思いで輝いています。神秘主義者は、ただキリストを求め、愛し、礼拝します。神秘主義者とは、その人生が渇きに支配されている人です。その渇きは、祈りの中で主を知ること、愛すること、喜ぶことを通して満たされます。「永遠の命とは、唯一のまことの神であられるあなたと、あなたのお遣わしになったイエス・キリストを知ることです。」

　クリスマスに祈る人は、「光は闇の中で輝いている」という御言葉を前にして、静まります。魂を静め、母親の腕の中にいる子どものように穏やかになります。ベツレヘムの幼子の中に体現された、神の慈しみ、赦し、和解、愛を、内面化し、自分のものとします。その人は、言葉が人となった方の恵みに身を委ねます。そして、自分が神に受け入れられていることを、受け入れます。

12月16日　最も親密な関係 ....

その子らは恥知らずで強情である。私はあなたを彼らに遣わす。
そこで彼らに「主なる神はこう言われる」と言いなさい。

エゼキエル書 2:4

イエス・キリストは、勝利者であり、統治者であり、主であり、贖い主
です。主との関係は、私の人間関係の中で、最も濃く、親密な関係であ
るはずです。しかし本当にそうでしょうか。正直なところ、クリスマスを前
にして、私たちの生活を支配しているのは何ですか。私たちに対して、
何が力を持っていますか。

まず、「人」でしょう。私に話しかけてくる人、私がその言葉を読む人。
私がつきあう人、つきあいたいと思う人、私に何かを与えてくれる人、
拒む人、助けてくれる人、邪魔する人、好きな人、嫌いな人。そのような
人たちは、私の注意を引き、私の思いを満たし、ある意味で、私の心を
支配している人たちです。

イエス・キリストはどうでしょうか。主もその一人ですが、優先順位は
一番後ろです。ほかの人たちと時間を過ごし、その人たちの求めに応じ
てから、まだ主のために使う時間が残った場合のみ、私は主と過ごします。

時には、ほかの人たちが私の時間の大部分を占めてしまい、私の人
生の主について考えることなく、一日が過ぎてしまうこともあります。礼
拝のときでさえ、友や敵に気を取られて、全身全霊で主に向かうことを
忘れてしまうこともあります。まあ、機械的に少しばかり祈りの言葉を唱
えるかもしれませんが、私の思いは別のところにあるのです。

イザヤは、唇で神を敬う民の心が神から遠く離れていると、イスラエ
ルの神が言うのを聞きました。思いのこもらない祈りは天に届くことはな
いと語る、シェークスピアの『ハムレット』のクローディアス王のせりふの
ようです。

これらのことを話したのは、あなたがたが私によって平和を得るためである。あなたがたには世で苦難がある。しかし、勇気を出しなさい。私はすでに世に勝っている。

ヨハネによる福音書 16:33

　クリスマスに祈る人は、希望は贈り物であり、本当は私たちが受けるに値しない平和の贈り物だと知っています。祈る人は同時に、希望とは、「神を信頼すると決心することへの招きである」と知っています。

　希望は、困難な状況にあって膨らむものです。希望は、「自分は大して世界に貢献できない」と私たちが決めつけることに、異議を唱えます。希望は、「成長のためには、安楽という惨めなものや現状にしがみついてはならない」と信じさせてくれます。希望は私たちに、「不正直な自分、自己中心的な自分、自分の弱い信仰生活に、もはや失望する必要はない」と告げます。敗北感を感じる必要はなく、鈍感であることや人格に深みがないことに罪悪感を覚える必要も、もうありません。

　「私は、むら気や怠け心、好色や嫉妬、そして憤りを克服することができるのだろうか。」このような問いは、もはや必要ありません。唯一必要な問いはこれです。「私の救い主、私の人生の主は、ベツレヘムで生まれたことで世界を変えた。このクリスマス、主は私のうなだれた心を回復し、私を変えることもできるのではないだろうか。」

12月18日　唯一の大切な事柄 ·······························

この人たちが、ガリラヤのベトサイダ出身のフィリポのもとに
来て、「お願いです。イエスにお目にかかりたいのです」と
頼んだ。　　　　　　　　　　　　　　　ヨハネによる福音書 12:21

　クリスマスイブに街で無作為に人を呼び止めて、「クリスマスに何が
一番欲しいですか」と尋ねるとしましょう。「主イエスにお目にかかりたい
です」と言う人は、どれくらいいるでしょうか。

　聖なる季節、アドベントの間、唯一の大切な事柄は何でしょう。主に会
いたいという強い望みだと、私は信じています。思想家アブラハム・
ヘッシェルの言葉を言い換えるなら、「イエス・キリストは、最高に重要だ。
少し重要とか、普通に重要ということはありえない」のです。

　心の内で、強く、主に出会うことを願いましょう。その願いは、私たちの
心の中にすでにイエス・キリストが存在することのしるしです。あとは、
聖霊の働きです。

あなたがたは、キリストを死者の中から復活させて栄光をお
与えになった神を、キリストによって信じています。したがっ
て、あなたがたの信仰と希望とは、神にかかっているのです。

ペトロの手紙一 1:21

「異教徒にとって、クリスマスは、キリスト教の小さな広告である。キリ
スト教徒にとっては、大いなる秘密である」とは、作家 G・K・チェスタト
ンの言葉です。

　クリスマスの大いなる秘密とは、インマヌエルの主、つまり私たちと共
におられる神が、産着にくるまって飼い葉桶に寝ている乳飲み子である
ということです。イエス・キリストが私の内にお生まれになるとき、希望
は明るく燃え上がり、ほかのすべては夕暮れの中へと消えていきます。

　屋根は落ち、冬なのに暖房が壊れ、都合の良い時だけの友人が裏切り、
人気を失うことはありえます。けれどもキリスト・イエスの御国は、私の
内に変わらずに明るく輝き続けます。

12月20日　自由の王国

> この大祭司は、自分も弱さを身に負っているので、無知な迷っている人々を思いやることができるのです。　ヘブライ人への手紙 5:2

このクリスマス、主イエスは、「自由の王国に入りなさい。神の愛によって自由になりなさい」と私たちを招いています。主イエスは、物事を何度でも新しくされる方です。

主が生まれたという驚きは、「自分からも他人からも自由になりたい」という私たちの強い望みをかき立てます。そして私たちは、型にはまらないクリスマスを祝うための、知的で想像力豊かな方法を探し始めます。

泣き叫ぶ乳飲み子の姿で私たちのところに来た主は、神を証ししています。神の言葉は、新鮮で、生きた言葉です。神は、古いもの、すでに定着したもの、確立したもの、慣れ親しんだものを守る方ではありません。私たちが主イエスの内に出会う神は、ご自身の栄光に捕らわれることなく、私たちのために自由でいてくださる方です。神は私たちを惜しむことなく慈しみ、愛し、自由でいさせてくださいます。

このクリスマス、このような神は、私たちに何を期待しているのでしょうか。私たちが神に創造力豊かに応答すること、つまり、真にキリストに似たものとなることです。

神は、孤独で孤立した捕らわれ人を解放すること、憂いと絶望のとりこになっている人と希望を分かち合うこと、魅力的でない人を食卓に招くことを、私たちに呼びかけているのでしょう。また神は、「楽がしたい、便利な思いをしたい」という気持ちから私たちが自由になること、寡婦や孤児の面倒を見て福音を伝えること、貧しい人に食事を届けることで本当の教会（神の家族）となることに、私たちを招いているのかもしれません。そして、型にはまった考え方をやめることを、私たちに求めています。

私は玉座から語りかける大きな声を聞いた。「見よ、神の幕屋が人と共にあり、神が人と共に住み、人は神の民となる。神自ら人と共にいて、その神となり、目から涙をことごとく拭い去ってくださる。もはや死もなく、悲しみも嘆きも痛みもない。最初のものが過ぎ去ったからである。」

ヨハネの黙示録 21:3-4

「過去に現れ、今も日々神秘のうちに来られる神が、未来にも栄光のうちに来る」ということを、クリスマスは約束しています。

「最後にはすべてがうまくいく」と神は言います。あなたを永久に傷つけるものはありません。取り返しのつかない苦悩も、永遠に続く喪失もありません。敗北は一時的なものにすぎず、決定的な失望もありません。

主イエスは、苦しみ、落胆、失望、挫折、死といったものが現実にあることを、否定しませんでした。しかし主は、神の国はこれらを恐れる心に打ち勝つのだと言いました。神の愛は溢れるばかりに豊かであり、いかなる悪もその愛を妨げることはできないのだと、主は言われたのです。

12月22日　心の貧しい漂流者たち ………………………………

イエス・キリストは、…私たちの主です。

コリントの信徒への手紙一 1:2

………………………………………………………………………………

　心の貧しい漂流者たちが、主が眠る飼い葉桶のそばにいます。この人たちは、途方に暮れ、生死を懸けてたった一枚の板にしがみつきながら、大海原を漂ってきました。やっとのことで岸に漂着した心の貧しい人たちは、あれもこれも欲しかった過去の気持ちをかなぐり捨てて、飼い葉桶へと向かいます。

　漂流者たちは、クリスマス気分を味わいに教会に行くことも、ぴかぴか光るクリスマスツリーも、浅薄なことだと知っています。お金や知識や権力のような、心の安定をもたらしてくれるものにも、つまらない装飾品や華やかな暮らしにも関心がありません。

　打ち砕かれた漂流者たちは、救われ、解放され、死の海から救い出され、新しい人生を生きるために自由にされました。飼い葉桶のそばで、漂流者たちは、「主イエスこそ、自分たちが知らずしてしがみついていた救いの板なのだ」という驚くべき発見をし、まばゆいばかりの真実に打たれます。

　漂流者たちは、風雨に打たれ、荒れ狂う海に揺さぶられていました。その間ずっと、誰に抱かれているのかを知らないままに、ずっと抱かれていたのです。漂流者たちは、霊的に貧しくされ、過去に持っていたものを心からも体からも奪われました。結果、かつて大切だと思っていたものをすべて見直し、自分を捨てざるをえなくなりました。

　漂流者たちは、所有することではなく所有されることを求めて、飼い葉桶のところに来ます。恍惚も、平安すらも求めません。ただイエス・キリストを求めて、飼い葉桶にやって来ます。

すべての膝は私の前にかがみ
すべての舌は誓い
私について、「正義と力は主だけにある」と言う。

イザヤ書 45:23-24

　勝利の救い主と繁栄の福音を求めているクリスチャンにとっては、ベツレヘムの神秘はいつまでも物議を醸すでしょう。主イエスは、みすぼらしい環境で生まれました。生まれた場所が正確にどこだったのかも分かりません。主の両親は社会的に重要な人物ではなく、選ばれた歓迎委員会は、学のない、世の負け組の、赤貧の羊飼いでした。しかし、飼い葉桶のところに漂着した人は、その弱さと貧しさの中で神の愛を知ることになります。

　残念なことに、何世紀にもわたって、「敬虔な」キリスト教徒は、ベツレヘムの乳飲み子を美化してきました。キリスト教は、神の子が生まれたという大事件をお菓子でできたキリスト聖誕の人形飾りに、家畜の匂いを感傷的で荘厳な劇に変えてしまいました。

　クリスマスは本来、人に衝撃を与える価値を持っています。しかし、クリスマスの敬虔なイメージと郷愁を誘うキャロルは、その価値をなきものにしました。学者たちは、飼い葉桶を飼い馴らされた神学的象徴へと成り下がらせてしまいました。

　しかし、飼い葉桶のところに漂着した人たちは、幼子キリストを礼拝して身震いし、全能の神に畏れおののきます。乳飲み子の主イエスは、人形飾りのままでいるのではなく、生きた姿で現れ、火のような輝きへと私たちを導き、解放します。サンタクロースと赤鼻のトナカイと巨大なツリーとけたたましく鳴り響く教会の鐘をすべて合わせても、既存の世界を覆す主の力には遠く及びません。

12月24日　クリスマスの意味……………………

私たちが愛するのは、神がまず私たちを愛してくださったからです。

ヨハネの手紙一 4:19

　クリスマスの前日、サウスカロライナ州に住むリチャード・バレンガーの母親は、プレゼントの包装に忙しかったので、自分の靴を磨いてくれるよう小さな息子に頼みました。すると、息子は七歳ならではの誇らしげな笑顔で、靴を磨いてくれました。母親は大喜びで、二十五セント硬貨を息子に与えました。

　クリスマスの朝、母親が教会に行くために靴を履くと、片方の靴に硬い物があることに気付きました。靴を脱いでみると、二十五セント硬貨が紙に包まれていました。その紙には、子どもの字で「あいしてるから、みがいたんだよ」と書かれていました。

　人生最後の幕が下りるとき、私たち一人一人は、人生でしてきた選択の結果を集計することになります。つまり、守った約束と守らなかった約束を集計するのです。打ち砕かれ、飼い葉桶のところに漂着した人たちの栄光は、その人たちがいつも、役割を果たすために来るべき場所に来なかったことにあるでしょう。ちゃんと来なかったことについて、その人たちがする言い訳は、「産着にくるまって寝ている赤ちゃんに引き止められていたから」です。「なぜ飼い葉桶の前で時間をつぶしていたのか」と問われれば、こう答えるでしょう。「イエスさまをあいしてたから。」

　クリスマスの本来の意味は、救い主が誕生し、歴史の中にメシアの時代が到来したということです。打ち砕かれ、主のところにたどりついた漂流者は、真実に、クリスマスの純粋な意味を心に保ちます。

　今年のクリスマス、あなたも、漂流者の一員になることができますように。

あなたがたは、産着にくるまって飼い葉桶に寝ている乳飲み
子を見つける。これがあなたがたへのしるしである。

ルカによる福音書 2:12

私たちの中に、主イエスの父なる神のすばらしい愛を分かっている
振りをしている人はいませんか。神こそが、クリスマスをもたらした方
です。

神は、私たちの世界に入って来られました。その際、神は、私たちが
耐えられないほどの栄光で私たちを圧倒し、押し潰したりはしません
でした。

神は、弱さともろさと乏しさをもって、私たちのところに来られました。
寒い夜、暗い所で、乳飲み子の主イエスは生まれました。主は謙遜な、
裸の無力な神、私たちがその近くに行くことを許してくださる神です。

12月26日　四人の羊飼いの訪問 ……………

> あなたがたは、神を誰に似せ
> どのような像と比べようというのか。
>
> イザヤ書 40:18

　南仏プロヴァンスの森で、毎年クリスマスになると語られる美しい物語があります。幼子に会うためにベツレヘムに来た、四人の羊飼いについての話です。一人は卵を、もう一人はパンとチーズを、三人目はぶどう酒を持って来ました。四人目は何も持って来ませんでした。人々はその人を「アンシャンテ」と呼んでいました。

　最初の三人の羊飼いは、マリアとヨセフに、「マリアさん、元気そうですね」「ここは居心地がいいですね」「ヨセフさん、ここをすてきにしつらえましたね」「なんて美しい星明かりの夜でしょう」などと言いながらおしゃべりをしました。そして、誇らしげな両親のマリアとヨセフを祝福し、贈り物をし、「ほかに何か必要なものがあれば言ってください」と請け合いました。

　ついに、誰かが「アンシャンテはどこだろう」と言いだしました。皆は、高い所も低い所も、上も下も、中も外も探し回りました。最後に、一人が、隙間風を防ぐためにつるした毛布の隙間から、飼い葉桶のキリストをのぞきました。そこには、飼い葉桶の前にひざまずいているアンシャンテがいました。アンシャンテとは、魅せられた人という意味、「あなたと出会えたことは、私の喜びです」という意味です。

　旗や炎が風の方向に合わせて揺れるように、アンシャンテは愛の向かう方向に合わせて揺れていました。アンシャンテは一晩中、「主、主、主、イエス様、イエス様、イエス様」とささやきながら、主を礼拝していました。

イエスは言われた。「帰りなさい。あなたの息子は生きている。」
その人は、イエスの言われた言葉を信じて帰って行った。

ヨハネによる福音書 4:50

··

　フランスのルルドで起こった、記録に残っている数々の奇跡のうちの一つが、1957年にあった奇跡です。あるフランス人の父親が、生まれつき目が見えない十歳の息子を連れて、ブルターニュからルルドへ巡礼に出かけました。礼拝堂で、子どもは父親に自分のために祈ってほしいと頼みました。父親は声に出して祈りました。「主よ、この子の目が見えるようにしてください。」

　するとすぐに、その少年は目が見えるようになりました。少年は辺りを見回しました。花や木や、緑の草や広い空を見ました。それから、父親の目をのぞき込みました。それは、十年間の長い暗闇と孤独の中で、少年が唯一知っていた声と共にあった目でした。父親を見たとき、少年が何と言ったと思いますか。「わぁー！みんなここにいるよ！」

　これこそが、クリスマスの精神。みんなここにいる！私たちの主であり兄弟であるイエス・キリストの深く激しい愛こそが、ベツレヘムで現されたもの、キリスト者の命の中心で脈打つものです。

> このため、神はキリストを高く上げ
> あらゆる名にまさる名を
> お与えになりました。　　　　　　　　フィリピの信徒への手紙 2:9

　イエス・キリストの生涯を貫くテーマは、父なる神との親密さを増し、神への信頼と愛を深めることでした。

　ベツレヘムで生まれた後、主はナザレで、マリアとヨセフのもと、ユダヤ社会の厳格な一神教の伝統に従って育てられました。あらゆる敬虔なユダヤ人と同様に、主イエスも、「聞け、イスラエルよ。私たちの神、主は唯一の主である」という申命記の言葉を一日に三回唱えていました。主は、唯一で永遠なる絶対者、「私はいる、という者である」という神の強い影響下に育ちました。

　主イエスは、人として歩んだその旅路において、どのイスラエルの預言者もしたことがなく、夢見たこともないような方法で、神を体験しました。主の内には、父なる神の霊が住んでいました。主は、イスラエルの神学者と世論の両方が憤慨するような名で、神を呼びました。ナザレの大工の口から出たその名は「アッバ（お父さん）」です。

私はすぐに来る。あなたの冠を誰にも奪われないように、持っ
ているものを固く守りなさい。　　　　　　　ヨハネの黙示録 3:11

　飼い葉桶を思いながら、つまり主イエスを愛し見つめながら、キリスト
者は、主がやがて栄光に包まれて戻って来ることを信じ、喜びに満ちて
待ち望みます。

　パウロは、コロサイの信徒への手紙でこう書いています。「あなたが
たの命であるキリストが現れるとき、あなたがたも、キリストと共に栄光
に包まれて現れるでしょう。」

　ここでパウロは、未来に起きる出来事について語っています。クリスマ
スは、私たちの中に、キリストが戻って来られることを待ち望む気持ちを
呼び覚まします。それは、告げられていた大変動への希望、私たちがラ
ディカルに主に従うことを可能にし、最終的な人類の歴史の完成をもた
らす、来るべき激震への希望です。

12月30日　主イエスこそ偉大な方

> この方の衣と腿には、「王の王、主の主」という名が記されていた。
>
> ヨハネの黙示録 19:16

　主イエスが与えた信仰は、弟子たちに深い影響を与えました。弟子たちは、モーセやエリヤ、アブラハムでさえも、主イエスと同等だとは信じませんでした。主の後に来る預言者や救い主が、主より偉大になるということは考えられないことでした。ほかの誰かを待つ必要はありません。主イエスがすべてでした。

　主イエスは、ユダヤの人たちがこれまで願い、祈ってきたことのすべてでした。主イエスはすべての約束と預言を成就し、さらに完成させようとしていました。最後に世界を裁くのは、主でなければなりません。救い主、王、主、神の子は、主イエス以外にはありえないのです。

命の木にあずかる権利を与えられ、門を通って都に入ることができるように、自分の衣を洗い清める者は幸いである。

ヨハネの黙示録 22:14

………………………………………………………………………………

初めに言があった。言は神と共にあった。言は神であった。…言は肉となって、私たちの間に宿った。(ヨハネによる福音書 1:1, 14)

ある夜、妻の友人が、この御言葉を読みながら祈っていたそうです。信仰の闇の中にいた友人の耳に、主イエスの声が聞こえました。「そう、言は肉となりました。よろめきつつ、あなたの人生を共に歩むために、人のいる壊れた世界に来ることを、私は選びました。」

地上の命の終わる日、主の家に到着する私たちの体は、血まみれで、打ちのめされ、傷つき、足を引きずっているでしょう。けれども主は家の窓に明かりをともしてくださり、ドアには「お帰り」と書かれているに違いありません。

この本を彩る写真

著者ブレナン・マニングについて

©Mike Pilling

　ブレナン・マニングは、1934年、大恐慌下のアメリカ、ニューヨークで生まれました。大学在学中に海兵隊に入隊、朝鮮戦争に従軍して韓国に送られ、戦後、日本にも一年半滞在。帰国後、ジャーナリズムを勉強しました。

　この後、セント・フランシス大学に入学。1960年に哲学の学位を修め、次いで神学を学んで、1963年、フランシスコ会司祭となりました。

　1960年代、マニングは、フランス人のド・フーコー神父率いる団体に加わり、貧しい人々に仕え、祈る日々をフランスで過ごしました。さらには、希望してスイスの刑務所に入ったり、半年間スペインの洞窟にこもったりした後、アメリカに帰国しました。

　1970年代に入り、マニングは、自身のアルコール依存症と向き合い、作家としての活動を開始しました。複数の著作を出版した後、1982年、フランシスコ会を退会。ニューオーリンズに移住して結婚しました。

飲酒の問題は、2013年に死去するまで、終生マニング を苦しめました。マニングは、依存症についてだけでなく、 数々の自分の失敗を隠さずに語ることを通して、弱さに満ち た私たちに対する、神の激しい愛と恵みを宣べ伝えました。 人生のどん底から語られるマニングの言葉には、教派を問 わず、多くの共感が集まっています。

ひと時の黙想 心の貧しい人とは

著　　者	ブレナン・マニング
翻　　訳	日本聖書協会

組版・装幀	長尾　優 Logos Design
写　　真	山崎　雅郎

Original Title;
Reflections for Ragamuffins:
Daily Devotions from the Writings of Brennan Manning
by Brennan Manning

Copyright ©1998 by Brennan Manning
Japanese edition ©2023 by Japan Bible Society
Published by arrangement with HarperOne, an imprint of
HarperCollins Publishers, through Japan UNI Agency, Inc., Tokyo
All rights reserved.

『聖書 聖書協会共同訳』©日本聖書協会 2018

2023年10月31日　初版発行

発行
一般財団法人 日本聖書協会
東京都中央区銀座四丁目5-1
電話 03-3567-1987
https://www.bible.or.jp/

ISBN 978-4-8202-9286-9
Printed in China
JBS-ed.1-3,000-2023

ひと時の黙想　心の貧しい人とは

著　　者　　ブレナン・マニング
翻　　訳　　日本聖書協会

組版・装幀　　長尾　優 Logos Design
写　　真　　山崎　雅郎

Original Title;
Reflections for Ragamuffins:
Daily Devotions from the Writings of Brennan Manning
by Brennan Manning

Copyright ©1998 by Brennan Manning
Japanese edition ©2023 by Japan Bible Society
Published by arrangement with HarperOne, an imprint of
HarperCollins Publishers, through Japan UNI Agency, Inc., Tokyo
All rights reserved.

『聖書 聖書協会共同訳』©日本聖書協会 2018

2023年10月31日　初版発行

発行
一般財団法人 日本聖書協会
東京都中央区銀座四丁目5-1
電話 03-3567-1987
https://www.bible.or.jp/

ISBN 978-4-8202-9286-9
Printed in China
JBS-ed.1-3,000-2023